Poverty and Leadership in the Later Roman Empire

Peter Brown

ピーター・ブラウン

戸田 聡＝訳

貧者を愛する者

古代末期におけるキリスト教的慈善の誕生

慶應義塾大学出版会

序言

ミリアム・エリアヴ＝フェルドン*

イスラエル歴史学協会を代表してピーター・ブラウン教授をエルサレムにお迎えできるのは、名誉でもあり喜びでもあります。

私たちが今日集まっているこのエレガントな講堂からわずか数百メートル離れたところにある十字架の谷で、メナヘム・スターン教授が凶暴かつ非道な殺人事件の犠牲となってから、もう十一年が経とうとしています。同僚、学生、知人、すべての人々から愛され尊敬されていた、穏やかで語り口の静かなあのスターン教授以上に、凶暴さや憎悪から縁遠い人を思い浮かべることはほとんど不可能なのですが。私たちを震撼させたその突然の死は、痛みと傷を残しました。ご家族や近しい友人たちだけでなく、イスラエルの学者共同体全体、さらに、古典時代を研究する世

*二〇〇〇年五月十六日、ピーター・R・L・ブラウン教授によるメナヘム・スターン記念エルサレム歴史講演の開催に当たってのスピーチ。

界中の歴史家たちも、それを今なお感じています。このように影響力のある碩学の生涯と功績とを記念するのに、メナヘム・スターン・エルサレム講演シリーズを創設したのは、最もふさわしいやり方だと私は信じています。私たちが今日ここで目にしているように、知恵と知識を求める男女によって講演会場が満席になるまでに満たされ続ける限り、メナヘム・スターンの遺産は保たれているということを私たちは知るのです。

このシリーズが始まって七年目に当たる今年、私たちの誉れあるゲストは、古代末期史家の中の第一人者であるピーター・ブラウン教授です。教授の著作は、メナヘム・スターンにとっても特別の関心の対象だった分野をいくつも含んでいます。「古代末期における貧困とリーダーシップ」というテーマでのブラウン教授の一連の講演は、スターン教授の記憶に捧げるのに疑いなく最も適切なものでしょう。

歴史家たちから成っている聴衆に対して、ブラウン教授を紹介する必要は全くないでしょう。また、もし私がその経歴を著作リスト・受賞歴とともに読み上げるなら、ブラウン教授自身の講演のための時間はほとんど残らないでしょう。ですので私は、ブラウン教授の経歴を記したものを拝見していて目に留まったいくつかの事実を指摘するにとどめたいと思います。

ピーター・ブラウン氏はダブリンに生まれてオックスフォードで学び、同所で後にオール・ソウルズ・カレッジのフェロー、講師、大学講師《リーダー》になりました。その後、ロンドン大学のロイヤル・ホロウェイ・カレッジで数年間過ごした後、ブラウン教授はバークレーで教鞭を執られ、そして一九八六年以来、プリンストンでロリンズ歴史学教授として現在に至っています。しかし、以上述べたブラウン教授の華々しい経歴の簡潔な概要に加えて、氏の様々な任用のタイトルに注意してください。すなわち、オックスフォードのマートン・カレッジでブラウン氏は中世史の講師であり、その後「後期ローマ・ビザンツ研究」の大学講師《リーダー》に任命されており、ロンドンでは近代史の教授であり、これに対してバークレーでは「歴史学・古典学」の教授の地位にありました。これらが示しているのは、一面では、これら最良の大学に於いてすら、時代区分と部門区分の問題が未解決であるということですが、しかしそれらは、ピーター・ブラウン氏の関心の広さの証左でもあります。同じく氏の学殖の幅の広さは、氏の著作・論文のタイトルにも現れており、それらは実に多くの分野・時代・専門領域をカバーしています。すなわち、西暦紀元の最初の数世紀から中世盛期に至るまで、後期ローマ史のほかにも初期キリスト教、ビザンツ、パルティアやササン朝、イスラム教があり、キリスト教化や聖人のほかに、私たちは氏の著作の中に芸術、セクシュアリティ、日常生活、さらにその他諸々を見いだします。

このようなわけで、およそ歴史学徒たる者、その専門分野がいかなるものであれ、ブラウン教授の著作になじみがあるということは、驚くに当たりません。ブラウン氏の優れた『ヒッポのアウグスティヌス』（邦訳題は『アウグスティヌス伝』）を参照せずに、或いは聖人崇敬に関する氏の分析を参照せずに、キリスト教の歴史のいかなる時期であれ、研究することは不可能です。古代末期から中世初期への移行を取り扱ったブラウン氏の著述は、移行期に関心を持つあらゆる歴史家にとって必読文献となっています（しかも、歴史において何らかの意味で移行期でない時期があるでしょうか）。そして最後に、今日「ジェンダー研究」と呼ばれるいかなる真摯な学問的作業も、ピーター・ブラウン氏の著作『身体と社会』及びその後のいくつかの論文において示された、女性とセクシュアリティに対する西欧人の態度に関するパイオニア的な分析に依拠するところが非常に大きいと言えます。私自身の経験からしても、アウグスティヌスの時代より千年以上後のヨーロッパ史の一時期を理解しようとした時に、私は自分が、ピーター・ブラウン教授の学問的洞察及び美麗な文章に非常に多くを負ってきたことを知っています。

このようなわけで、今晩の歓迎の言葉のために、私はブラウン教授から今一度借用させていただきたいと思います。その多数の論文の中で「手本としての聖人」と題されたものがあります。ここエルサレムに於いて「手本としての学者」として、ピーター・ブラウン教授を私は皆さんにご紹介したく思います。

まえがき

長年にわたり私は、古典世界におけるユダヤ人及びユダヤ教の位置に関するメナヘム・スターン氏の包括的な著作に非常に多くを負ってきました。ですので、彼を記念して創設された講演シリーズに、私もまた出講するようにという招待を受けたのは、特別に名誉なことでした。本書は、その時の講演を拡張したものです。古代世界に関するこの偉大なる人文学者・研究者の記憶に、本書が正しい評価をもたらすことを私は信じています。

しかし、私自身がエルサレムにあって、スターン夫人にご挨拶する機会を得、多くの旧友に再会し、かねて尊敬していた多くの同僚に接し、また多くの新たな知人を得たことの喜びは、印刷物だけでは表現できません。エルサレム、テルアビブ、ハイファ、つまりイスラエルじゅうに広がる、活発な学問的伝統に接したことで、私には、ありうべきあらゆる仕方で得るものがありました。数知れない遺跡を発見し解釈し、かつそれらについて長い間考察してきた人々の、熱っぽい案内に導かれつつ、それらを訪ねることによって、古代末期の世界の全く新しい側面が私に開かれました。それらすべてに私自身がどれほど多くを負っているかということを、私の文章を注意深く読む読者なら、おわかりいただけるものと私は信じています。

以上すべてのことについて、私は、私と妻に対してイスラエル歴史学協会が示してくださったホスピタリティーに多くを負っており、特に、私たちのイスラエル訪問及びそれに先立つ数か月のあらゆる段階において、同協会の担当者としてマアヤン・アヴィネリ＝レブフン女史が私たちに対して示してくださった不断のご配慮に、多くを負っています。

本書の原稿を最終的にまとめるに当たり、私は学識ある友人たち、すなわちピーター・ガーンジー、アヴシャロム・ラニアド、リチャード・リム、ノエル・レンスキ、そしてシャルロット・ルーシェの助言と励ましによって大いに裨益されました。彼らのコメントは今一度、私がイスラエルで友人たちの間で過ごした幸福な数週間の中でそう思ったように、学者がいかにお互い同士を必要とするかということを、私に思い出させてくれました。

二〇〇〇年九月　プリンストン大学にて

ピーター・ブラウン

目次

序言　i
まえがき　v
第一章　「貧者を愛する者」——一つの公的な徳目の創造——　1
「都市を愛する者」から「貧者を愛する者」へ　1
公的徳目としての「貧者への配慮」　1／「貧者への配慮」の新しさ　4／キリスト教以前の公的施与（1）施与者　5／キリスト教以前の公的施与（2）施与を受ける者としての「市民」　7／「市民」から「貧者」へ　9／重要な先行研究　11／先行研究の問題点　12／本書の狙い　14／社会モデルと現実の間の距離　15／理想の社会的・地域的限界　18／キリスト教的著作の中の貧者イメージ　20／後期ローマ帝国における貧者　23／貧者と「真ん中へん」の人々　25／広範な「浅い」貧困　26／現実の変化ではなく、見方の変化　28
「受けるよりも与えるほうが幸いだ」——パウロからコンスタンティヌスまで——　30

キリスト教の普及　30／「貧者への愛」――旧約聖書、イエス、そしてパウロによれば――　31／援助を必要とする存在としての聖職者たち　35／宗教的営為と社会層　36／「貧者」としての聖職者　40／使徒パウロの立場　41／宗教的「起業者」への疑念　42／二種の「貧者」　43／共同体による援助　45／教会の二重の義務とコンスタンティヌス　47

コンスタンティヌス以後――特権と救貧――　48

度外れの「喜んで与える人」　48／古典的エヴェルジェティスムの手本としての皇帝　50／キリスト教化に伴うキリスト教的施与の変化　51／後期ローマ国家による教会への特権付与　53／特権への見返り　57／平信徒たちによる教会への圧力の重要性　59／新しいキリスト教的制度としての救貧院・病院　62／「バシレイアス」――バシレイオスによる救貧事業――　64／セバステイアのエウスタティオスをめぐる謎　67／バシレイオスの活動　72／キリスト教王国アルメニアの例　77

第二章　「貧者を治める者」――司教とその都市――　81

預言するより施与せよ　81／「貧者」の定義をめぐる問題　82／二極分化のイメージ　83／

多様な差異化を遂げていた後期ローマ社会　85／「真ん中へん」の人々の宗教としてのキリスト教　86／古代末期地中海世界における都市と農村　90／富裕層とそれ以下教会を支えた人々とは　93／都市における教会の働き　98／信者を金銭的に支援する教会（司教）　102／「寡婦」というカテゴリー　104／「貧者への配慮」の実際　105／「奴隷への配慮」の欠如　107／アウグスティヌスの著作における「貧者」　109／「貧者への配慮」の多様性　114／貧者上がりの聖職者　116／上エジプトにおける司教の活動　117／近東・旧約聖書における「貧者」　119／司教裁判　121／司教の活動――アンブロシウスたちの場合――　124／「貧者」たちのありよう　127／「貧困」の言語の変化　129

第三章　「謙譲」――東方帝国における貧困と連帯――　135

キリスト教的慈善の変化――社会的想像力における変化――　135／古代末期における人口学的危機の欠如　135／エヴェルジェティスムのキリスト教化　137／喜捨のキリスト教的実践の拡大　139／「貧者への配慮」の実際のあり方　141／新たな「主人イメージ」　143／国家と臣民の間の距離の近さ　144／請願の性質の変化　146／後期ローマ国家の「批判の文化」「アドヴォカシー革命」　148／権力の「共生的」モデル　150／圧倒的な非対

称性　156／新しい「請願の言語」　158／貧困に関するキリスト教的言説　163／ナザレのイエスという貧者　167／謙譲としてのキリストの受肉　169／「連帯の言語」　173／皇帝の「謙遜」　177／ネストリオスの思想　181／ネストリオスの過ち　184／教会政治家にして神学者キュリロス　186／人間と神の連帯の保証としてのイエス・キリスト　190／キリスト論論争の社会的含意　193／結語――連帯への希望――　200

註　203

ピーター・ブラウンの古代末期理解をめぐって――訳者あとがきに代えて――　253

一　「古代末期」という時代区分　253／二　P・ブラウンの古代末期像――特にその変遷――　255／三　評価　268

論考（戸田）註　278

索引　1

翻訳に関する註記

・本書は Peter Brown, *Poverty and Leadership in the Later Roman Empire*（The Menahem Stern Jerusalem Lectures）, Hanover & London: University Press of New England, 2002 の全訳である。なお、巻末に訳者（戸田）による関連論考を併載した。

・著者の了解を得て、小見出しを付け加えた。

・文中で〔 〕内は訳者による説明的付加を示す。

・聖書からの引用は原則として新共同訳（日本聖書協会刊）によった。

・訳語については、bishop は東方・西方を問わず「司教」で統一し（したがって、東方についても「主教」とは訳さない）、これに対して patriarch は「総主教」と訳した。その他、諸々の用語や人名・地名の訳し方についてなど、問題は尽きないが、わかりやすさを最優先させて翻訳することとした。

・翻訳部分の註の文献表示の仕方については極力原著に従うこととした（訳者自身による註はこの限りでない）。

貧者を愛する者——古代末期におけるキリスト教的慈善の誕生

第一章　「貧者を愛する者」——一つの公的な徳目の創造——

「都市を愛する者」から「貧者を愛する者」へ

公的徳目としての「貧者への配慮」

以下の三つの章で私がしたいのは、古代末期、すなわち西暦三〇〇年から六〇〇年の間に、ローマ帝国の中でキリスト教の教会が勃興し確立するのに伴って起こった、社会的想像という面における一個の革命、その革命の社会的・宗教的含意に、皆さんの注意を喚起することです。この革命は、後期ローマ社会においていよいよ傑出したリーダーとなっていったキリスト教の司教による権力掌握と、密接に関係しています。というのも、キリスト教の司教の地位は、少なくとも相当程度、貧者たちの守護者としての役割にこそ由来するのだと、同時代人たちから見られていたからです。彼はすぐれて「貧者を愛する者」であり、「貧者を愛する司教、彼は富んでおり、彼の町及び地域は彼を敬うだろう」[1]、と。

しかし、「貧者を愛する者」であることが期待されたのは、司教だけではありませんでした。「貧者を愛する者」であることは、一個の公的な徳目となりました。それは、キリスト教徒たる皇帝たちが行なうことが期待された徳目でした。古典時代においてローマ皇帝に結びつけられていた、温情的な支配様式を表す言葉だった「人道性《フマニタース》」は、この時期には、貧者に対する顕示的な関心を含むようになりました。四五一年、各々西と東の皇帝だったウァレンティニアヌス三世とマルキアヌスは、「貧窮者たちのために供給すること、また、貧者たちに食料が欠けることのないよう……努力することは、我等が人道性《フマニタース》に属することである」と宣言しました。[2] ローマ世界の至る所に見られる、裕福な層の墓石がはっきり示しているように、キリスト教徒やユダヤ教徒の中では、「貧者を愛する者」（希　フィロプトーコス、羅　アマートル・パウペルム）、「喜捨の施与に専心している者」（羅　エレエーモシュナーリウス）、または「（貧者の世話をせよとの）神の戒めを愛する者」（希　フィレントロス）であるということは、上層の男女に対する賞賛のために、選りすぐって語られた美質だったのです。[3]

貧者への配慮に関して、ユダヤ教がかつてキリスト教の教会の導き手《メンター》だったことは、よく知られています。古代末期には、ユダヤ教は引き続き相当なライヴァルであり続け、この分野でのキリスト教の努力に（独自の仕方で）対抗する力を持ち続けました。[4] この事実は、異教徒最後の皇帝だった背教者ユリアヌスの目には充分明白であり、彼は、自分の同信の異教徒たちの施与習慣をユダヤ教徒やキリスト教徒の慈善行為と比較して、後者に分《ぶ》があるとしています。すなわち三六二年、ペルシア戦線に向かう途中にアンキュラ（今のアンカラ）に着いたユリアヌスは、ガラテアの異教の祭司及び神殿に対して毎年自分が、帝国の基金の中から三万モディウス（二〇万キロないし二一〇トンに相当）以下でない穀物と、六万パイント（三万四〇〇〇リットルないし七五〇〇ガロン）のぶどう酒を提供していることを、アルサキオスに知らせています。これらが、ユダヤ教徒及びキリスト教徒の活動を手本にした、異教の救貧活動のシステムの基礎を成すだろう、と。

異人たち（実際には、放浪する貧者たち）が私たちの善意に与《あずか》れるよう、どの町にも、人が足しげく訪れる宿を設けなさい。……私は命じるが、これの五分の一は、祭司たちに仕える貧者たちのために使われるべきで、残りは、私たちが異人たちや物乞いたちに配るようにするべきである。実際、ユダヤ教徒が誰一人として物乞いをせず、かの不敬なるガリラヤ人たち（すなわちキリスト教徒）が自分たちの貧者だけでなく私たちの貧者をも支援しているのに、私たちの民が私たち（つまり、異教の祭司団）からの援助なしでいるのを万人が目の当たりにするのは、不名誉なことだ。[5]

このメナヘム・スターン講演シリーズという機会に私が、古典的文章を集めたスターンの大作『ユダヤ人・ユダヤ教に関するギリシア・ラテン著作家の記述』の第二巻から、彼自身が提示している原文版・翻訳に拠って、このよく知られた箇所を引用できるのは、特別な喜びであり名誉です。この巻（古典古代の後期の時代を扱っている）では、ユダヤ教の敬虔心及び社会実践に関する皇帝ユリアヌスの観察記録が長大に引用され、名誉ある場所を占めています。

「貧者への配慮」の新しさ

しかしながら、皇帝ユリアヌスのように同時代の鋭敏な観察者ですら充分に理解しなかったこと、それは、後期の古典古代社会全体の自己理解における変化の先取りとして、貧者への配慮のキリスト教的システムが成長しつつあった、その程度がどれほどだったかということです。私たち現代人も、この現象を当然のこととみなしがちです。私たちは、後期ローマ帝国に広範に見られた「貧者への配慮」の実践を、多くの意味で説明不要な、自明なこととみなします。私たちはそれを、ローマ世界のキリスト教化の全く当然の帰結として扱い、それは「愛と慈善の福音」(ドイツ語で言えばEvangelium der Liebe und Hilfleistung)の最終的勝利の不可避的な、そして私たちの大部分にとって賞賛に値する、結果だとみなされます。アドルフ・フォン・ハルナックは、記念碑的著作『キリスト教の宣教と拡大』の中でキリスト教会の興隆を描いた際に、その興隆の主要な要因はこの「愛と慈善の福音」だ、と判断しました。[6]

実際には、ユダヤ教徒やキリスト教徒は、貧者への配慮に多大な注意を払う際に、既に異教徒たちが(むしろ渋々と、とはいえ良く組織された仕方で)行なっていたことを単に一層大規模に行なっていた、というわけではありませんでした。それどころか、西暦三六〇年ごろ、「貧者への愛」は比較的新しい(そして、人間愛と公徳心を持ち合わせた多くの人々にとっては、なお相当程度周縁的な)徳目だったのだ、ということを理解するには、多少とも努力して史的想像力を働かせることが必要です。組織だった「貧者への配慮」について言えば、当時の公的施与のなお強力な根深い伝統に反する、それは実践でした。この伝統においては、貧者への直接的喜捨ということは顕著に欠如していたのです。

キリスト教以前の公的施与（1）施与者

ですのでいったん、キリスト教の興隆より以前、何世紀にもわたって存在した公的施与のシステムを概観することにまで戻るところから、始めることにしましょう。この概観の中で強調されるべきは、ほぼ一千年にわたって、最初ギリシアで、後にローマで、公的施与の独特な「スタイル」は、当の施与によって恩恵を蒙った共同体の、独特な自画像を伝えるものだとつねに考えられてきた、ということです。偉大なる施与者が施与を行なうよう期待されたのは、特定の集団に対してだけであり、そしてこの集団の定義の中では、「貧者」それ自体は、いかなる位置をも占めていなかったのです。

第一に、施与者について見てみましょう。ギリシアの都市国家の時代から後期ローマ帝国に至るまで、地中海の古典文明の中で最も特権的・自覚的な人間集団、すなわち都市が、自らの経済的・政治的成功のために、当の都市に住む富裕な有力者たちによる施与への（一見したところ無際限な）意志・意欲を当てにしていた――その程度たるや、都市を研究する者たちをつねに驚かせてやまないほどなのです――ということは、あまりにも自明な事実でした。[7] 豊かな少数者による自発的な（往々にして、ほとんど気まぐれな）気前良さという要素が、各都市の、及び各政治制度の一代記には、ことさらに書き込まれていました。聖パウロが（もちろん、市民的施善と大いに異なる文脈において）「喜んで与える人《ヒラロン・ドテーン》を神は愛してくださいます」（Ⅱコリント九・七）と宣言したよりも何世紀も前に、ギリシア人やローマ人は、「喜んで与える人」の介入を賞賛し、かつそれを当てにすると言っていたのです。与える人が「喜んで」いればいるほど良かったのであって、というのも、或る機会に「喜んで」与えた人は、別の時にも与えるであろうことが期待できたからです。[8]結果として、エウエルゲシア、すなわち公的善行、によって「善を行なう」ということへの促し、「善を行なう者」にしてかつ公的善行者、すなわちエウエルゲテース、たらんとする願望、そしてフィロティモス、すなわち、同胞たちの間で公的気前良さゆえに抜きんでた者、たらんとする欲望——こういったギリシア語の単語が、古典世界のエリートたちや各都市のより下層の人々から特に賞賛の的となった諸々の行動に、結びつけられることとなりました。

古代世界の社会史・政治史を扱う歴史家として、私たちは、自分の都市を愛する高潔な人士として賞賛されたそのような大勢の人々の動機について、いかなる幻想をいだく必要もありません。例えば、或るエウエルゲテースは、利他的な博愛主義者などではなく、今こそ自分の穀物を市場に放出すべき時だと判断し、それによって自分自身のために相当の利益を確保し、かつ「自分の」都市を差し迫る飢饉から救った者として認知されるという追加的栄光をも得ようとする、富裕な土地所有者だったかもしれないのです。[9]皇帝アウグストゥスやその後継者たちによって、ローマ（「皇帝」自身の都市）の平民《プレブス》に対する個人的な気前良さが強調されたのは、皇帝としての自らの圧倒的な権威を、人々が受け容れることのできる古典的な形で覆い隠すための言い方でした。理想的には皇帝たちは、人々に対する自分の権力を主張するためにではなく、「自分たちの」都市の市民への愛を表現するために、ローマ人民に対して施与を行ないました[10]。

重要なのは、こういったすべての場合において、偉大なる人々の個人的な働きかけが、公的善のために私的な富を犠牲にするという決定によって、(コイル状に巻かれたばねのように)経済的・政治的過程全体を起動させる要因となった、ということが示唆されるような仕方で、当の状況が語られているということです。紀元後三〇〇年になるまでに、ローマ世界は、今日考古学者や歴史家の興味をそそってやまない残骸を残すこととなった諸々の都市で満ちあふれていました。それら各都市のなごりとして今日残っている遺跡は、数世紀にわたって、ゆっくりとしかし着実に、公的気前良さの継続的な行為によって建て上げられた市民共同体の、石となって固まった、地方史そのものです。イスラエルの地元の例を挙げるなら、ベート・シェアン(古代名スキュトポリス)の都市のローマ時代の遺跡があります。「大いなる愛と専心の念とを以て都市を飾り、かつ市民同輩から敬われ賞賛されることを期待してそれを行なった、私人にして公徳心ある施与者たちの建築的・芸術的貢献を度外視して、ローマ時代のスキュトポリスの外観を思い描くことは困難である」[11]。

キリスト教以前の公的施与(2) 施与を受ける者としての「市民」

第二に、これら公的善行者《エウエルゲテース》たちが訴えかけた相手であり、自分たちの気前良さによって際立たせようと努めた当の共同体は、何よりもまず「市民」共同体として思念されていました。施与物の受取人だったのは、第一につねに都市であり、或いは都市でなければ、都市の市民的共同体、すなわちデーモスないし人民《ポプルス》でした。[12] 決して貧者ではありませんでした。社会の「市民的」モデルと呼べるものが支配的だったのです。富める人々は自分たちのことを、独特な共同体すなわち「自分たちの」都市の、「市民同輩」だと思っていました。彼らが愛するよう期待された当のものとは、彼ら自身の都市だったのです。富める者は、フィロパトリスすなわち「自分の故郷たる都市を愛する者」であるがゆえに賞賛されたのであって、フィロプトーコスすなわち「貧者を愛する者」であるがゆえに賞賛されたのではありませんでした。

都市に対して贈り物を雨あられと注ぐことによって、エウエルゲテースが「自分の都市への愛」を示したのは、当の都市の都会的建築物の栄光を増し加えるためであり、また、市民たちの慰藉と活気を増進するためでした。これら贈り物は、公的建築物という形で「都市」全体に向けられるか、或いは「市民たち」の中のはっきり特定可能な中核、すなわちデーモス、人民《ポプルス》、または平民《プレブス》、に向けられるかのいずれかでした。「市民たち」のこの中核とは、理想的には、市民の末裔であり当の都市に長らく住んでいる人々のことだと考えられていました。[13] 彼らの中でたまさか「貧者」として言及されている者がいた場合、それは、そのような人々が貧困化の危機すなわち零落の途上にある市民だと認識されたからであって、彼らがもともと社会の底辺に位置していたからではありません。[14] 都市における真の「貧者」、すなわち、実際にその多くが貧困化して共同体の辺境で生活していた移民・非市民たる貧者たち、に対する余地は、このモデルの中にはほとんどなかったのです。

このことは、紀元後一世紀に皇帝たちからローマの平民《プレブス》やいくつかのイタリア都市に恵与された、無償の食料やその他の形態の援助に関する包括的な取り扱いについても、当てはまります。[15]皇帝の施与物をかたじけなくした人の多くは、しばしばまぎれもない「貧者」でした。ローマの平民《プレブス》は、慢性的に栄養不良で病気になりがちな大勢の人々を含んでいました。[16]飢えをしのぐために、彼らは「市民の」パンを必要としていました。しかし彼らは、「貧者」だったがゆえにこのパンを受け取ったのではありません。彼らがそれを受け取ったのは、自分が「市民」であることを証明できる（現代のパスポートのような）しるし、すなわち配給切符《テッセラ》を、提示できたからです。[17]ローマや他の都市では、多くの裕福な市民たちも、同じ配給切符を受け取りました。彼らは少しも貧しくありませんでしたが、より貧しい他の市民たちが受け取ったのと全く同量の穀物を受け取っていたのです。

「市民」から「貧者」へ

ですので、「貧者への愛」は、ギリシア・ローマ時代に公的善行者たちの精神を支配し行動を規定してきたところの公的施善の理想から、自然に成長してできたわけではありません。共同体の古代的・「市民的」な感覚が弱体化した時に初めて、それは有意味な公的徳目として前面に出てきたのです。さて、古代末期の時代には、キリスト教的・ユダヤ教的慈善は、以前の慈善との比較でより熱心に実践されていたがその他の点では特に際立っていなかったというような、気前良さの様々な形態の中の単なるありふれた一形態だったわけではありません。キリスト教的・ユダヤ教的慈善は、一個の新たな出発だったのです。現実の規模・有効性に不釣り合いなほどに、それは大きな象徴的重みを獲得しました。しばしばそれは、「市民的」共同体の古典的・異教的イメージに対する挑戦だと描かれてきました。というのもそれは、社会の地平を開け放ったからです。古典古代的都市の構造に基づいてモデル化された社会においては、市民同輩だけがはっきり可視的であれば、それで充分でした。多くの都市に於いて、そういう人々の存在が生き生きと描き出されることが、都市の中の陰鬱たる貧者大衆を色あせたものにし、さらには、外界たる田園地帯の単調な風景を事実上締め出していました。これに対して、キリスト教的中世や宗教改革の時代、さらにそれ以降に至るまで、社会の想像力を支配することとなった新たな社会モデルにおいては、社会は、都市も田園も含む単一の、すべてを包含する全体であると観じられたのです。

より包括的であるこの共同体は、今やきっぱり富者と貧者に分割されたものとして提示され、そして富者は、貧者を支える義務を有する存在として提示されました。今や貧者は（彼らのことはしばしば、人を引きつけるパトスとともに描かれました）、その無言の存在によって、富者たちを施与へ、特に自分たち貧者に対する施与へと、挑発していました。それゆえ富める者は、社会の多くの中間的階層（家族、従者団、市民同輩）を素通りして、言わば劇的なクローズアップによって、社会の最底辺に位置する人々に焦点を当てるよう促されました。貧者に対する彼らの関係は、言わば象徴的な締め金として機能しました。社会全体をしかるべく枠づけ、その枠の中に収める機能を、それは果たしたのです。「貧者を愛する者」として行動することは、人間共同体全体の究極的結合力がどういうものかを理解していると主張することであり、それは、象徴的な意味合いを強度に帯びた事柄でした。そこで、公的施与のドラマは、自分の都市や市民同輩の中核部分を活気づかせるべく富める者が行なう貢献、というふうにはもはや描かれなくなりました。むしろそれは、（貧者という）社会の最辺境に触れようと進んで手を伸ばす、という振る舞いを含むものとなっていました。

重要な先行研究

社会的想像力における古代的形態から中世的形態へのこの重要な変化の意義を感得するに当たって、私たちは、三つの決定的な学問的著作に負うところが大だと言えます。既に一九三九年、H・ボルケスティンはその著『キリスト教以前の古代における善行と救貧』の中で、公的善行に関するギリシア・ローマ的観念と、有力者による貧者に対する配慮という理想（ボルケスティンはこの理想を古代近東に結びつけました）との間の、深甚な相違を明確にしました。彼の見解では、本質的に非古典世界的な近東のこの理想は、キリスト教の興隆と、紀元後三世紀におけるローマ経済の破滅的崩壊とがあって初めて、前面に出てきたということです。[18]

しかしながら、この変化の重要性に私たちが気づくようになった、という意味で決定的な突破口が開かれたのは、一九七〇年代後半になってからで、主にフランスの学者たちの貢献によっていました。一九七六年に、ヘレニズム期・ローマ期の公的善行者のありようと狙いに関して、著書『パンと競技場』（今や縮約英語版でも入手可能）でP・ヴェーヌが行なった、大いに考えさせる研究は、（古典古代の）公的施与の体系の、及び、いかなる意味でも「貧者への愛」というキリスト教的観念の先蹤《せんしょう》と言えない古典古代的な社会的義務観念の、還元不可能な特殊性を、余すところなく明らかにしました。[19] 三つの著作の最後として、E・パトラジアンは、一九七七年にその著『ビザンツにおける経済的貧困と社会的貧困　四〜七世紀』（後期帝国の研究者が描いた社会史研究の中で、最も力強いものの一つとして、傑出した著作です）において、四世紀にエリートたちがなお共同体の「市民的」モデルに大幅に則って行動している中で、後期ローマ社会が、都市に於いても田舎に於いても「富者」と「貧者」が並置されるきっぱり「経済的」な全体包括的モデルによって観じられる社会へと変容していく、そのありようを素描しました。[20]

先行研究の問題点

古代社会の自己像《セルフ・イメージ》が古代末期の時代に深甚な転換を遂げつつあり、それこそが本書で私たちが扱う対象なのだ――ボルケスティイン、ヴェーヌ、パトラジアンの著作は、このことをはっきりさせています。しかし、これら著作を顧みる時、その中で、古代末期のキリスト教的慈善それ自体の役割が、無視されてはいないものの矮小化されているのを目にして、人は驚かないわけにいきません。後期ローマ社会全体の構造・イデオロギーの巨大な変化として描かれるものの中に、キリスト教的な「貧者への愛」は呑み込まれてしまっています。救貧に関するキリスト教的組織・

キリスト教的説教は、古代都市の不吉な瓦解の数多ある徴候のうちの一つにすぎないものとして、提示されています。古典期の誇らしげな「市民的」モデルは、貧者たちの中でのキリスト教的説教やキリスト教的活動に負けたのではなく、下からの無言の、かつ抵抗不可能な圧力に屈したのだ、と。諸都市は、ローマ帝国の東方諸州で四世紀、五世紀、及び六世紀前半に見られた着実な人口増加によって惹起された貧困の新たな諸形態を明らかに吸収しそこなったのだ、と。この前代未聞の人口学的革命が前例のない数の貧しい人々を都市や農村に背負わせたのだ、と。都市の既存の諸々の構造、そしてそれらと結びつけられていた市民的モデルは、明らかに「貧者」である人々によってあふれた都市として、どうしようもない人間過剰の重みにただただ押し潰されたのだ、と。そのような人々が「市民」として扱われることはありえなかったが、しかし、共同体の古くからの厳格な「市民的」モデルにおけるように彼らを無視するということは、これまた不可能だったのだ、と。[21] パトラジアンの後期ローマ帝国とは、単に「キリスト教化された」社会ではありませんでした。それは、富者と貧者の間の深淵が、神秘のヴェールをはがされ、あからさまに剝き出しになった社会だったのです。「今や貧困は——とパトラジアンは書いています——、その現実の上にローマがかぶせていた市民的ヴェールをはがされ、その十全な経済的無一物性において観じられることが可能となった」[22]。

貧者への配慮のキリスト教的形態が際立つに至ったことは、この新しい状況を反映しているのだ、と。差異化のより少ない、古典期以降の新しい社会について、語るための新たな言葉を、貧者への愛に関するキリスト教的説教は提供したのだ、と。しかし、キリスト教徒の努力はそれ自体としては、古代都市の瓦解をもたらしたわけでもなければ、それと結びつけられる社会の秩序イメージの瓦解をもたらしたわけでもないのだ、と。パトラジアン自身の言い方によれば、「そのような説教はむしろ、状況それ自体の一写像だったのではないか。すなわち、依然として古代的なキリスト教社会の中に、貧者たちが大挙して入り込むことによって開始され、当該社会の伝統的な枠組みを明らかに彼らが壊しつつあった、そのような歴史の一部〔の一写像だったのではないか〕」[23]。

著作を通じて、二〇年以上にわたり私につねに着想と喜びをもたらしてくれた、P・ヴェーヌとE・パトラジアンという、友人にして同僚である人々と私が意見を異にするとして、私は、彼らが提示した全体的な見通しを否定するという形で異議を唱えるわけではありません。古代末期において社会の一モデルが別のモデルへと移行する、その移行を描いた彼らの叙述には、正確さに加えて、解放をもたらす要素があります。これまでの数十年を顧みるに、これら著作は、後期ローマ社会が古代的根との接点を失って次第に中世キリスト教社会へとなっていく、その変化の両極を見事に描き上げたように私の目には映ります。しかしながら、進化の過程の描写は、それを説明したことと同じではありません。

本書の狙い

ですので私は、キリスト教の教会のリーダーである司教たちが、そのような変化をもたらすのに与《あずか》って力のあった権力行使の諸形式に積極的にかかわった、その段階のいくつかを跡づけてみたいと思います。司教たち、及び――平信徒であれ聖職者であれ――彼らの補助者たちは、徴候以上の存在なのです。彼ら自身が、変化の主動者でした。直截な言い方をするなら、キリスト教の司教こそが、或る意味で貧者を発明したのです。貧者が脚光を浴びるようにし、しかもその程度を強めることによって、司教たちは後期ローマ社会において主導的な地位に昇りつめたのです。彼らは自らの行動を、人々の或るカテゴリー全体（すなわち貧者）の必要に対する応答として提示し、自分たちは彼らのために語っているのだと主張しました。この行動こそが、ヴェーヌやパトラジアンがその全体的重要性をかくも説得的に描き出したところの当の変化に対して、決定的な貢献を果たしたのです。一段また一段と、「貧者への愛」という、新奇でかつ極彩色の観念の染料によって、司教たちは古代末期社会の重要な諸領域を染めていきました。それら諸段階のうちの最も重要なもののいくつかを、及びそういう段階が経過していく際の状況を、簡潔かつ試論的に描き上げること、これが本書の狙いなのです。

社会モデルと現実の間の距離

しかし、これは先走りすぎでしょう。話の始めに当たって強調しておくべきは、一つの社会モデルが色あせたり、他のものにとって代わったりするという、そのありようを跡づけようとする場合、私たちは注意して進まなければならない、ということです。私たちは不必要なまでにモデル自体のとりこになってはなりません。古代末期のローマ帝国のような広大な社会における変化の歴史は、連続的かつ乱雑な過程です。そのような過程を記述する際には、学者たちが描いた明確な類型的区別などというものは、多少不鮮明にされるほうがかえって良いのです。いつの時代にも社会のモデルは、それを心にいだく人々に対して多大な、そしてしばしば無意識裡の、影響を及ぼすものです。そのようなモデルの再構成に当たって、歴史家が再構成するものとは、同時代の人々が自分たちの世界についてその線を越えてまで考えようとふつうしなかったであろうような、見えざる境界線より以下のものではありません。こういう事情があったからこそ、本書の例で言えば古典期の公的善行者たちは、古代末期や中世のユダヤ教徒やキリスト教徒にとっては極めて自然に見えたであろう「貧者への配慮」に対して、大幅に関心を欠いていたのです。別に古典期の善行者たちがより一層冷酷だったわけではありません。彼ら古典期の人々は、社会に目をやり、とりわけ都市と市民を見ており、これに対してユダヤ教徒やキリスト教徒は、むしろ富者と貧者を見るようになったのです。

しかし、私たちは記憶しておかなければなりませんが、社会のこのようなモデルは、現実生活の混乱の程度を〔モデルの上で〕低減するべく、歯切れの良さや輪郭の明快さを具えています。それが最も当てはまるのは古典期の場合でしょう。古典期のギリシア都市の時代以来何世紀もの間、エリートたちは心の底に、自分たちの共同体がどのようなものであるべきかについて、確固たる観念を持っていました。しかしこのような観念は、より扱いにくい選択肢を排除するために考案されたものなのです。この排除の過程の重要な一例を挙げると、『汚《けが》しゆく海』という実に的確な題のついた、古代地中海世界に関する見事な再検討の書の中で、著者P・ホーデンとN・パーセルが要約しているギリシア・ローマ都市の最近の人口学的研究によって示されているのは、いかなる市民団体といえども、市民及び彼らへの善行者たちが信じたがっていたほどには、安定的でもなければ、部外者に対して絶えず緊張関係にあったわけでもない、ということです。私たちが古代の著作や硬い石に刻まれた無数の碑文の中に目にする時には、かくも生気にあふれた存在に見える、かの古典的デーモスは、実際にはいつも、脆弱にして〔他者による〕浸透の可能な人間集団だったのです。私たちがローマ帝国の最後の数百年（紀元後四〜六世紀）と結びつける劇的な変化よりも遙か前に、都市であれ田舎であれその住民は、流砂が作る砂丘のように可動的だったのです。[24]

長期的なものであるこのような状況に、私たちは留意しておくべきです。農村における流動性、及び都市への統制不能な移住――こういったことは、古代末期の時代に特によく起こったこととして、E・パトラジアンが活写しています。こういったことが、社会の古典的観念から中世的・ビザンツ的観念への移行をもたらした人口学的動因となった、と彼女は考えています。ですが、そのような現象はこれ以前の数世紀にも常態だったようです。私たちが古代末期と結びつける人口学的変化は、たぶん、私たちがこれまで考えてきたよりも劇的でなく、新奇でもなかったのでしょう。古代末期は、旧秩序の突如たる崩壊を特徴とする時代ではありませんでした。古典的都市の確固たる、しかし狭隘な自己像《セルフ・イメージ》に対して、鬱々たる大規模な人間集団が積み上がって圧力となる、ということが見られないような時代は、古代地中海世界には一度としてなかったのです。

古代末期において重要だったのは、持たざる移民たちが全体として増えた、ということではなかったのかもしれません。むしろ、古くから存在する状況に対してキリスト教の教会が新たな意味を付与したこと、その仕方こそが重要だったのです。都市につねに圧力を加えていた周縁的な集団――厄介な人々であり、その多くは決して貧しくなかった――のことを、教会は「貧者」と称し、彼らには保護される資格と、何らかの程度で共同体に統合される資格とがある、としたのです。

理想の社会的・地域的限界

さらに、私たちは記憶しておかねばなりませんが、エウエルゲテースをデーモスに結びつける公的施与のドラマにかかわっていたのは、第一義的にはギリシア世界であり、また、ラテン語圏西方（特にイタリアとアフリカ）に於いて（ギリシア世界のエウエルゲテースに）並行した存在である、都会エリートでした。このドラマに凝縮されていたのは、注目すべき持続性を有し、かつ広範に普及を見た、一個の文化的理想でした。しかしながら、紀元後一、二、三世紀の帝国全域の富裕なローマ人すべてが、ギリシア・ローマ文化が支えてきた市民的気前良さのこの理想に従って生きるべく、つねに物惜しみせず、つねに良心的だったわけでは必ずしもありません。多くの人々がさしたる関心を払わずに参与したというたぐいの、それは文化的理想だったのです。[25] 市民的施善の諸々の行為は、ヘレニズム・ローマ期の都市文化の研究のために文学・碑文を調査する歴史家・考古学者たちに強い印象を与えてきており、そしてそれら諸々の行為と関連づけられてきた人々は、その気性、また自己に対する関心ゆえに、「エヴェルジェティスムの達人」とでも言うべき、際立った存在として描かれてきました。[26] 詳細を極め、かつ愛郷心にあふれた文章によって、彼らの行動は注意深く石に刻まれており、学者の注意はそういったものに釘づけになりがちでした。しかし、この能弁な記録のせいで私たちが忘れがちなのは、社会の上層に属していて、より抜け目なくかつ顕示的志向がより少ない、そういうサイレントマジョリティーのことです。そのような人々は、生前は自分の都市に少ししか与えず、そして遺言では、自分の名前及び家族の名前を後世の記憶に残すために必要最小限のことしか書かないという仕方で、自分の都市を記憶にとどめたのです。[27]

また、忘れてはならないことですが、ブリタニアからシリア北部に至るローマ帝国の広大な諸地域に於いて、都市は、地中海沿岸に位置するギリシア・ローマの都市文明の中心地域におけるのと同程度に、目につく存在だったわけでは必ずしもありません。それら多くの地域では、地中海世界の古代都市に於いてキリスト教が組織した救貧事業やキリスト教的説教によって、人々の中に意図的に惹起されようとしていた逆説も、また断絶も、感得されないまま、共同体の古典的・「市民的」モデルから古典期以降のキリスト教的な形態への変化が起こったのではないか、ということが想像されます。地中海世界では、市民的善行者という観念は、人々の考えの中でなお活気あるものでした。これに対して他所では――という想像ができるわけですが――、富裕な者が自らの富をまずどうするべきかについて、人々は確たる考えを持っておらず、そしてたぶん、キリスト教徒として富者たちが貧者に与え始めた時に、人々はそれを見てさして驚かず、むしろ感銘を受けたでしょう。

しかしながら、市民的施善の「古典的」モデルの純ギリシア的形態が同時代の人々の中で特に活気づいていたわけでなかった、ローマ世界のそれら諸地域に於いてであれ、とにかく新しかったのは、公的施与のドラマそれ自体における、はっきり下向きの移行です。つまり、キリスト教世界にふさわしい公的施与行為の対象として、今や想定されたのは、市民同輩でもなく、市民自身にとっての従者たちでもなく、「貧者」だったのです。

キリスト教的著作の中の貧者イメージ

こういうわけで、後期ローマ時代のキリスト教的著作の中に、貧者のイメージの特異な性格を簡潔に見てみることが重要です。というのも、突如、貧者たちが遍在するようになるからです。キリスト教文献において私たちが出くわすのは、人間的悲惨という、心をかき乱すイメージに取り巻かれた社会です。三六二年に皇帝ユリアヌスが大祭司アルサキオスに宛てて例の手紙を書いた場所であるアンキュラでは、キリスト教の教会の外の中庭の柱廊は、そのようなイメージであふれていました。「あらゆる大都市で起こりがちなことは、この町にもあります。つまり教会の柱廊では、病者の群れ――結婚していない人もいれば、結婚したことがある人もいます――が日々の食事を乞うているのです。さて、冬の或る日のこと、或る人の妻が柱廊で真夜中に出産するということがありました」。[28] 北西に位置するアマセイア（現代名アマシア）では、司教アステリオスが、冬の夜の間じゅう貧者たちが公共浴場の暖かい壁にもたれかかってちぢこまっている様子を描いています。[29] 彼らは、キュルハンベイレリと呼ばれるオスマン朝時代の物乞いたち、すなわち、浴場を暖める炉の燃料補給口からかき出されてなお暖かみの残る燃えかすの山の上に座った「燃料補給口の主《ぬし》たち」、の直接の先祖なのです。[30] ベート・シェアン（スキュトポリス）では、この町の中心にあった古代末期の見事な柱廊が、物乞いたちのたまり場となっていたことを、キリスト教文献が私たちに伝えています。そこに横になっていた時に、聖サバスは、「傷口からの腐臭があまりにひどくて、もはや誰も近づこうとしなかった」或る老女に出会ったのでした。[31]

　どの町の門の外にも、貧者たちは集まります。もろいぼろ服を着て震えていた、そのような人の一人に聖マルティヌスが出会ったのは、アミアンの町の門のところででした。[32] テュロスの外では、通り過ぎる馬乗りのチリンチリン言う馬具の音に驚きながら、盲目の物乞いたちが、喜捨を求めて道端までにじり寄ってきたものでした。[33] エジプトのオクシュリンコスでは、貧者たちは日曜日の食料配給に備えるべく、土曜の夜には教会の入口で眠りこけており、通りすがりの修道士たちの一行が彼らと宿りを共にしました。

> 私たちが横になっていた時、一人の貧しい者がいた。むしろを一つだけ使い、半分は自分の下に敷き、もう半分で体の上側を覆っていた。ひどく寒かった。用足しをしようとして起き上がった時、私は彼が、寒さの痛みにうめきながら、次のように言って自分を慰めているの

を耳にした。「今この時、いかに多くの金持ちたちが、牢獄につながれ、鎖を身につけていたり足枷をはめられていたりして、用足しに起き上がることすらできずにいることだろうかねえ。その中で、主よ、あなた様のおかげでさ、わしは皇帝様みたいに自由で、自分の両足を伸ばすことができるのさ」[34]。

また私たちは、司教の良心を苦しめにやって来る貧者たちにも出くわします。私たちが本書で扱う古代末期という時代の終わりごろの或る時のこと、アレクサンドリアの総主教だったヨアンネス（在位六〇九―六一九年）に、富裕な平信徒が高価なベッドカバーを贈りました。総主教は、眠れぬ夜を過ごしました。彼の良心はかき乱されていたのです。というのも彼は、金貨三六枚分するこのベッドカバー一枚を売ったなら、一四四人の貧者に服を着せることができる、という計算をしていたからです。

「卑しいヨアンネスが」――と、彼はいつもこの言い方を口にしていた――「三六ノミスマの布にくるまれ、キリストの兄弟たちは、寒さゆえに凍えている、と誰が言うだろうか。何人の人が今、凍《い》てつく寒さで歯をガタガタ言わせているだろうか。何人の人が、むしろを上半分と下半分に使い、自分の足を伸ばすことができずに、ワラジムシのような格好で震えながら寝ているだろうか。……何人の人が、今この時この町に、よそ者として宿る所がなく、雨が降る中、市場で寝ているだろうか」[35]

このような光景は、それが長く人々の印象に残ることを狙いとして描かれました。このような描写が裏づけているように、古代末期についてであれ、他のいかなる時代についてであれ、貧困の研究は痛みを伴う仕事です。六・七世紀の修道士たちの逸話の中にであれ、初期近代のイギリスの村の物言わぬ記録の中にであれ、「痛みのおののきは、世紀を超えて振動する」のです[36]。そのような痛みに動かされないこと、などという要求を、歴史家は自分に課することはできません。しかしながら、まさにその理由で、そのような諸々のイメージが私たちに伝えていること、及び伝えていないことを、ともあれまずは注意深く見てみることが、私たちにとっては二重に重要なのです。

後期ローマ帝国における貧者

というのも、実にそのようなイメージは、それが私たちに語っていないことのゆえに驚嘆に値するからです。それらイメージは、地中海世界及び中東の貧者たちの一般的・持続的状況に関する、「生活をそのまま切り取った」単なる忠実なスケッチ、などといったものではおよそありません。それらは、独特な時代に独特な文献によって作り出された、極めて独特なイメージなのです。もし私たちがこれを、中世及び初期近代のヨーロッパで、或いはイスラム世界で、よく見られるイメージと比較するなら、前者は際立ってえたいの知れないものに見えてきます。私たちに突きつけられているのは、身体的・社会的滅亡のぎりぎりのところにあって震えている人間たちであり、彼らは顔がなく、名前がなく、そのよるべなさにおいて亡霊のようです。[37] 彼らは、後代のヨーロッパの文学に言うところの「危険な階級」ではありません。後期帝国はそれ自体、相当数の極めて危険な階級を有していましたが、それに該当するのは、襲撃を行なう蛮族のグループであり、地元住民の中でそういう蛮族につき従う子分どもであり、強盗、軍隊からの脱走兵たちであり、四・五世紀のガリアやヒスパニアで起こった「バカウダエ」の反乱であり、そして、六世紀の東帝国の諸都市で馬車競技の諸々の党派が繰り広げた、殺人的な暴力行為でした。[38] このような人々は、貧者ではありませんでした。時には、「貧困化し」怒りに満ちた富者たちの「絶望的な貧困《アフリクタ・パウペルタース》」が、深刻な蜂起へとつながったこともあります。[39] が、「貧者」がそれ自体として危険の源泉と目されたことは、ごく稀でした。「無価値な」貧者たちによって社会にもたらされた脅威に関して、初期近代のヨーロッパで見られた鋭い不安は、ほとんどの史料では奇妙な仕方で消音されています。[40] また、陽気な物乞いなどというものもいません。つまり、中世のバヌー・ササンに関する、無軌道きわまる諸々のアラビア語詩に見られるような、物乞いの出てくる民話などといったものの形跡は、後期ローマの文献にはごくわずかしか見られません。[41] キリスト教の史料に由来する証拠の圧倒的大部分からする限りでは、私たちが出くわすのは全く単に、とりわけ、受動的でかつ無名の集団として定義されるところの「貧者」なのです。つまり彼らは、施与物の受領者、保護の対象として見られているのです。

貧者と「真ん中へん」の人々

このようなイメージの貧者は、容赦なく私たちに迫ってきます。しかしながら、後期ローマ社会における彼らの実際の人数を推定することは、極めて困難な、一見するよりも遥かにずっと困難なことです。三八〇年代にアンティオキアで説教を行なったヨアンネス・クリュソストモスは、説教を聞く会衆に対して、この町の十分の一は富者、十分の一は「全く何も持っていない貧者」だと考えるべきだ、残りの八〇パーセントは「真ん中へん」だ、と語っています。[42] 私たちは、この言明を即座に無視するべきではないでしょう。これは、D・キャナダインが（一八・一九世紀イギリスの階級観念について語って）「人々が自分の社会を理解するための必要かつ充分な手段を人々に提供するものだったところの、社会的な自己理解……に関する通俗的なカテゴリー」と呼んでいるものの適用の、好例なのです。[43] ヨアンネスの言う「十分の一」という割合は、中世末期のヨーロッパの諸都市や初期近代の諸社会（これらについては、私たちは断片的な統計を持っています）の貧困と、さほど異ならない貧困のレベルを示しています。そのような諸社会の許容レベルは、人口の五～一〇パーセントの間でなら、恒常的に「貧しい」者にして救援を必要とする者を受け入れるということと、人口の二〇～二五パーセントの間までなら、一時的な危機の際に助ける用意があるということとの間で、どうも変動していたようです。[44] このような「社会的自己理解の通俗的カテゴリー」は、そう簡単には消え去りません。一九世紀末になお、救世軍の創始者W・ブースは、産業国家イギリスの「水没した十分の一」について語ることができました。そしてヨアンネス・クリュソストモスよろしく、ブースは付け加えたのです、「十人に一人とは、スキャンダラスに高い割合なのではないか？」、と。[45]

しかしながら、そのような数字は、微妙に誤解を招く恐れがあります。アンティオキアの住民全体のわずか十分の一が貧者だと語ることで、ヨアンネスは、アンティオキアにおける貧困の問題は解決可能だということを、会衆に納得させようとしていたのです。つまり、キリスト教徒である富者がもう少し気前良くなれば、アンティオキアの貧者は消滅するだろう、と。ヨアンネスが意図的に忘却していたのは、もちろん、彼の説教の相手である会衆が「真ん中へん」の人々、すなわち、自分たちのことを「全く何も持っていない貧者」だとは思っていないが、つねに貧困化の脅威にさらされながら生きていた人々だった、ということです。

広範な「浅い」貧困

貧困化は、古代人の大部分が自分たちについて最も恐れたことであり、それには充分な理由がありました。貧困化はいかなる時にも、いかなる不幸（単数であれ複数であれ）によっても起こりえました。すなわち、健康を損なうことによって、配偶者や両親や子どもの死によって、経済的・財政的圧迫によって、またあらゆる種類の暴力によって。初期近代のヨーロッパの歴史家が好む用語を使うなら、ヨアンネスの聴衆は、広範な「浅い」貧困を特徴とする社会の中に生きていたのです。そして彼らの大部分にとって、現実の欠乏状況という「深い」貧困は、つねに現前する可能性であり続けました。「深い」貧困とは、彼らの人生行路における多くの機会に、そこへと落ち込むかもしれず、そこからまたもがいて苦労して「浅い」貧困へと浮上するかもしれない、そのような状態でした。[46] ですので、古代末期の史料において「貧者」のカテゴリーが不鮮明になるのは避けがたいことなのです。ペネース、パウペル、さらにはプトーコス（古典ギリシア語ではふつう「ちぢこまる」物乞いに対して用いられる単語）といった語ですら、平均的な人々がそこへと落ち込む恐れのある貧困のレベルの広範な範囲について、無差別に用いられました。この意味で、後期ローマ社会は初期近代のフランスの社会に似ていました。「アンシャン・レジームは、単に貧者になる恐れのある人々を『貧しい者』とみなした。これは混乱であり、しかも、民衆の生活条件の不安定さについて多くを語っている混乱である」。[47]

全体としての「貧者」の割合に関する統計的推測に対して、ヨアンネス・クリュソストモスの聴衆は、私たちほど関心を持ってはいませんでした。そのような仕方で彼らが貧者を数値化しようとしなかったのは、正しかったのです。というのもそれは、後期ローマ社会についての不当な大量観察に行き着くからです。後期ローマ社会は、明確な裂け目によって区切られた社会ではありませんでした。単に富者と貧者とに、或いは、立場の安定した市民たちと、明確に定義された「持たざる者」という階級とに、区分できるなどというような社会ではなかったのです。次の章で見ることになりますが、後期ローマ社会は、私たちがこれまでの研究によってそうだと思わせられていたよりも遥かに一層、その構造において（特に、貧者への配慮が熱っぽく議論された場である都市に於いては）差異化されていました。しかしそのことは、この社会を居心地良くしたわけでは決してありません。成功・失敗に関して平均的な人間がいだいた予想に即して言えば、この社会は、——初期近代のリヨンの貧者たちについて語る際にJ・P・ギュットンが使った至当な用語を使えば——無数の「貧民化可能《パウペリザブル》」な人々から成る社会でした。それは、自分もまた貧困化への危険を有すると（しかも、しばしばもっともな理由から）思っていた人々の世界だったのです。当時のキリスト教文献において極めて顕著な役割を果たしている、持たざる者の無言の亡霊によって取り巻かれた世界、というだけではなかったのです。

現実の変化ではなく、見方の変化

「ローマ帝国の衰亡」というありきたりの語りのレトリックにもかかわらず、〈衰亡という〉この点に関して、古代末期において新しいと言えるものはほとんどありませんでした。「浅い」貧困と「深い」貧困の間の危なっかしいバランスは、古代世界に蔓延していました。エコロジー、人口学的パターン、疫学的状況、政治的・経済的権力の構造から見て、古代地中海世界は長い間、容赦のない場所でした。この世界では、周期的な飢饉、急性の経済的・政治的窮迫の諸段階、そして、つねに多くの人がよりましな生活を求めて放浪せざるをえなくなること——こういったことから、個人、共同体、そして実に地域全体を守ってくれるものは、ほとんど全くありませんでした。[48] ローマ帝国の盛期においてすら、古典時代のローマに私たちが結びつける繁栄・商業的冒険心は、「稀少性の大海」の表面に危なっかしく浮遊しているにすぎなかったのです。[49] 紀元後三〇〇年になるまでに、確かに状況は少しもましになっていませんでした。しかし状況は、劇的に悪化していたのでもありませんでした。全体として見た場合、後期ローマ時代を前代未聞の大量的貧困化を特徴とする時代だと言うのは誇張でしょう。キリスト教の教会が、後期帝国において貧者の面倒を見ることによって「衰退する世界の死の床にあって慰藉的な存在」として振る舞った、という言い方をするH・ボルケスティンに、[50] 私は同意しかねます。古代末期について興味深いのはむしろ、以前からつねに在ったのと同じ貧困を私たちは目にしているのだということであり、しかし私たちはその貧困を、今やキリスト教徒のより鋭い目で見ているのです（彼らにとって、貧困は道徳的チャレンジであり、かつ同時に行為への促しでした）。そしてとりわけ、私たちは貧困をキリスト教のリーダー（司教）の目で見ています。彼ら司教たちにとって、貧者の存在は、古典期以降の新しい社会における自分たちの役割に光を当てる格好の機会を、（ギリシア・ローマ世界の歴史の中で初めて）提供するものだったのです。ですが、コンスタンティヌス及び四世紀における彼の後継者たちのローマ帝国（つまり、キリスト教が帝国によって厚遇されるようになった以降のローマ帝国）における司教の公的な役割を評価する前に、私たちは、聖パウロの宣教からコンスタンティヌスのキリスト教への改宗（三一二年）までの期間におけるキリスト教の教会の進化の様子を、（やむなく簡潔にですが）見ておかなければなりません。

「受けるよりも与えるほうが幸いだ」——パウロからコンスタンティヌスまで——

キリスト教の普及

紀元後三一二年のコンスタンティヌスの改宗の時までに、キリスト教は、既にいくらか年老いた宗教になっていました。その古さは、ローマ帝国自体の古さとほぼ同じでした。三三七年まで統治を行なったコンスタンティヌスの同時代人にとって、ナザレのイエスの時代は、現代人にとってルイ一四世の統治の末年と同じほどに、遠いものだったのです。聖パウロの時代以来、キリスト教の諸共同体には多くのことが起こりました。ふつう行なわれている計算によれば、三一二年においてローマ帝国の住民の五〜一〇パーセントがキリスト教徒でした。もちろん、この数字は当て推量です。より意味深いかもしれないのは、紀元後三世紀が経過する中で、キリスト教の教会に集う人々の数が突如急増したようだということです。帝国が抱える非常に様々な地域の集合の全体にわたって、それら教会は不均一に分布していました。小アジアやシリアといった東方属州の重要な地域では、キリスト教は既に際立った存在であり、外目にもはっきりそれとわかる教会と、社会的に可視的な存在である指導者たちと、そして良い地位にあるシンパたちとを、キリスト者は持っていました。他所では、キリスト教は依然として、都市中心部に限られていました。大部分の地域では、キリスト教は農村の奥深くまでは浸透せず、帝国の北西の諸属州では、一応捕捉可能な存在、という程度のものでしかありませんでした。[51]

「貧者への愛」――旧約聖書、イエス、そしてパウロによれば――

三〇〇年までに、キリスト教徒たちは、聖なる書物についての確固たる尺度《カノン》を有すると主張していました。「貧者への愛」という主題について、これら諸々の聖なる書物は、互いに衝突する使信を呈しており、そしてそれらの各々が、等しく神の永遠の意志の表れであるがゆえに、等しく有効だとみなされました。「トーラー」と「預言者たち」（これらをキリスト教徒は旧約聖書として受け取りました）の中にキリスト教徒たちが見いだした使信とは、苦難の中にあるイスラエル人同胞に対する連帯を示す義務を強調するものでした。富める者や有力者が貧しい同国人を搾取するのは、神の忌み嫌われることだとして、極めて強い調子で告発する預言者たちの言葉を、彼らは耳にしていました。福音書においては、彼らキリスト教徒たちは、ナザレのイエスという、奇妙に分類不能な人物に出くわしました。この人物は、富める者たちとともにいるのをしばしば目撃されており、彼らから援助を受けていました。しかし彼は、自分自身の弟子たちの生き方を、貧しさへの断固たる召命といった形で描いていたのです。

あなたがた貧しい者たちは幸いだ、神の国はあなたがたのものだから。（ルカ六・二〇）

もし完全になりたいのなら、行って持ち物を売り払い、貧しい人々に施しなさい。それから、わたしに従いなさい。（マタイ一九・二一）

富める者が神の国に入るよりも、らくだが針の穴を通るほうがまだ易しい。（マタイ一九・二四）[52]

最後に、といっても重要性の点では決して劣後でありませんが、聖パウロが書いたとされる諸々の手紙を読んで、キリスト教徒たちが思ったのは、この著者は、弟子に対するイエスの使信に窺われる「社会的パトス」からははっきり距離を置いているものの、信者たちの中に富が存在することから惹起される問題・機会について深刻に頭を悩ましているようだ、ということでした。[53] パウロの書簡はパウロを、小アジア及びエーゲ海地域に散在した新しい宗教共同体のたゆまざる建設者、と描いています。「諸教会」の中で富が分裂という効果をもたらす潜在的可能性を、彼は鋭く意識していました。しかし、財産放棄など全面的な節制を唱えるよりも、むしろ彼は、信者たちの一致の秘訣は、物資が「兄弟たち」の間に着実に行きめぐることにこそ存する、と確信していました。貧窮する諸共同体を支援するため、特にエルサレムの「聖なる者たちの中の貧しい人々」を支援するために行なう献金集めについて、パウロはしばしば書簡の中で書きました。[54]

その結果彼は、「喜んで与える人」(Ⅱコリント九・七)という、後にキリスト教的古典的観念とみなされるようになったところのものを、言葉にしました。「喜んで与える人」とは、共同体のために犠牲を払う用意のある人でした。[55] パウロの理想はイソテース、すなわち、兄弟たちの間で資源を「平らにする」つまり均等化するということであり、これは、より豊かな諸教会がより貧しい諸教会の苦境を緩和するために醵金《きょきん》することによって達成されるものでした。

あなたがたの現在のゆとりが彼らの欠乏を補えば、いつか彼らのゆとりもあなたがたの欠乏を補うことになり、こうして釣り合いがとれるのです。「多く集めた者も、余ることはなく、わずかしか集めなかった者も、不足することはなかった」と書いてあるとおりです。（Ⅱコリント八・一四―一五）

こうして、三一二年までに、すべてのキリスト教徒たちの心の中には、三つの別々の使信――連帯、財産放棄、信者仲間の間での富の流布――が、ともすると互いに衝突して問題を起こしかねないほどに厄介な近さで、併存していました。というのも、このようにまずい按配に集められた三つの要求の混在から生じる緊張状態を除去してくれるような、現代の学者たちの著作を、当時のキリスト教徒たちは手にしてはいなかったからです。これら要求を、各々固有の社会的・宗教的文脈の中で解釈することによって、お互いをお互いから切り離すことができるなどということを、当時のキリスト教徒に語ってくれる人は一人もいなかったのです。紀元前八・七世紀のイスラエルにおける「貧者」という語は、この時代の貧者と全く異なる意味を含んでいるのだ、ということを指摘してくれるような古代近東の歴史家は、当時のキリスト教徒のもとには一人もいませんでした。古代イスラエルにおける「貧者」は、古代末期を通じてキリスト教徒たちの想像力について回ることになる悲惨のイメージを体現するような、全くの無一文者だったわけではありません。イスラエルにおける連帯の使信が言う「貧者」とは、己を恃《たの》みとする部族民、小農、さらには貧困化した貴族たち、つまり喜捨をでなく正義と暴力の停止とを求めて、神に、また有力者たちに叫んだ人々のことだったのです。[56]

また、キリスト教徒たちのためには、ぎりぎりの選択に直面させられる、ナザレのイエスがいた世界と、パウロがいたもっと快適な世界とを、社会学的にすっきり区別してくれる——この区分は、初代教会の歴史を書いた学者たちに大いに役立ってきました——G・タイセン教授のような人もいませんでした。この区分によって現代の研究は、人を不安にさせるイエスの使信を、ユダヤ人が住んだパレスティナ・シリアの田園地帯という鮮やかな風景の中に安らかに封じ込めることができました。ガリラヤのイエスの直弟子たち、及びその後継者たちは、イエスの語ったもっとラディカルな言葉を、自分たち自身の生き方を擁護するために引き合いに出したとされています。彼らは Wandercharismatiker、すなわち「放浪するカリスマ保有者」でした。イエスの使信の結果、根無し草の、また（そう言う必要があるなら）文無しの宣教者、かつ人気のある治癒者として、彼らはガリラヤやユダヤへの、そして後には東方のシリアへの道に就きました。そういった所で彼らは、パウロが創出した地中海の都市的な共同体にあまりかかわることなく、自分たち自身の刺激的な世界の中で生きていたのです（というふうに、私たちは聞かされています）[57]。

対照的に、パウロが書いたとされる書簡に見られるのは、（W・ミークスの影響力ある本の表題を使うと）「最初の都会人キリスト教徒」の世界でした。これらキリスト教徒は比較的裕福で、定住民であり、コリント、エフェソ、フィリピといった大都市に住んでいました。彼らへのパウロの使信は、「愛の家父長制」の一形態と要約できるものです。パウロの理想は、善意があり気前の良い世帯主たちから成る「愛を与える」共同体、というものでした。都市に所在した初期のキリスト教共同体に特徴的な社会的構成に、これは実によく合致した理想でした。富者と貧者の間、奴隷と主人の間の社会的区別は受容されていましたが、そのような区別は、気前良い施与と、温和な扱いとによって緩和されていました。[58] 全く、現代の学者たちが提示する、ねたましいほどに見事なこの区別――非常に古代的なイスラエルと、基本的に農村的かつラディカルな「イエス運動」と、都市のキリスト教徒に聖パウロが提示したもっと落ち着いた見方という区別――を、もし後代のキリスト教徒たちが知っていたなら、富と貧困に対する彼らの態度は、創造的不安定さを帯びる度合いがより少なかったでしょう。

ユダヤ教と共有する諸々の観念の多様な相続財産の一部として、初期のキリスト教徒が当然視したのは、自分たちは共同体内の貧者への配慮に責任を負っている、ということでした。同胞たるキリスト教徒が困窮している際には助けるべきであり、キリスト教徒である寡婦や孤児は信者仲間によって保護されるべきだ、キリスト者には、経済的理由からやむなく信仰から脱落したり不信者の手のうちに落ち込んだりするなどということがあってはならない、というわけです。

世の富を持ちながら、兄弟が必要な物に事欠くのを見て同情しない者があれば、どうして神の愛がそのような者の内にとどまるでしょう。(Iヨハネ三・一七)

援助を必要とする存在としての聖職者たち

しかし紀元後三世紀までに、キリスト教の教会は、援助を求めるさらなる一群の人々を作り出していました。司教及びその聖職者団は、全面的にであれ（司教の場合）、部分的にであれ（司祭、助祭、及び教会の他の聖職者たちの場合）、信者仲間からの援助を期待していました[59]。このシステムを採ることによってキリスト教は、地中海世界全体における宗教生活のテンポの加速化に随伴して既に起こりつつあった静かな革命、その革命が持つ意味を、極端な帰結へと至らせました。キリスト教において聖職者への援助は、宗教的達人性及び宗教的リーダーシップの「民主化」（これは既に多くの宗教に影響を及ぼしつつありました）を、前代未聞の規模でもたらしたのです。簡潔に言うなら、下層及び「真ん中へん」の階層の人々、すなわち通常なら自活に困難を覚えるような人々が、今や熱意を以て、かつ次第に大挙して、宗教という高遠なる営みへと参入してきたのです。自活の手段を持たないので、彼らは他者からの援助を必要としました。そこで、ユダヤ教や多くの異教祭祀に見られたのと同様な危機が、キリスト教の教会にも見られることとなりました。

宗教的営為と社会層

私がこういう話をするのは、古代世界の伝統的な宗教的エスタブリッシュメントがいかに都合良く上流階層的だったかを、私たちは忘れがちだからです。富裕な階層の出であって、時間のかかることや高遠なことにかかずらう閑暇を持っている、哲学者や書写者――ふつう宗教的思弁は、そういった人々の領分とみなされていました。この点についてユダヤ教のベン・シラの知恵（集会の書）は、ギリシア・ローマ世界の知識階級を全体として扱って次のように言っています。「学者の知恵は、余暇があって初めて得られる。実務に煩わされない人は、知恵ある者となる。どうして知恵ある者となれようか、……牛を追い立て、仕事に忙しい者が」（シラ三八・二四―二五）[60]。神殿都市エルサレムを含む、大多数の都市における公共の宗教的エスタブリッシュメントは、ふつう「貴族的寡頭制」の掌中にありました。「貴族的寡頭制」に属する人々とは、社会のリーダーとしての諸機能を果たす一方で、祭祀の維持に必要な富と閑暇を充分に持ち合わせた人々だったのです。祭司と公的善行者は、しばしば同一人物でした[61]。

初期キリスト教や、また実際（見たところどうも）神殿崩壊以後のユダヤ教の中では、私たちはこのような世界を目にしません。既に神殿時代に、エルサレムの宗教的・政治的エスタブリッシュメントは、ファリサイ派とかかわらざるをえませんでした。ファリサイ派は、宗教への非常な程度の没入という点で際立っているものの、曖昧な「真ん中へん」階層出身の人々から成っていたという意味で、新奇な集団でした。彼らは「有閑階級でもなければ無一文でもない」人々でした[62]。後の時代の宗教的指導者が大量に輩出されることとなるのは、まさにこのような階層からでした――もちろん、すべてのファリサイ派の中で最も常軌を逸した存在である、聖パウロを始めとして。

パレスティナの最初のキリスト者たちは、さらに一層少ない特権しか持っていない人々でした。このことは、紀元後九〇年ごろに行なわれた、皇帝ドミティアヌスとナザレのイエスの血縁者の生き残りとの面会に関する、生き生きした話（ヘゲシッポスの綴った歴史をカイサリアのエウセビオスが伝えています。

すると彼〔ドミティアヌス〕は彼らに、ダビデの子孫かどうか尋ね、彼らはそうだと言った。そこで彼は彼らに、どれほどの財産を持っているのか、どれほどの資金を管理しているのか、と尋ねた。彼らは、彼ら二人で九千デナリだけあり、その半分が各々に帰すると言い、また彼らは、これらを金銭としてではなく、わずか二十五プレトロンの土地の区画として持っており、そこから貢租をまかない、自分たち自身で働いて生計を立てている、と断言した。（それゆえ彼らは、自分の家族と、さらに何人かの使用人をも、養うことができる小農だったのです。無一文の貧者に属するわけでは決してありませんでした。）それから彼らは自分たちの手を見せ、体のこわばったところと、絶えざる労働のゆえにできた手のたことを、自ら働いていることの証しとして示したという。……これらに対してドミティアヌスは、彼らをいかなる点でも断罪せず、むしろつまらない連中として軽蔑し、彼らを自由にしたという。[63]

皇帝ドミティアヌスが目にしたのは、彼を安心させるものでした。それは、農夫のごつごつした手だったのです。気前の良くない大地から生活の資をもぎ取ろうとする年々歳々の闘いにからめとられた、ヘシオドス以来の地中海世界の農夫にとって、逃れられないものである絶えざる労働の必要、すなわち労苦《ポノス》の跡が、その手には刻まれていました。[64] 閑暇を持たず、労苦《ポノス》の世界にからめとられている人々は、宗教的真理に関する時間浪費的かつ危険な営みに、気ままにかかわるわけにはいきませんでした。都市の職人たちも同じ立場にありました。才気あふれる著作家ルキアノスは、自分の将来の出世を夢見た時、自分のおじと同様に彫刻家になるという選択肢に直面していました。しかし、このような誉れある技術ですら、文化的野心を持つ人には問題外だったのです。教養という名の貴婦人が彼に現れて、確固たる言い方で告げました。「つまり（彫刻家になる場合）、あなたが労働者となって身体を使って働き、その仕事に生計のすべての希望を置く以外には、何もないのです」[65]。労苦と真剣な思索とは、古代世界では両立不可能だとみなされていたのです。芝居を上演しようという不相応な挙に打って出たアテネの職人たちを、W・シェイクスピアは『夏至の夜の夢』で描き、その中で、古代世界の身も蓋もない社会常識を完璧に表現しています。すなわち、「節くれだった手で働く職人たち……今の今までおよそ頭を使ったことのない手合い」には、この世界の中に居場所などまずないのだ、と[66]。

皇帝ドミティアヌスが知る由もなかったのは、宗教の領域では、未来は「節くれだった手で働く手合い」の、と言うか或いは、エリートよりもむしろそういう手合いに近い人々の、掌中にあったということです。「使徒」としてであれ、後には司教や聖職者としてであれ、或いは（三・四世紀におけるいくつかの場合では）ラビやその弟子としてであれ、そういう人々――すなわち、必ずしもイエスの血縁者のような貧しい農夫でないとしても、真に富裕な者の「保証つき閑暇」などというものを決して味わったことのない人々――の献身的態度に、キリスト教もユダヤ教も依存したのでした。自分たちが向き合わざるをえない選択はハードなものだということが、彼らにはわかりました。彼らは自分が得ていた生計の資を放棄して、（貧者と同様に）他者の施与物によって生きることができました。さもなければ彼らは、自分たちに可能な限りで、ささやかな仕事口からの要求と、神の事柄への全身全霊での献身という重い要求との間で、バランスをとることができました。献身を続ける中で、信者仲間から励ましと、保護と、そして（場合によっては）定期的な財政的支援とを受けることを、彼らは期待していました。何しろ彼らは、そういう仲間たちのために、時間のかかる宗教的活動にかかわっていたのです。

「貧者」としての聖職者

この新たな状況の結果として、キリスト教の著作もユダヤ教の著作も、共同体の中の比較的豊かなメンバーと新たな「貧者」階級との間の関係という問題に、事あるごとにこだわりました。これら「貧者」は、苦難のうちにある信者仲間のことではなく――そのような人々が支援を受ける権利を有することは、誰一人疑っていませんでした――、むしろそれは新たな、観念上の「貧者」だったのです。ここで言う「貧者」とは、宗教へのかかわり方が全面的なため、自活に必要な時間をほとんど或いは全く持っていない、というような人々のことだったのです。ユダヤ教の史料でもキリスト教の史料でもよく出てくるイメージを使うなら、そのような人々は、祈りと研究によって共同体に風味と安全をもたらす、汁の多い「ぶどう」であり、その重さは、専門家でない平信徒たちが提供する「富の木材・格子細工」によって支えられるべきものだったのです。[67]

使徒パウロの立場

この発展は、円滑なものでは決してありませんでした。もし、エルサレムや他所の「貧者」のための献金収集者にして使徒というパウロの活動が、強力な否定的イメージ――すなわち、極めてはっきり言ってしまえば、カネと名声を得るため、そして信者の出費によって自ら安楽に暮らそうという目的のために、新たな宗教をぶち上げる宗教的起業家のイメージ――に影響されずに営まれていたなら、キリスト教共同体における富の利用と濫用という問題について、パウロはあれほどまでに細やかな感受性を駆使してものを書きはしなかったでしょう。[68]

多くの機会にパウロは、自分の立場を明確にすることを余儀なくされました。自分のような「使徒」は当然、キリスト教共同体の支援を受ける全面的な資格を持っている、とパウロは考えていました。[69] しかし彼はわざわざ、その権利を使わずに済ませる道を選びました。他人の重荷となるよりむしろ、「日夜労苦して」働く用意が彼にはあったのです。[70] エフェソのキリスト教共同体の長老たちに彼が見せたのは「このような両手」だったのです。イエスの貧しい血縁者の手と同じく、労苦の同じ跡を示すそのような手こそが、パウロの高潔さの証しでした。

わたしは、他人の金銀や衣服をむさぼったことはありません。……わたしはこの手で、わたし自身の生活のためにも、共にいた人々のためにも働いたのです。あなたがたもこのように働いて弱い者を助けるように、また、主イエス御自身が「受けるよりは与える方が幸いである」と言われた言葉を思い出すようにと、わたしはいつも身をもって示してきました。（使

二〇・三三―三五）

これはパウロがイエスの生《なま》の言葉（イエスが語ったとされる言葉としては、これはどの福音書にも出てきません）を引き合いに出している稀なケースですが、パウロによるこの引用は、キリスト教の多くの教会において、ふつうの意味の貧者に対する支援と、「司牧を行なう」貧者に対する支援との間の潜在的な軋轢《あつれき》が、どれほど尖鋭化しうるかを示していると言うことができます。

宗教的「起業者」への疑念

ルキアノス（どうにかこうにか「労苦」を免れることができたので、同時代の宗教的起業家たちの手口に対しては、容赦なく目を光らせていた人物）の鋭い筆致は、キリスト教の共同体の内的活動について部外者が私たちに伝えてくれる、最初の報告の一つだと言えます。これは、キリスト教徒に対しておべっかを使うたぐいの報告ではありません。私たちがルキアノスを信じてよければ、二世紀半ばのこと、奇矯な犬儒哲学者ペレグリノスは一時期、自分はキリスト教徒の一員だと主張しました。彼は「預言者、祭儀指導者、シナゴーグの長」になりました。「……彼は彼らの書物のいくつかを解釈して説明し、さらに多くの書物を著しすらした」。その結果、ペテン師ペレグリノスはぜいたくに暮らし、牢獄に於いてすらぜいたくに暮らしました。「さらに、最初の立法者（イエス）は彼らを、皆お互いの兄弟なのだと納得させた……。それゆえ、彼らのもとに……妖術師や詐欺師がやって来ると、そのような人は直ちに、ふつうの人々をかつぐことによって短期間のうちに大変富裕になった」。[71]

こういう疑念は、古代末期の間じゅう存続しました。四世紀の半ば、カイサリア（現代名カイセリ、トルコ）の司教バシレイオスがほとんど自明なこととみなしていたのは、ならず者の祭司・聖職者は「服従や敬神のいかなる観念にもよらずに、むしろ（他の人が何か別の職業を選ぶのと全く同様に）こういう形で生計の資を得たいがために」、自分を新たな宗派のリーダーにしたがることがある、ということでした。[72]

宗教的起業によって金儲けをする連中に対する仮借ない嘲弄は、何はさておき金儲けをするなどという必要のなかったあの少数の幸運な人々の、特徴的な反応でした。しかし現実には、神のための宗教的物乞いも、新たな宗派を創って金儲けすることも、中間階級や下層階級の間では決して稀ではありませんでした。神々がそういう宗教者たちの力を地上でお示しになるのに、富や信者を寄せ集めるという仕方によってはならない、という理由はなかったのです。[73]

二種の「貧者」

かくて、コンスタンティヌスの改宗までの百年の間、キリスト教の共同体は、貧者に対する富者の義務という観念が鋭く「二叉《また》に分かれている」、という特徴を持っていました。いかなる教会においても、「喜んで与える人」の支援を求めたのは、一つの集団ではなく二つの集団だったのです。

第一にもちろん、貧困化した信者仲間がいました——孤児、寡婦、病人、牢獄にある者、避難民、そして無一文者。私たちが見る限りのところによれば、この時期のキリスト教の喜捨は強度に内向きの活動であり、それは非信者を含んでいませんでした。むしろ、いかなるキリスト教徒についても、貧困のゆえにやむなく非信者からの援助に頼るなどということを許容しないことによって、キリスト教の喜捨は、木を取り巻く硬い樹皮のように、共同体の境界線を強化したのです。

また、それは、行き当たりばったりの事柄でもありませんでした。司教及び聖職者団は信者の献げ物の一部によって養われていましたが、彼らはそれら献げ物を、部分的には貧者の名において受け取っていました。つまり彼らは、自分たちを養うためのものを差し引いた残りを、寡婦や孤児や無一文者に再分配することにしていたのです。とりわけ司教は、オイコノモス、すなわち教会の富の「執事」だ、と描かれました。この富は聖職者によって貧者のために使われることとされ、一部では、私的な喜捨は行なわないようにとの勧めがなされました。つまり理想的には、貧者への施与物はすべて、司教及びその聖職者団を経由していくこととされたのです。というのも、彼らだけが、誰が支援を必要としているかを知っていたからです。[74]

共同体による援助

「司教たちだけが、誰が支援を必要としているかを知っている」というのは、極端な見解でした。ですが、精力的な司教の手へと富が集中することは、決定的たりうることでした。司教のもとに参集する閉鎖的かつ戦闘準備万端な共同体という、自らの思い描くカトリック教会（すなわち普遍的教会）の観念を強固にするべく、カルタゴの司教キュプリアヌス（在位二四八―二五八年）がどのように貧者への配慮に富を使っているかについて、彼の書簡群は印象的な証言集となっています。迫害時に堅固だったことが知られており、かつその後の危機の際に司教に忠実であり続けた、そういう「貧者」だけが支援を受けるべきだ、と彼は述べたのです。[75] 迫害時に投獄の苦難を耐え抜いた地元の英雄たちが、給付を受けました。[76] 避難民に対して、キュプリアヌスは私財を提供し、裕福なキリスト教徒を、貧窮する貧者の一員と同様な仕方で喜捨を受けるという屈辱から免れさせました。[77] キリスト教共同体の境界線は守られたのです。キリスト教徒である商人たちにはつなぎ融資が与えられました。[78] 芝居を教えること（偶像崇拝によって汚染されていた職業です）で生計を得ていた或る改宗者が、当人の地元の教会の救貧基金で養われていたのですが、その教会の司教にキュプリアヌスは、当人をカルタゴに送るよう勧めました。カルタゴでなら、教会がより豊かなので、彼が新たな仕事を覚えるまで彼を養うことがより容易だったのです。[79] ベルベル人の部族の襲撃の際に捕えられたキリスト教徒たちを贖《あがな》い出すために、一〇万セステルティウス、つまり、帝国の長官の一年間の報酬の半分、或いは三千人の労働者の月の賃金に相当する巨額が、カルタゴで急いで集められました。[80] 残念ながら、この手紙に添えられた出資者のリストは残っていませんか。残っていればよかったのですが。それがあれば、カルタゴのキリスト教共同体が予想外に豊かで、かつ社会的に複雑な構成を呈していたことの証拠が、得られたかもしれないのです。[81]キュプリアヌスの書簡の翻訳者であり、それらに関するすぐれて最良の註釈を著したG・クラークによれば、全体としてキュプリアヌスの書簡群は「教会が社会内社会、つまりれっきとした第三の種族《テルティウム・ゲヌス》、を成していることの実際的証拠」を示している、と言うことができます。[82]

かくて、二種類の依存的な人々という、鋭角的に異なる集団を支援するべく、「喜んで与える人」の堅固なる中核への訴えかけが行なわれました。この集団のどちらも、つまり聖職者も貧者も、相当膨れ上がる可能性を秘めていました――聖職者が、貧者のために教会の富の分配者として振る舞うと主張することによって。二五一年にアンティオキアの司教に宛てて手紙を書いたローマの司教コルネリウスは、この二重の責任の度合いを強調しています。

普遍的な教会には一人の司教がいなければならない……。四六人の司祭と、七人の助祭と、七人の副助祭と、四二人の侍祭と、五二人の祓魔師・読師・守門（全員で一五四人、ローマの自発的団体のたいていのものと同じ規模の集団です）と、一五〇〇人を超える寡婦・困窮者がいる（ローマ市の最大の同職団体と同じ規模の、相当な集団です）。[83]

三〇三年に属州の主都キルタ（現代名コンスタンティナ〔クサンティーナ〕、アルジェリア）の教会の敷地内に官憲が押し入り、貯蔵室の中で男物のシャツ一六枚、ヴェールが三八枚、女物のドレスが八二枚、履き物が四七足、さらに油とぶどう酒の容器が一一発見された、ということを私たちは知っています。さらに、キルタのこの教会は、司教のほかに少なくとも三人の司祭、二人の助祭、二人の副助祭、墓掘り人一人、読師五人を擁していた、ということを私たちは知っています。彼らのうち、誰一人として貧民ではありませんでした。読師の一人は学校の教師であり、別の一人は仕立屋すなわち sartor か、或いはたぶん、モザイク作りの熟練職人すなわち sarsor だったようです。後者（sarsor）であれば、彼は、彫刻家だったルキアノスのおじ――より高次なことのために、ルキアノス自身はこの職業に就くのを免れたのでした――と全く同種の職人だったことになります。[84]しかし聖職者全員――すなわち司祭と助祭――は、そしてひょっとすると下級聖職者もまた、司教から施物《スポルトゥラ》を定期的に受け取っていたでしょう。この施物は、週単位の信者の献げ物に由来していました。献金それ自体は、毎日曜日に行なわれた主要な儀式で、この儀式は、祭壇への行列と、現金やら園芸作物やらといった形の献げ物が置かれた卓上で、信者たちの献げた物をおごそかに分割するということとを、含んでいました。[85]

教会の二重の義務とコンスタンティヌス

かくて、三一二年にコンスタンティヌスが、キリスト教の教会のパトロンになろうと決心した時に、彼の目の前にあったのは、二重の課題を担っていた団体でした。二重の課題とは、貧者に施与する義務と、聖職者を支える義務のことです。また、キリスト教の平信徒の中に、自分たちの金が有効な形で支出されていることを確認するべく、自分たちの支えている聖職者たちを吟味する必要を感じていた裕福な人々が多数いることを、コンスタンティヌスは知りました。教会の富を「貧者への配慮」と結びつけ、かつ聖職者をその配慮の責任者とするイデオロギーが、キリスト教の中ではコンスタンティヌスの改宗以前に確立していました。これは、ルキアノスのような一般人がこの新しい宗派について知ろうと思えば、知りえたことでしょう。

コンスタンティヌス以後——特権と救貧——

度外れの「喜んで与える人」

キリスト教の教会は、コンスタンティヌスという人物において、それ以前の世代の信者が夢想だにしなかったスケールの「喜んで与える人」を与えられました。改宗の時から三三七年の死に至るまでの治世の間じゅう、コンスタンティヌスは多くの主要都市にキリスト教のバシリカを設立しました。こういった建設計画はそれだけで「古代において一人の支配者が貴金属を用いて実現した他のあらゆるプログラムを凌ぐ、宣伝の洪水」になりました。[86] 属州の諸教会へのこのような施与の効果は、度肝を抜くものだったに違いありません。それ以前の時代の、敬虔な平信徒たる施与者たちによる施与物は、皇帝からの大盤ぶるまいによって、ちっぽけに見えるようになりました。三一〇年、富裕な寡婦ルキッラは、集まった司教たちに抜かりなく金一封を四〇〇配ることで、自分の推す候補がカルタゴの司教に選ばれることを確かにしました。贈り物は、貧者たちに分配するべきものとして司教たちに渡されたのですが、その金を貧者が目にすることはありませんでした。司教たちはそれを自分たちの中で配ったのであり、そしてルキッラの候補は、ラテン語圏西方における二番目に大きな司教座に於いて司教となりました。[87] しかし三一三年に、皇帝からの使命を帯びた人が、皇帝が推す候補（ルキッラが選んだ人の対抗馬でした）の支持者たちのために旅行手当として、金一封を三〇〇〇携えてカルタゴにやって来ました。[88] 以前には自分こそ「喜んで与える人」だと思っていた人（すなわちルキッラ）は、キリスト教徒たる皇帝によって、今やはっきり大差で負かされたのです。

全体として見るなら、これまでキリスト教の教会は、よく組織だってはいるものの本質的に内向きだった慈善努力を特徴としてきたわけですが、コンスタンティヌスの改宗によって今や、公的善行というもっと外向きな「市民的」理想がなお存続していた広い世界の中へと投げ込まれた、と言うことができます。この市民的理想は、三世紀の危機を生き抜きました。古典古代の社会のあらゆる特徴が拭い去られた「無地の書き板《タブラ・ラーサ》」――コンスタンティヌス及びその後継者たちのローマ帝国においてキリスト教の教会が直面したのは、そのような社会ではなかったのです。

古典的エヴェルジェティスムの手本としての皇帝

依然として皇帝は、旧式のエヴェルジェティスムの手本としてそびえ立っていました。最近の研究において最も心を掻き立てる発見の一つは、四～五世紀の間じゅう、帝国の主要都市に於いて（及び、より小さな規模では、属州の中心都市のいくつかに於いても）、共同体の伝統的・「市民的」な定義がいかに広範に維持され続けたか、ということにかかわっています。[89] 諸都市の市民に無料で或いは割引価格で分配するべく大量の食料を動かすことに、アンノーナ制度はかかわっており、これは機能し続けました。しかも既に見たように、この分配制度は、貧者の与《あずか》り知らない、市民だけを相手にした制度であり、そしてそのようなものであり続けたのです。アンノーナ制度は、その範囲の点で、またその成功に関与した人的努力の点で、恐るべきものであり続けました。四世紀のローマでは、約一五万人の市民が依然として「市民のアンノーナ《アンノーナ・キーウィカ》」を受けていました。この食料供給と関係していたのは、五〇〇〇万ポンドの豚肉を産するのに充分な豚を、毎年イタリア中部・南部から持ってくることであり、また、約二五〇〇万モディウス（一億六六七五万キロ、または一万八三〇〇トン）の穀物を、主としてアフリカから輸送することでした。[90] 六世紀には二四〇〇万モディウス（一億六〇〇八万キロ、または一万七五〇〇トン）が、エジプトからコンスタンティノープルへと船で運ばれました。[91] もちろんこれらは最大限の数字であり、こういう安価な食料が全くすべていつも市民たちの手に入ったわけでは必ずしもありません。むしろ、アンノーナのために膨大な行政的努力を費やすことが継続されたのは、それが実際に機能したかどうかにかかわりなく、それが皇帝の役割を強調するのに役立つからでした。旧態依然たる仕方で、皇帝たちはエウエルゲテースすなわち公的善行者であり続けていたのです。アンノーナに対する皇帝たちの関心は、彼らが自分たちの都市及びその住民たる市民たちをなお「愛している」ことを示していました。

二世紀～三世紀初頭のベル・エポックと比較するなら、民間人たる市民による自らの都市への公的善行は減少してきていました。が、依然としてそれは行なわれていました。[92] 都市を修復したり装飾したりするのに、今や地元の総督たちが地元のエウエルゲテースにとって代わるという傾向が見られましたが、しかし総督たちの大部分は、エリート市民から輩出されていました。彼らはエリート市民ともども、貴顕たる人々に公的善行を求めていた古典的な都市生活の「集合的記憶」を共有していました。[93] キリスト教徒の間ですら、エウエルゲテースというイメージは公的生活の自我理想としてしっかり根づいていたので、かの目ざといL・ロベールは、市民的善行者を讃える二世紀の碑文の言い回しを照らし出すために、ヨアンネス・クリュソストモスやカイサリアのバシレイオスの説教を使うことができたのです。この主題のためにロベールが費やした、才気あふれるごく短い数ページは、エヴェルジェティスムの古典的言語が古代末期において存続したことを示す、印象深い証言となっています。[94]

キリスト教化に伴うキリスト教的施与の変化

社会の上層の人々の多くが次第に教会に帰依するようになると、彼らは、貧者及び聖職者への自分たちの施与が、これまでの市民的善行の行為に結びつけられていたような一種のドラマ感覚を伴うようになることを、当然のごとく期待しました。教会においても彼らは、エウエルゲテースの古代的「後光」を身にまといたいと思ったのです。実際、そうするのに成功した人々も幾人かいます。ネゲヴ砂漠のキスーフィームの六世紀末の教会の床のモザイクには、シルトゥースという女性が、前を見つめて右手を伸ばした姿で描かれており、その右手からは、古典時代のメガロプシュコス、すなわち「開けっ広げな気前良さの主《ぬし》」の仕草で、降り注ぐ雨のように貨幣がこぼれてきています。彼女の左手は服をつかんでいて、その仕草のゆえに、ひだになった服の先端が、ローマやコンスタンティノープルで競技を主催したコンスルたちが競争の開始を告げるのに使ったマッパ、すなわちハンカチ、のように見えます。さもなければ辺鄙と言ってよいような地方の教会に於いて、敬虔なキリスト教徒である一人の女性が、その地の偉人たちを連想させるような古来の仕草を思わせる仕方で、自分はキリスト教共同体に対して〔古典的な意味での〕公的善行を行なっているのだということを、示すことができたのです。[95] 次の章で見ることになりますが、こういう野心的な人物たちが四世紀の教会を席巻していたわけではありません。大部分の所では、キリスト教の教会はしぶとく地味な、真ん中へんの共同体でした。しかしながら、キリスト教徒エウエルゲテースという新階級が、まだ広範囲に及んではいなかったにせよ、既に到来しつつありました。今や同一の文の中で「市参事会における第一の者であり……その敬虔さゆえに貧者を愛する者でもある」という具合に語られえたキリスト教徒たる貴顕市民は、司教もまた、彼ら自身と同様「自分の」都市の面倒を見るのに迅速でかつ気前が良い、そういう公的な人物であることを期待したでしょう。[96]

皇帝たちも、同じことを考えていました。個々の教会への皇帝の施与の、不釣り合いなほどの重みは、何度かの機会においてのみ、また少数の地域の教会においてのみ、感得されました。ローマ社会に対するその直接的なインパクトについて、私たちは誇張をするべきではありません。長期的に見て遙かにより重要だったのは、コンスタンティヌスがキリスト教の教会全体に付与した特権です。これら特権は、帝国のどの教会にも影響を及ぼしました。それらはキリスト教の聖職者たちをひとまとめにして、ローマ国家の広範な、かつ要求がましい庇護のもとに置いたのです。今やそれぞれの地域の教会だけでなく、国家もまた、このような気前良さから提供された支援をキリスト教の聖職者が確実に使うように、注意深く見張るという役割を果たすこととなりました。

後期ローマ国家による教会への特権付与

私たちが想起しなければならないのは、コンスタンティヌス以降の時期の後期ローマ国家について研究が進めば進むほど、この国家がいかに恐るべく野心的な制度だったかが明らかになってきている、ということです。[97] このことが最も明白な形で見られるのは、かつてない実行力で帝国規模で課された租税と強制奉仕とのシステムに結びつく形で増大していったところの、特権及び免除措置の範囲の広さという面においてです。この発展の結果は、税負担が人によって異なるということが決定的に重要となるような社会の構築、ということでした。最高裁判事J・マーシャルの言葉にあるように「課税する力とは破壊する力のことである」のであれば、後期ローマの状況において税を免れる権利は、繁栄する権利を意味していたことになります。

このことは、キリスト教の教会の場合に特によく当てはまりました。コンスタンティヌスの治下で、教会は土地税からの大幅な免除を得ました。[98] さらに重要なことに、司教及びあらゆる階級の聖職者は、人的税を免れ、強制奉仕の多くの形態を担う責任を免れました——こういった負担は、都市の参事会員のメンバーであれ、職人たちのつつましやかな組合のメンバーであれ、そのような人々から多くの時間とカネを吸い上げていたのです。[99] この文脈で念頭に置くべきは、四世紀初頭において、働かずに暮らせるだけの資産を有する司教は少なく、より下級の聖職者に至ってはさらに少なかった、ということです。大部分の聖職者たちは教会で働く人々であり、かつ同時に商売人、職人、小土地保有者であるというふうに「二役を務めて」いました。[100]（他のあらゆる務めを免れるものと想定されていた）司教を別にすれば、信者たちの献げ物は、他の聖職者たちの収入を補う以上のものではありませんでした。まさにこのような人々にとって、コンスタンティヌスの税免除は決定的に重要だったのです。聖職者の中の平均的な人にとって、それら免除は、時間を要する義務及び出費からの免除という、うらやましいことを意味しただけではありません。それらは、彼らの地位の明確なしるしだったのです。帝国のいかなる都市に於いても、司教、彼の下僚である司祭、そして下級聖職者は、今や「免除を受けた者の貴族階級」のミニチュアとして立っていたのです。[101]

しかしながら、コンスタンティヌスによる免除は、危ういほどに修正可能な形で構想されていました。聖職者のどの段階に適用されるかが不明確でした。司教と司祭にだけ適用されるのか、それとも、助祭からつましい墓掘り人に至るまでの、教会で働く人のすべてにまで及ぶのか。また、そういった免除を聖職者が得られるのは、ひとえに役職に就いているからなのか、それともそれは、子どもへと受け継ぐことができるものなのか、ということも不確かでした。また、教会の土地に対して与えられる免除によって、司教の私的な財産はどれほど恩恵を受けるのか、という点も不確かでした。[102] とりわけ、キリスト教の聖職者のどのグループにそれら免除が適用されるのかということが、全く不確かでした。アフリカ全体に於いて、ドナトゥス派によってもたらされた教会分裂の結果、どの都市にも二人の司教がおり、そのいずれもが、自分こそが真の「カトリック」教会（すなわち普遍的教会）を体現しているのだと主張していました。東方帝国では、アレイオス派論争の結果ほどなくして、対立する一方が他方を攻撃するのに帝国の役人を使い、相手方の聖職者の特権を再検討して否認するよう役人に要求する、という状況が惹起されました。アレクサンドリアでは、司教アタナシオスの嵐のような任期の間、二〇年間のうちに少なくとも三度、聖職者に付与されるものだった特権の対象者、及び聖職者に任されるものだった救貧活動の担い手が、くるくる変わることになりました。相手方の聖職者に対する「敵対的な聴聞」、及び、聖職者を自分の町で公的強制奉仕に服さしめること、これらは、威嚇キャンペーンのごくふつうのやり方であり、キリスト教徒たる皇帝たちは、公的政策の線に従わない人々に対してこういう措置を差し向けました。[103] 全体として、コンスタンティウス二世の治世の立法が示しているのは、教会に特権を付与した父コンスタンティヌスの気前の良い政策が不確かな仕方で適用されたことによって、法廷においていかに多くの代言、いかに多くのレトリックが駆使されることとなったか、ということであり、また、正確なところ何をしたがために、キリスト教の聖職者が特権を受けるに値するのか、という点に関して、より一層明確な見方が必要となった、ということでした。

共同体のために神或いは神々に礼拝を献げるべく、祭司たちは「自由」でなければならない――こういう観念は、古代近東及びローマ帝国の宗教的実践の中に深く根ざしていました。[104]「カトリック」の聖職者は、異教の祭司の後継者として扱われました。帝国のために唯一の真なる神に祈ることによって、彼らは帝国に益をもたらしているのだ、ということが語られました。「執務や肉体労働や汗水による以上に、宗教的勤行によってこそ、我等が国家が存立していることを、我等は知っているのであるから」。[105]これは、ユダヤ教のラビがイスラエルのために行なった主張でもあります。税の徴収でなく、トーラーを熱心に研究することこそが、世界を安寧のうちに保っているのだ、と。[106]実際、キリスト教徒である皇帝たちは、彼らの言葉を額面どおりに受け取りました。首尾一貫した唯一神論者として、皇帝たちは、キリスト教の聖職者に対して与えたのと同じ特権を、シナゴーグの長及びその下僚たちに与えたのです。[107]ラビたちは、より場当たり的で異論の余地のある仕方によってでしたが、免除特権をも要求しました。[108]

特権への見返り

しかしこういった要求は、高邁さを含むとはいえ、いささか曖昧なものでした。官吏たちはむしろ、より俗世的な質問をしたものでした――「共同体のために教会は何をしてくれたのか」と。もちろん答えは、信者の献げ物を聖職者たちが使うことに関する、彼ら聖職者の説明という、従前からの伝統に由来するものでした。つまり、教会が献げ物を受け取るのは、教会が貧者の面倒を見るからだ、と。これまで見てきたように、キリスト教徒たちの間では、これは既に月並な言い方となっていました。それゆえ強調点を少しく、しかし意味深い仕方で、変えることによって、キリスト教共同体の中の信者仲間に対する伝統的なキリスト教的慈善が、公的特権への恩返しとして行なわれる、より一般的な「貧者への配慮」という公的奉仕である、とみなされるようになったのです。

「貧者への配慮」というこの決まり文句は、この時代の法全体に行き渡っています。例えば、商売人として稼ぐことを続けた聖職者は、金納税を免除されました。なぜなら、聖職者の利益は「貧者及び貧窮者の用のために使われるべきであるから」、と。[109]

「貧者への配慮」という観念は、ローマ社会におけるキリスト教の教会の位置を定義するのに役に立ちました。すなわちそれは、聖職者に対する目立たない統制手段として機能したのです。聖職者たちは、自分たちの分際を心得ることとされました――すなわち、社会の頂点よりもむしろ貧者に近い位置に。こうして三二六年に、コンスタンティヌスの法の一つが、富裕な市民は聖職者になってはならないと規定しました。都市参事会員の中の富裕なメンバーが、司教及び聖職者としてキリスト教の教会の新たなヒエラルヒーの中へと「傍流的昇進」を遂げることによって、都市参事会の人材が枯渇するという事態を、皇帝たちは望まなかったのです。富裕な都市参事会員は、引き続き自分の都市に奉仕することとされました。「というのも、裕福な者たちは俗世の諸々の必要を担い、貧しい者たちは教会の富によって養われるのが、至当だからである」[110]。

貧者への配慮を自らの使命とする組織、というふうに教会を定義するこの傾向を促進するべく、コンスタンティヌスは、教会のリストに登録された寡婦・孤児・貧者の支援のために、食料及び衣服の徴収分を聖職者たちに割り当てることをしました。コンスタンティヌスのこの恵与は、「王たちがあなたのために彼らの養父となる」というイザヤの預言（イザヤ四九・二三）の成就だとして、キリスト教徒たちから喝采を浴びました[111]。これら登録された人々は、皇帝の食物施与を与えられてきた平民《プレブス》のミニチュア版を成したのです。しかし初めて、そのような人々は、厳密にキリスト教的な言い方で「貧者」として定義されました。これら「貧者へのアンノーナ」につぎこまれた量は、ローマ及びコンスタンティノープルの市民的平民《プレブス》に向けて船で毎年出荷された穀物の蕩尽的なまでの量と比較するなら、微々たるものでした。三三一年にコンスタンティヌスは、貧者を養うべく、アンティオキアの聖職者たちに穀物の定期的配給を与えました。その量はわずか三万六〇〇〇モディウス（二一四トン。背教者ユリアヌスがほぼ同じ目的のためにガラテヤの異教祭司たちに与えたのとだいたい同じ量）でした。これは、ポッツオーリのように小さな町ですら毎年「市民の」アンノーナとして受け取った量、一〇万モディウスと比べて、また、ユリアヌスが三六二〜三年の飢饉を緩和するべくアンティオキアにもたらした量、四二万モディウス（約三〇

○○トン）と比べて、苦笑を禁じえないほどの少量でした。[112] しかし、そのような配給の目的は、義務を明確化することにありました。聖職者たちは、貧者の利益のために彼らが自分たちの特権を使いそこなった場合に、国家に対して説明のため召喚されることがありえました。このことははっきりした仕方で、アレクサンドリアのアタナシオスという厄介者に対して行なわれました。コンスタンティヌスが教会に対して与えた穀物を民間の市場で売り払ったという嫌疑で、彼は告発されたのです。[113]

こうして、帝国の法、及びそれに随伴する皇帝の気前良さの実演行為は、キリスト教的価値が広範に受容されたことを示すどころか、全く逆の事態を反映していました。つまりそれらは、聖職者の特権に対する頻繁な注文づけと、それら特権が付与された当の正確な目的について、当然ながら一層の明確さを求める態度とを、示しているのです。

平信徒たちによる教会への圧力の重要性

この点で、「貧者への愛」についての四世紀のキリスト教の説教の切迫ぶり、及び才気煥発ぶりに目をくらまされることは、容易に起こりえます。私たちは、時として印象的な救貧事業の組織者、まとめ役として、しかもそういう存在としてのみ、司教を見ることをしがちです。その結果私たちは、平信徒たちの期待によって教会自体に加えられた、無言の定常的な圧力を見過ごしにしてきました。そういった平信徒たち——法律家、官僚、皇帝の助言者たち——は、聖職者たちの特権が公的善のために行使されつつあるのだということを、自分たちが慣れ親しんできた古典的な「市民的」モデルの流儀に基づいて改めて確信する必要を感じていたのです。法の中で、また、四世紀におけるキリスト教的慈善の歴史においてこれまであまり顧みられなかった出来事の中で、私たちは、古代末期においてめったに聞けない声を聞くことができます。それは、キリスト教の平信徒たちの声です。そのようなキリスト教徒たちの多くが、今や公僕でした。貧者への施与についての彼らの観念は、聖職者が持っていた観念と全面的に一致していたわけでは必ずしもありません。彼らの観念はむしろ、古典的観念とキリスト教的観念の奇妙な混合を示していました。本章を閉じるために私たちが向かわなければならないのは、まさにこの現象です。

新たな状況を正しく評価するための最良の方法は、紀元後三六二年に皇帝ユリアヌスの注意を引いた当のキリスト教的制度を、簡潔に見ておくことでしょう。その制度とは異人宿泊所《クセノドケイオン》です。[114] 異教の大祭司アルサキオス宛てのユリアヌスの手紙が明らかにしているように、キリスト教のクセノドケイオンは、既に多くの都市で際立った特色を成していました。その正確な規模と目的は、私たちにはよくわかりません。大半は、考古学者たちが容易には識別できないであろうような、ふつうの建物だったのでしょう。それらのどれ一つとして、初期近代のカトリック圏のヨーロッパの大ミゼリコルディアや大オスペダーレほど大きくはなく、また、イスラム世界におけるそれの等価物である、オスマン帝国の輝かしいイマレットほど大きくはありませんでした。一例を挙げるなら、エルサレムからエリコに向かう途上のマアレ・アドゥンミームの聖マルテュリオス修道院に付設された宿泊所は、この付設施設の主たる建物である修道院の広やかな建物と比べて、狭苦しい建物でした。二つの階にぎゅうぎゅうに押し詰めれば、六〇～七〇人を収容することができたでしょう。ここに投宿したのは、主に聖地へ向かう主要道を行く巡礼者たちでした。[115]

私たちは、クセノドケイオンの機能をあまりに厳格に定義するべきではないでしょう。そこに受け入れられたのは、聖地に向かう巡礼者であれ、食べ物と職を求めてさまよう人であれ、ともあれ貧しい旅行者でした。ポントスでは、クセノドケイオンは現地のキリスト教的言い回しに由来する名前を持っていました。それはプトーコトロフェイオン、すなわち「貧者《プトーコイ》たちに養い《トロフェー》を与える」場所、と呼ばれていたのです。[116] このようなクセノドケイオン・プトーコトロフェイオンは、病院としても機能しました。[117] ここには奇妙なことは何もありません。古代人にとって、神を求めて旅をし、治癒を求めて神のもとに（必要なら長期間）とどまることは、病気の襲来に対する通常の反応の一つだったのです。四世紀においては、それ以降の幾世紀もの時代においてと同様、プトーコトロフェイオンに於いて休息し、よりましな食事を与えられることは、それ自体が治癒をもたらす重要な手段でした。[118] さらに、重い皮膚病の人の場合には、そのような哀れな人々のために屋根と定住の場所とを（しばしば都市から充分離れたところに）提供することは、当の病気をコントロールするための、また、伝染を恐れる公衆の不安を和らげるための、全く歓迎されるべき実際的な手段でした。ヨアンネス・クリュソストモスが、コンスタンティノープルの中の、人の行き交う郊外にあまりに近いところに、重い皮膚病の人のための家を設けた時、彼が不人気になるのは全く予見可能だったのです。[119]

新しいキリスト教的制度としての救貧院・病院

ここで強調するべきは、キリスト教の救貧院兼病院は、古代世界において新奇な制度だった、ということです。もちろん神殿は、例えばエピダウロスのアスクレピオス神殿の参籠所のように、治癒を求める人々のために大規模な寝場所をつねに用意していました。しかし、新奇なこのクセノドケイオンは、治癒をもたらす神殿と必ずしも結びついていませんでした。兵士と奴隷――つまり、自分たちの面倒を見てくれる家族のない人々――だけが、陣営及び奴隷営舎の中に、ウァレートゥーディナーリア、すなわち治療が行なわれる区画を有していました。[120] このような施設を貧者一般へと拡大し、それを人間の居住地域（都市、村落、或いはキリスト教徒である地主が田園地帯に持っていた地所）と結びつけるということは、新たな出発だったのです。さまよう貧者に屋根を貸し、食べ物を提供することによって、クセノドケイオンは、それまで「不可視的」だった移動者――彼らの動きにはこれまで大した注意が払われてきませんでした――の階級を新たに際立たせたのです。

また、キリスト教自体において、クセノドケイオンの登場は新奇な出来事だった、ということに留意することもまた重要です。それは、コンスタンティヌス以前の教会には存在せず、実際、私たちが見る限りでは、コンスタンティヌスの治世時にもまだ存在しませんでした。クセノドケイオンがキリスト教史料の中にはっきり見られるようになるのはようやく三五〇年代になってからのことです。[121] それらはまず、東方諸州で登場します。それゆえ、三六二年にユリアヌスがクセノドケイオンに言及した時に彼が目にしていたのは、キリスト教の教会の太古以来の実践ではなく、キリスト教徒であって彼が憎んだいとこであるコンスタンティウス二世の治世と結びつけられる、新現象だったのです。

多くの場合に、新しいプトーコトロフェイオンは、聖職者が求めた税免除のための要求に添えられました。プトーコトロフェイオンの収入源となった土地、及び、その運営のために必要とされた人員（しかもその速やかな増加）、こういったことは、今一度、「貧者への配慮」の名のもとに教会が享受した特権の問題を提起するものでした。司教たちはそういった建造物の唯一の創設者というわけではありませんでした。その手の建造物の多くは富裕なキリスト教徒たちによって設立されており、その中には政府の官吏もいました。まだ若者だった時、ノラ〔地名〕のパウリヌスはカンパニアの総督として、チミティーレの聖フェリクスという自らのお気に入りの聖人の聖堂の柱廊を宿り場にしていた貧者のために、その柱廊を広くすることによって、彼らの宿泊所を創設ないし拡張しています。[122] このような人々が、救貧院の共同創設者として司教からのアプローチを受け、当の司教の新たな宿泊所にフィラントローピアを、すなわち免税対象となる慈悲深き施与を、恵んでくれるよう依頼される、ということはありえた話です。[123]

クセノドケイオンは、共同体にとって役に立つ、はっきりと定義された建物でした。クセノドケイオンを一つ創設することは、公的ばらまきを顕示するための、確かに古めかしいやり方でした。旅行者のためにそのような宿泊所を一つ建設した人が、エウエルゲテースだとしてポントスのネオクラウディオポリス（現代名ヴェジル・ケプリュ、トルコ）のデーモスによって讃えられています。[124] このような施設は、驚くほどの長寿を得るべく運命づけられていました。西欧では、古代末期において当初ローマ都市の中に敬虔な人々が設立した救貧院は、近代に至るまで継続しました。例えば、六世紀のトリーアで創設された孤児院は、ナポレオンが来るまでそこにあり、彼によって再編されることとなったのです！[125] しかしそれらの中でも最も注目すべきは、今日シリアのマアッラト・アン・ヌマーンの博物館に所蔵されている、或る病院の入口に据えられたモザイクです。紀元後五一一年に据えられたそのモザイクは、狼から乳を与えられているロムルスとレムスを描いています。ローマ創建の伝説が遙か東方の属州に於いて見いだした、これは予期せざる反響です。この画像と結びつけられることが通例である「ローマ・インウィクタ」、すなわち不敗のローマという、皇帝を思わせる連想表現は、ここでは欠けています。つまり乳を与えるローマの狼は、キリスト教の病院において、むしろ感動的な仕方で、よるべない人々への配慮の象徴へと変容させられたのです。[126]

「バシレイアス」――バシレイオスによる救貧事業――

かくて小アジア及び他所に於いて、クセノドケイオンは、依然としてほとんど古典的地位を得ていたタイプの救貧のための建物として登場しました。それは公的・市民的ばらまきの事業であり、同時に慈善の行為だったのです。観念上クセノドケイオンが司教と結びつけられていたとして、そのことは、キリスト教の教会に対して付与された免税に対する司教側の要求を強めるのに役立ちました。まさにこのような状況を背景として、四世紀に行なわれた最も劇的な、かつ確かに最も見事に宣伝された、救貧の企てを注意深く見てみることを、ここで私は提案したく思います。それは、三六八年から三七〇年の間のいずれかの時にカッパドキアを襲った大飢饉に対する救済事業であり、カイサリア（現代名カイセリ、トルコ）の若き司祭バシレイオスが行なった説教、及び彼が示した精力的な組織的活動、の成果でした。ほどなくしてバシレイオスは、カイサリアの司教として著名になります。カイサリアの聖バシレイオスとして、彼は今日に至るまで正教の柱の一人として敬われています。その弟ニュッサのグレゴリオスとともに、また学生時代以来の友だったナジアンゾス（現代名ネネジ、トルコ）のグレゴリオスとともに、バシレイオスは、後にカッパドキア教父として知られることになる正教の才気あふれた人々の、輝かしくかつつねに魅力的な星座の中で、中心的な人物でした。バシレイアスの創設へと帰着しました。カイサリアの古代名に因むクセノドケイオン、すなわちバシレイアスの創設へと帰着しました。カイサリアの古代の城壁の外に位置した、それは宿泊所・救貧院・病院の複合体であり、五世紀にもなお、同じ名前で知られていました。[127]

カッパドキアの飢饉に対するバシレイオスの救済事業、及びその後彼がバシレイアスを建てたことは、よく知られた物語であり、実にしばしば語られていますので、私たちは、この話のいかに多くの部分がなお不明確であるかに注意する必要があります。第一の問題は、このプロジェクトを企てるに当たって、バシレイオスがどこから着想を得たか、ということです。これまでのところ、現代の研究の傾向は、バシレイオスの着想源をキリスト教の教会の内部に局限するというものでした。彼のプロジェクトは、教会の中の或る極めてラディカルな潮流、すなわち、貧者の運命に深く思いを寄せ、社会に対して批判的だった或る修道運動に由来したのだ、と説明されてきています。カイサリアの司祭、また後に司教として過ごしたバシレイオスの意図は、そのような新たな修道的熱情を社会的に有益な目的のために役立てるというものだったのだ、ということが語られています。修道士たちは、非社会的な隠者或いは放浪するカリスマ保有者集団として荒野に引きこもっているべきではなく、むしろ貧者の世話をして、自分自身の貧困という手本によって、富者たちをより一層の施与へと駆り立てるべきだ、と。もはや社会の周縁にとどまらずに、救貧を事とする修道院は都市や村落に設立されるべきだ、と。これらすべてにおいてバシレイオスは、以前のより過激だった世代の禁欲主義を温和化したのだ、他方で説教において、また修道的貧困についての自らの見方において、富に対するラディカルな批判と、そのような禁欲主義のリーダーたちの特徴を成してきた貧者への関心といったこととを保ったのだ、ということが語られています。実際、ここで私たちが目にしているのは、三六八年から没年の三七八年に至るまでの間のバシレイオスの活動について、高度に建徳的な「総合」といった仕方で提示された「語り」なのです。すなわち、バシレイオスの天才と公徳心は、それ以前の禁欲的指導者たちのラディカリズムと、コンスタンティヌス以降の教会の社会的保守主義との間で、長続きするバランスを達成したのだ、というわけです。[128]

セバステイアのエウスタティオスをめぐる謎

この解釈の成否は、セバステイア（現代名シヴァス、トルコ）のエウスタティオスという、不明な点が多く好奇心を駆り立てる人物の経歴を、私たちがどう理解するかによって大きく左右されます。[129] エウスタティオスは、バシレイオスの若き日、彼が人生の前半期に禁欲生活を送っていた頃に、彼の精神的指導者だったことが知られています。しかし三六八年には、エウスタティオスは既に老人で六〇代後半であり、長い戦いの人生を引きずっていました。エウスタティオスに関して現在語られているイメージは、修道制の改革者として、また、貧者を救済するラディカルな措置を是認した人物として、彼のことを描いています。ですが、このイメージは、エウスタティオスがそのどちらにも直接にかかわったわけでない二つの出来事に由来しており、それらには、エウスタティオスに近いとみなされている人々がかかわったにすぎないのです。

最初の出来事は三四三年に、今日のトルコ中部の北部で起こりました。ガングラ（現代名チャンクル、アンカラの東）に集まった属州の司教たちの会議において、「エウスタティオスの一味」と称された無名の人々が、社会問題についてラディカルな見方を支持しているという理由で断罪されたのです。[130] 彼らは「自分の全財産を譲渡しない金持ちどもは、神から何も期待することができない」と説教した、と非難されました。奴隷が主人のもとを逃れて修道生活に入ることを彼らは勧めた、ということが語られました。さらに、彼らは性の区分を否定することをしたとすら語られました。禁欲者たる女たちの髪を剃り、彼女たちに男と同じ奇妙な修道服を着させた、という非難がなされたのです。[131]

しかしながら、「エウスタティオスの一味」と結びつけられるラディカリズムが、ポントスの地方及び小アルメニア（すなわち西方のアルメニア）の地方（これら地域の聖職者たちに、ガングラの司教たちは手紙を宛てたのですが）に於いて広範に展開した運動として実際に存在したかどうかは、今なお未解決の問題です。ポントスは、バシレイオスが密接なかかわりを持っていた地域でした。彼の家族はネオカイサリア（現代名ニクサル）の出身であり、修道生活における彼の最初の経験は、アマセイアとネオカイサリアの間に位置した家族の所領（たぶんイリス川、すなわち現代名イェシル川《ウルマク》、にかかる橋の近くのカレキョイ）に於いて行なわれたものでした。[132] しかし、ガングラの司教たちの頭の中以外で、エウスタティオスの支持者たちの「運動」が深刻な脅威として存在したかどうかは、少しも確かでありません。敵対者を粛清しようという雰囲気の時、四世紀の司教たちはあまりにも安易に、受け容れがたい振る舞いに関する出来合いの「アイデンティキット」〔モンタージュ写真合成装置の商標〕に頼ったものだったのです。派手な権力濫用で廃位された司教たちもいました。エウスタティオスの弟子だった禁欲者たちは、受け容れ不可能なラディカルな見解をいだいていたことで非難されました。既に際立った存在だったとはいえ、当時エウスタティオスは司教ではありませんでした。想像上の過激派との結びつきのゆえに人身攻撃をする対象として、エウスタティオスは格好の標的だったのです。[133]

全体として、私たち現代人こそが（ガングラが所在した地方である）パフラゴニアのやぼったい司教たちと異なって）、小アジアに真にラディカルな運動がかつて起こったことをむしろ信じたがっているのかもしれません。キリスト教修道制が、人々の耳目を惹くラディカルな運動——富者に対する批判と、奴隷の解放と、男物の服を着させることによって女性の行動を促すことを特徴とした運動――へと帰着したという考えは、私たちの多くにとって、本当でないと言うにはあまりにもできすぎた話なのです。[134]

第二の出来事によって、私たちはエウスタティオスにさらに接近することになりますが、しかし今回もまた、その接近は単に連想によるものです。エウスタティオスが三五七年についにセバステイアの司教になった時、彼は競合相手だったアエリオスを、当時既にセバステイアに存在したプトーコトロフェイオンの長に指名することによって慰藉しました。このアエリオスのことを、私たちはサラミスのエピファニオスの『パナリオン』の記述で知っています。その記述は、異端を扱うのに現実離れした「否定的アイデンティキット」を多数作ったことで悪名高い人〔すなわちエピファニオス〕が記した、当の出来事に関する唯一の記録です。それによると、アエリオスは、ガングラの司教たちが予期した最悪の予想どおりになった人物として描かれています。富と貧困の問題で彼はエウスタティオスと袂を分かち、エウスタティオスを守銭奴だと非難しました。教会は富を蓄えてはならない、と彼は主張しました。教会の富は、貧者の救済のために直ちにばらまかれるべきである、と。ついにアエリオスは、男女入り混じった支持者を引き連れて丘に行き、トルコ中部の北部のハリュス川（現代名クズル川《ウルマク》）と境を接する、雪に覆われた山の斜面を、いずれかの屋根の下に宿ることもなく、さまようこととなりました。[135]

アエリオスの行動をエウスタティオス自身の社会観の論理的延長とみなしてよいかどうかは、依然として未解決の問題です。同じ疑念は、エウスタティオスが三三七年から三四一年にかけてコンスタンティノープルで司祭として務めていた時の、彼の活動にも当てはまります。エウスタティオスはコンスタンティノープルに救貧という独特の観念をもたらした、ということがこれまで示唆されてきました。富裕者たちに禁欲的放棄を勧めることによって、また、貧者への配慮の中心的存在として都市生活の中に修道院を組み込むことによって、富者の富を再分配すること——これが、この救貧の特徴だとされました。そしてこれらすべては、エウスタティオスと結びつけられる独特の社会プログラムのパッケージの一部というふうに提示されてきました[136]。

コンスタンティノープルは、にわかに活気づいた新たな都市でした。疑いなく、そこは小アジア出身の無一文の移住者であふれかえっていたでしょう。アナトリア西部出身の、飢饉の犠牲者たちは、コンスタンティノープルのせわしい埠頭へと海路でひっきりなしに運ばれてくる食料に吸い寄せられる形で、危機の折にこの町に流入してきました。四世紀において、人々の移住によって「貧困の危機」が惹起される可能性の高い場所があるとしたなら、それはまさにこのような、帝国の新たに発展した中心都市に於いてでした[137]。実際コンスタンティノープルは、貧者への配慮のよりラディカルな新たな形態のために、行動を起こすための刺激的な舞台を提供していたでしょう。しかしながら、自分の教会のために救貧院・修道院という永続的かつ民衆的なインフラを創設した、同地のアレイオス派の司祭マラトニオスが、救貧に関する考えという点でエウスタティオスに負うところが大きかった、ということを示す証拠は存在しません[138]。実際マラトニオスは、道長官の下僚として働き引退したという、官僚の前歴を持つ人でした[139]。説明としてもっとありそうなのは、マラトニオスは自らの着想について公的方面からヒントを得た、ということです。前例のない力の入れようで彼は、コンスタンティノープルに於いて既に一般人によって設立されていた病院及びクセノドケイオンといった新奇な制度と結びつける形で、救貧のシステムを引き継ぎました。ここで、当の病院のパトロンとなっていたのは、ほかでもない皇帝コンスタンティウス二世でした――父コンスタンティヌスの足跡にかくも忠実に従っていた、かの「石のように無表情な顔をした人」です。[140]

全体的に見て、三六八年から、司教に選ばれた三七〇年までのバシレイオスの活動を、エウスタティオスに帰せられるラディカルな修道制との関連で理解するのは誤りでしょう。説教によるキャンペーン、富者の倉庫を開けさせたこと、給食施設の設立、そしてついにバシレイアスの創設といったことは、もっぱら教会的・修道的な出来事とみなされるべきではありません。まして、それらを（グリボモン神父のうまいフレーズを使うことにすると）「福音的左派」のプログラムの修正版だなどとして示すことは不可能です。[141] そのような言い方は、新たなキリスト教帝国というそびえ立つ背景を無視することになります。そのような説明は、キリスト教徒たる皇帝及びその官吏たちが表した、貧者への配慮への生き生きとした関心を見過ごしにしています。飢饉の時にカイサリアを救おうとしたバシレイオスの活動は、自らの教会の特権を正当化するべく、急いで、かつ最大限の宣伝とともに、行動した一人の男の行動だと理解するのが最善でしょう。皇帝及び高位の高官たちが凝視する中で、公けに賞賛された救貧システムを彼は作り上げ、それによって彼は、カイサリアの教会の富及び税免除は有効に活用されているということを示したのでした。

バシレイオスの活動

バシレイオスがこの状況の中で成し遂げたことは、真に印象的です。当の危機は、アナトリアの奥地をよく悩ませる冬の旱魃によってもたらされたようです。氷のように冷たい空っぽの空から、雪も雨も降りませんでした。[142] その結果は、地域の生態系全体の壊滅というよりむしろ、富める者たちのパニックによって惹起された食料不足でした。飢饉がいつまで続くかわからないという見通しに直面して、彼らは自分たちの穀倉に既に積み上げてあった穀物を放出するのを渋ったのです。[143] さらにカイサリアは、東方の国境の軍隊の騎兵部隊のために決定的に重要と言える、帝国の馬のための牧場によって占められた全く農業的な地域、そのど真ん中に位置していたという点で、他と異なっていました。カイサリアは、配給のための中間地点として機能していたかもしれない中小の町のネットワークによって支えられる、ということにはなっていませんでした。[144] 周囲には何もなかったのです。飢饉の脅威は、地域全体の持たざる者たちを町の門の前へと集合させました。

バシレイオスは、自分にできることをしました。一連の説教の中で彼は、自分がアテネで教育を受けたのは無駄でなかった、ということを示しました。彼は「呪文のごとき言葉を繰り出すことによって、人の心を動かす」すべを知っていたのです。[145] この時に彼が行なった説教は、文体から見てかつてないほどに「古典的」でした。貧者に対するエウエルゲテースになるようにと、彼は富者を挑発しました。彼は彼ら富者たちに、天における天使たちのデーモス全体による拍手喝采を約束しました。[146] 実にバシレイオスの説教は、古代都市の白鳥の歌たるべく意図されたものでした。古典的な響きを伴って重苦しいものとなった怒りの念を以て、彼はカイサリアの都市のファサードを指差しました。朽ちゆく壁、建物が、あたり一帯にそびえ立っていました——貧者のために使えたかもしれない富が、「市民的」名声を求める狂気によって役立たずの石へと形を変えて固まってしまった、というふうにしてできた、「石と大理石の巨大な断崖」が。[147]

ついに穀倉が開かれました。給食施設を立ち上げるために、彼も自分の富を使い、そしてその中では、貧者のために食卓を整えるよう召使いたちに指示を出す彼の姿を目にすることができました。重い皮膚病の人々を、彼は平和の接吻で迎えることとすらしました。[148] 少し後に司教となった時、彼はカッパドキアの総督エリアスに手紙を書いて、最近自分がバシレイアスを建てたことを正当化しました。この新司教が行なった建設活動の範囲、及びそれのために当てられた人員の数が、反対論を惹起しており、総督を不安にさせていたのです——教会は、税免除を求める人の数を増やしているのではないか、と。バシレイオスはエリアスに対して、古典的エウエルゲテースが別のエウエルゲテースに訴えるように訴えました。すなわち、「片手でちょいとするだけで、荒れ果てた公共の建物を修復し、人が住まない地域に人を住まわせ、要するに砂漠を都市に変えることができる」総督ともあろう人が、どうしてバシレイアスのような有効な公共的建物に異を唱えるのか、と。[149]

このようにして、早くも三七一年には、バシレイオスはバシレイアスの「市民的」神話の基礎を据えました。これは一〇年後、バシレイオスの死後になって継承されることとなる神話でした。彼の友ナジアンゾスのグレゴリオスにとって、新たな建物（その規模については、私たちは何も知りません）はバシレイオスの達成した中で最も堅固なものでした。

人間愛は良いものです（と彼は聴衆に語りました）……。町からちょっと行って、新しい町を、敬虔の貯蔵庫を、持てる者たちの共通の宝蔵庫をご覧なさい。その中へと、富の余剰分が、……かの男の勧めによって貯えられていて、……妬みとの格闘や時の移り変わりを免れているのです。[150]

しかしながらこれは、キリスト教の司教が飢饉と取り組まねばならなかった、四世紀の歴史における最初の機会というわけではまずなかったでしょう。十年かそこら前にエルサレムの司教キュリロスは、貧者に食べ物を与えるために、自分の教会にあった寄進された絹の掛け物や聖なる器を売り払いました。[151] 後の時代においてギリシア語キリスト教弁論の古典として選び出されることになったとはいえ、そのバシレイオスの説教ですら、たぶん、今日そう見えるほどに独創的なものではなかったのでしょう。『富者たちに対する講話』という彼の説教は、「その力強いラディカルさゆえに正当にも有名になった」パフォーマンスだったのです。[152] しかし私たちは、その中の最も見事なフレーズのいくつかが、既に一〇年前、シリア語の偉大な詩人ニシビスのエフレムによって、ニコメディア（現代名イズミット、トルコ）を破壊した地震について彼が書いた時に使われていたことを見いだします。バシレイオスもエフレムも、貧者に与えていれば衣類・靴になったであろう余りものの服や履物でいっぱいになった富者の戸棚を、劇的に活写しています。[153] エフレムとバシレイオスの間に見られる類似は、キリスト教徒の間で貧者に関する言説が、お決まりの言い方を伴って既に広まっていた、ということを示しているのです。

これらの出来事が正確にいつ起こったかということもまた、問題を大きく左右します。飢饉の年代として、ふつう語られているのは三六八年です。しかし最近、その年代を三七〇年とする論拠が示されました。諸々の出来事の年々の記録によって年代を確かに定めることができる主要な飢饉とは、フリュギアで三七〇年に起こった飢饉だけです。[154] フリュギアとカッパドキアは同じ気候を共有しています。どちらの州も三六九年の末に冬の旱魃に見舞われ、その恐るべき効果が三七〇年の春そして夏に至るにつれて次第に明らかになってきた、ということなのかもしれません。

こういった事柄について、絶対的な確かさに到達することは困難です。ですが、三七〇年という年代によってバシレイオスの活動は、私たちが三六八年という年代と結びつけるのとは全く異なる文脈の中に置かれることになります。三七〇年までに、バシレイオスはカイサリアの司教としてまさに選ばれかかっていました。三七〇年であれば、彼の活動は、死に行く〔前任の〕司教の後継者とおぼしき人物が、公的大盤ぶるまいの行為によって、また、教会ないしはクセノドケイオンの建設によって、「貧者を愛する者」としての自らの名声を確立しようとする、というパターンに合致します。[155] さらに三七〇年の春には、キリスト教帝国が、皇帝本人の到来という形で、バシレイオスの足もとにまで来ていました。すなわち皇帝ウァレンスは、東方に向かう途上にありました。アンティオキアが彼の本陣として機能することになっていました。しかし、アルメニアに東ローマの勢力を再び確立しようとしたいかなる戦略においても、カイサリアとカッパドキアの大牧場とは死活的に重要でした。バシレイオスは既に、ウァレンスの宮廷のメンバーたちからのアプローチを受けていました。そのうちの一人はニュッサのグレゴリオスによって、皇帝の料理人の一人という具合に、軽蔑的な仕方で言及されています。実際にはその人は、宮廷の補給局長でした。動く宮廷の、というわけです。つまり、近い将来に宮廷は、食料の補給をしながらカッパドキアを通って行く予定でした。[156]そこで、そのような人にとって、食料不足は非常な関心事だったのです。皇帝自身も心配していました。いずれかの時にウァレンスは、バシレイオスの救貧の事業に寄与するために、皇帝所有の地所を寄贈することを行なっています。[157]

しかし私たちは、これら情報の断片をつなぎ合わせることによって、この時のバシレイオスについて、より奇妙だがより真実な見方へと到達したのかもしれません。皇帝及びその取り巻きの視点から、私たちはバシレイオスを見ます。飢饉に対して彼が行なった救済は、他のことと無縁に起こったのではありません。それは、修道的起源のラディカルな社会観に着想を得て行なわれた、純粋に教会的な事業だったのではありません。私たちがかかわっているのはむしろ、奇妙な同盟なのです。つまり、才気あふれる若い司祭、すなわち、司教になることが予定されていて、アテネで学んだ古典的弁論術のあらゆる術を駆使して、危急の時にあって自らをキリスト教都市の新機軸のエウエルゲテースとして提示することのできる人物が、不機嫌さの点で悪名が高く、しかもバルカン出身でろくすっぽ教育を受けていないラテン語話者だった皇帝（その神学的見解は、バシレイオスの受け入れるところではありませんでした）と、緊密に協力する立場にあったのです。しかし二人とも、決定的に重要な地域の社会組織を維持することに関与していました。この出来事は、貧者への配慮に全面的に公的にかかわることへの見返りとして、教会に特権を恵与することにしたコンスタンティヌスの決定の、印象深い帰結の一つだと言うことができます。

キリスト教王国アルメニアの例

これはそのような出来事の唯一の例ではありませんでした。この章を終える前に、少しの間、さらに東のアルメニアのキリスト教王国を見ることにしましょう。三五〇年代、ですからカッパドキアでバシレイアスの創建につながる諸々の出来事が起こる一〇年以上前に、アルメニアに於いて救貧のための綿密なシステムが実施された、ということを知るのは驚きです。三五〇年代に総主教〔ママ〕ネルセスは、貧者を集める宿泊所のネットワークを創設するために、王の土地の包括的な恵与を使いました。[158] 振り返って見るなら、彼の行動は極めてはっきりと、社会的統制の一手段という形で提示されていました。貧者は集められ、地元の共同体によって養われましたが、それは「これらの人々が自分の住まいにとどまり、哀れな乞食として出歩かないように、彼らが毎朝寝床から起き上がるということ以外の心配事を持つことがないようにするため」だったのです。[159]

私たちはこれらすべてのことを、当の出来事から一世紀後に書かれたアルメニア語の資料によって知っています。しかしもし、私たちが誇張をしかるべく考慮するとしても、ブザンドのパウストスが〔著作を行なった年代である〕四七〇年代に描き出した田園詩は、バシレイオスのいたカイサリアと非常に異なる世界へと私たちを連れていく、と言うことができます。[160] エウエルゲテースそして「新たな都市」の建設者という古典的なレトリックは、そこにはありません。自らのプロジェクトによって、ネルセスは何か別なものを求めたのです。アルメニアはイラン的な構造の、強度に階層的な社会でした。放浪であれ、農民の間でのいかなる形の自由な移動であれ、上層の人々はそれらを深刻な問題だと受け止めました。ネルセスが彼の野心的な救貧院ネットワークを立ち上げて、それによって乞食や重い皮膚病の人々を地元につなぎとめておこうとしたのと同じ頃に、アルメニアの貴族たちは、アルシャク王が創建した都市をまるごと消し去りました。というのもその都市が、住民として逃亡奴隷たちを引き寄せていたからです。[161]

ネルセスはエウエルゲテースなどではありませんでした。彼はイラン的モデルに基づいた「貧者の守護者」でした。つまり、従属的な社会階級の良い振る舞いに責任を負う、封建領主だったのです。[162] クセノドケイオンのアルメニア版に基づく救貧を始めることによってネルセスがしようとしたのは、今日のトルコ東部、アルメニア、コーカサス南部を成す高地の峡谷地帯にいた持たざる人々の、危険な流動性を阻止することだったのです。彼は「この地域の秩序が破壊されてはならない」ということを確かにするために、自分の仕事をしたのでした。[163]

しかし、パウストスによってアルメニアの叙事詩ばりの言い方で提示されたとはいえ、ネルセスは完全に異国的な人物というわけではありません。彼は東ローマ帝国のことをよく知っていました。モウセス・ホレナツィ（当てにならないことの多い後代の資料ですが、時として、前の時代の伝承の貴重な断片が含まれています）は、ネルセスは自らの救貧プログラムをコンスタンティノープルから持ってきた、と断言しています。[164] キリスト教徒だったアルメニア王たちが、自分たちの上に力を振るう東ローマの隣人、すなわちコンスタンティヌスの後継者たるキリスト教徒たち、の政策に倣った際のその忠実ぶりを思うなら、その首都からじかに借用したというこの話は、私たちが考えるほどに奇妙ではありません。[165] もう一度言いますが、セバステイアのエウスタティオスという一匹狼（アルメニアについても彼の影響が語られてきました）ではなく、「石のような無表情な顔をした」コンスタンティウス二世と、その取り巻きたるキリスト教徒にして公僕だった人々こそが、貧者への配慮という新たな事業における先導者として登場するのです。[166] 特にクセノドケイオンは、とりわけ柔軟な制度でした。それはギリシア・ローマ都市の只中に位置することが可能であり、しかしその堅固な壁は、山の村落の端に、或いはアルメニアの貴族の屋敷の陰に、貧者をかくまう――そして閉じ込める――ことのできるものでした。

この視点から見るなら、バシレイオスとネルセスには共通点が一つありました。二人のいずれにとっても、「貧者への配慮」は、キリスト教の聖職者の側からする自発的なイニシアティヴという以上のものを含んでいました。人目につく新たな建物に伴う救貧という大々的に宣伝されたスキームは、どちらの場合にも、キリスト教国家によって教会に提供された手厚い特権に対する代償物だったのです。[167]

このようにして、特権を享受している者は自分たちの存在を共同体の中で見える形で表すべきだという、人々の古くからの考えが、ローマ社会においてキリスト教的慈善を、コンスタンティヌスの治世とカイサリアのバシレイオスの活動とを隔てる半世紀の間に、より際立ったものへと変えていきました。次の章で私たちは、ローマ帝国の司教たちが自らのこの新たな卓越性をどのように活用し、四世紀末及び五世紀において「貧者を治める者」として行動するようになったかを見ていくことによって、物語を続けていくことになるでしょう。

第二章　「貧者を治める者」——司教とその都市——

預言するより施与せよ

「問いと答え」を集めた、紀元後六世紀エジプトのコプト語集成の中で、アレクサンドリアの総主教キュリロスは、良い司教の資格を述べるよう尋ねられています。彼は次のように答えたと想像されているのですが、「預言者的幻視の賜物は、困っている人々に施与することに比べれば、司教にとっては何の役にも立たないものだ」[1]。悪魔であっても、この件については疑問の余地はなかったでしょう。六世紀のガリアで、悪魔は憑依された人を通して語って、司教に基本的責務を思い出させています。つまり司教は、迫害を受けた聖なる同僚を助けることに時間を浪費してはならない、というのです。「貧者たちのために物がなくならないように、自分の教会の財産をきちんと守っているほうがあんたにはましだったんだよ」[2]。実に、良い司教のわざとは「貧者を治める」わざなのでした。[3]

司教の主たる務めは貧者への配慮だという考えが、四・五・六世紀のローマ世界及びポスト・

ローマ世界の全地域において一般的に了解されていたことを念頭に置くなら、「貧者」という語で当時の人々が何を言おうとしていたかを、多少とも注意しつつ定義することは、特に重要です。この時期の歴史家は、一八三四年のイギリスの救貧法報告の企画者が「貧者という語の有害なる曖昧さ」と称したことに対して、いくら注意しても注意しすぎということはありません[4]。

「貧者」の定義をめぐる問題

そのような曖昧さを解決する手だてを、この時期のキリスト教の資料は、私たちに少ししか提供してくれません。既に見たように、キリスト教文献、とりわけキリスト教の説教は、貧者についての見方を、貧困の最も極端な形態のほうへと引きつけていく傾向を持っていました。四世紀から七世紀に至るまで、古代末期のキリスト教の想像力の地平線は、教会の戸口や都市の門前といった社会の周縁に群れを成して集まった全くの無一文者たちという、亡霊のような人々によって取り囲まれていました。そのような人々は、さらなる定義などというものを少しも必要としないように見えました。「貧者や貧窮する人々（が誰か）を理解できる」（詩編四〇・二〔新共同訳では四一・二〕）信者について詩編作者が語る時、キリスト教の説教者は、これは何かもっと不可解な、隠された形態の貧困への言及に違いないと理解しました。それが自分たちの周囲のあからさまな悲惨への言及だ、などということはありえなかったのです。持たざる者の条件ははっきりしていました。「裸で冷え、飢えでやせ衰え、のどの渇きゆえに干上がり、疲れゆえに震え、疲労困憊して血色が良くない」。[5] ラテン語圏西方のキリスト教の説教者たちが貧者《パウペル》という言葉を使う時、その言葉には、貧しい者一人一人を受難のキリストの似姿にまでするところの、究極の無一文状態と屈辱的状態、という響きが伴っていました。[6]

そのような人々は、古代末期世界の至る所に――そして都市に於いては、胸を引き裂くほどの大勢が集まってきて――存在していたのですが、しかし彼らが、「貧者」とは何かについての定義のすべてだったわけでは決してありません。可視的な無一文者に対する同情をキリスト教の教会が力説したことは、結果として、ロンドンの「貧者」についての一九世紀の様々な話を特徴づけている歪曲と似かよった、証拠の歪曲をもたらしました。つまり、「下層階級」の生活についてのヴィクトリア期のそれらスケッチと同様に、古代末期のキリスト教のレトリックは「まず最下層階級の最も特徴的かつドラマチックなイメージを創造し、次いでそのイメージを下層階級全体に押しつけることによって、貧者を貧民化する概念上の効果を有した」のです。[7]

二極分化のイメージ

この問題について立場をはっきりさせることは重要です。古代末期のキリスト教史料によく見られる貧者イメージの「貧民化」の結果として、私たちは循環論法へと陥っているのです。後期ローマ帝国の社会史家たちが長らく理解してきたのは、四・五世紀の社会は、「富者」と「貧者」の間の二極分化の尖鋭化と、農民層と都市の中間・下層階級の間での大規模な貧困化とを特徴としている、ということでした。[8]

しかし、私たちが想起しなければならないのは、このドラマチックな見方を支持する証拠の大部分は「貧者への配慮」に関するキリスト教の説教に由来している、ということです。私たちは、例えばカイサリアのバシレイオスの説教を読む時、彼が富者の貪欲と豪奢な生活スタイルに触れていることから、「カッパドキアでは極度の貧困と極度の富が併存していたのだ」という自明な結論へと導かれます。[9] 後期ローマ社会における尖鋭的な危機の襲来、そしてそれに伴って、広範な貧困化、富者と貧者の「隔たり」の拡大――貧者について語ったキリスト教の説教は、これらを忠実に書き留めたのだということが、ともするとこれまで当然視されてきました。キリスト教史料は、言わば危機の忠実な「写真」を提供しているのだ、と考えられてきたのです。その結果、キリスト教の教会の慈善活動は、ローマ帝国の全般的衰退・崩壊との関連で、相当程度新たに生じたものと言ってよい陰鬱な状況を改善するための英雄的行為なのだ、としばしば解釈されてきました。

人間の条件の極端な諸形態を想起させることに傾きがちな、キリスト教徒たちの痛切なレトリックは、逆説的に、後期ローマ社会の構造的弱さに関する現代の学者たちの最も峻厳に非感傷的・「頑固一徹的」な評価と相俟って、この世界を、多数の貧困化と少数の抑圧的富とが織り成すどぎついコントラストを特徴とする世界だと描写することにつながりました。現代でも、第三世界の多くの国では同様な発展が起こってきた、とする私たちの感覚は、後期ローマ社会についての私たちの判断に道徳的鋭敏さを増し加えます。ローマ史のもっと前の時代について語っているA・ウォレス・ハドリルの言葉によれば、「エリートたちが費消する莫大な富と、……貧者たちが経験する紛《まが》うかたなき悲惨とのコントラストとは、エリートの文化と大衆の文化とを二極分化して理解するように私たちを仕向ける。このコントラストを劇的なものとして理解することはたやすい（そしてたぶん、道徳的に見て満足のいくもの）だろう」[10]。しかし彼は、私たちがそうしないようにという正しい忠告を行なっています。

多様な差異化を遂げていた後期ローマ社会

非常な二極分化を遂げた後期帝国というイメージは、後期ローマの社会状況の「現実」として当然視されるようになりました。このような理解の結果、後期ローマ社会が有していたもっと微細な中間的諸段階（特に、地中海世界及びその後背地における、ローマ期及びポスト・ローマ期の都市に実際存在したような）に対して、私たちが感受性を顕著に欠くようになった、ということが挙げられます。ここ数十年においてようやく、考古学者によって先導されたさらなる研究が、後期帝国の社会構造に関するこの伝統的なイメージを変革することとなりました。後期ローマ世界についての私たちのイメージが、ローマ社会について私たちがこれまで行なってきた富者と貧者との間、或いは都市と農村との間の乱暴な「二極区分」の強調によっていかに単純化されてしまっていたかを理解するようにと、考古学者たちは社会史家たちを挑発してきました[11]。注目すべき清新さで最近の研究を総括したP・ガーンジーとC・ハンフレスの言い方によれば、「二極性なるものは分析道具としてはなまくらだ……垂直的スペクトル或いは連続体という比喩のほうが、私たちがより深く探索のメスを入れることを可能にしてくれるかもしれない」のです。[12]

後期帝国の地域ごとの考古学的調査――特に、それだけと言うわけではありませんが、東方諸州の調査――によって明らかになるのは、キリスト教史料が伝える荒廃的な印象とは大いに異なる世界です。あらゆる富と繁栄が少数者の手に流れ込み、人口の大部分がひとしなみに悲惨の状況に取り残されるという世界、とは全く異なって、考古学者たちが明らかにしてきたのは、控え目だが快適な農家が点在する繁栄する村々、構造的変化を遂げたものの決して活力を失ってはいない諸々の都市、そういったものに満たされた風景です。[13] 私たちが以前考えていたよりも遥かに、細かな差異化が進展していた社会だったのです。富者の華美・奢侈（これについては充分に証拠がありますと、ドラマチックに描かれた貧者の無一文状態との間の「グレーゾーン」に存在した――と、研究の現状では考えられている――中間的階級に、光を当てるべき時が来たのです。

「真ん中へん」の人々の宗教としてのキリスト教

後期ローマ社会を歪んだイメージで捉えないようにすることが最も重要となるのは、キリスト教の教会の研究をする場合です。というのも、その公的諸特権にもかかわらず、また、上層階級に属する人々を司教及び聖職者として登用することが時として可能だったにもかかわらず、キリスト教の教会はきっぱり、ローマ社会の真ん中に位置していたからです。つまり、教会が占めていたのは、非常な金持ちと非常な貧乏人の間の、広範な中間的地盤でした。「真ん中へん」の人々が、教会の主たる構成員を成していたのです。比較的富裕な職人たちや、都市参事会員階級の周縁から、聖職者を集めようという傾向が教会にはありました。数から見て圧倒的に、より従属的、より「真ん中へん」だったと言える世界の中では、真の貴族や高度な教養の持ち主といった人々は珍鳥《ラーラエ・アウェース》、つまり実際めったにない存在だったのです。もちろん、ミーニュのラテン教父著作集《パトロロギア・ラティーナ》とギリシア教父著作集《パトロロギア・グラエカ》を満たしているのは、見事な例外を成している著作・説教です。それらの及ぼした影響を私たちは過小評価するべきではないでしょう。そのような人々が少数存在しただけで、その州における聖職者社会全体の雰囲気が決まってくることもありえます。ですが、『キリスト教関係プロソポグラフィー』のゆっくりとした作業、及び、様々な地域における聖職者の財産と人員に関する詳細な研究によって私たちが知ったのは、大部分の場所、大部分の時代において、そのような〔選り抜きの〕人々が教会の様々な役職を占めることがいかにわずかだったか、ということです。[14] 聖職者のうちのごく少数しか、そして多くの地域に於いては司教ですらごく少数しか、「中程度《メディオクリタース》」、すなわち、つましい学校教師たちの危なっかしい及第点の域を超え出ていませんでした。古代末期の文法教師《グランマティクス》に関する研究の中で、R・カスターが学校教師たちの社会を生き生きと描き出していますが、ギリシア語・ラテン語文法の教師としてグランマティクスは、ギリシア・ローマ文明の基礎とみなされた教育制度の中で本質的に重要な役割を果たしていました。選り抜きのグランマティクスたちは、市民たる医師と同じ理由で税の免除を享受しました。というのも、ローマ法に関して後代にシリア語で書かれた要約の言葉によれば、

「医師たちと同様、彼らは魂を癒すからである」。[15] 少数ですが、見事な栄達を遂げたグランマティクスも存在しました。とはいうものの、平均的なグランマティクスは、相も変わらず全く「真ん中へん」の人でした。

この職業を際立たせていたのは、高位の身分と低位の身分との混在である。……住民の圧倒的多数とは対照的に、彼〔グランマティクス〕の出生、彼の財産、彼の教養は彼をして、卑しい働き口と無縁な人々という少人数のグループの一員たらしめた。しかしそれにもかかわらず、彼はエリートの世界の中では社会的貧者《パウペル》だった。出生と公務とに基づく帝国の貴族階層と比較すれば、彼は「単なるグランマティクス」以上のものではなかった。[16]

同じことは、四・五世紀の教会の大多数の「単なる」司教や聖職者についても言えるでしょう。後期帝国の社会的構成を見定める中で強調されなければならないのは、そのような人々は居心地の悪い状況の中にあった、ということです。私たちがこれまでそう考えるように仕向けられてきたほどには、後期ローマ社会は富者と貧者へとドラスティックに二極分化していたわけではない、ということを私たちは見てきました。「真ん中へん」の人々の階級は、私たちが以前考えていたよりももっと広範囲に及んでおり、かつもっと差異化していたのです。ですが、そのような人々は、私たちが現代の「中間階級」に結びつけるような自治・保護を享受していたわけではありません。古代の社会の中では、有力者と本当の富裕者とが支配的な存在であり続け、これに対して、自尊心を有する多くの人々は、古代社会の不変の特徴として広く見られたあの「浅い貧困」と隣り合わせで、居心地の良くない生活を送っていました。それは緊張した状況でした。K・ホプキンズが簡潔に述べているように、「社会的ピラミッドの急峻さ」ゆえに、「……ローマ社会において求められたのは、まされる者に対する全面的な尊敬と、劣れる者に対するあけすけに攻撃的な野蛮さとの、居心地の悪い混合だった」のです。[17] 多くの人々が自分を「社会的貧民」だと思った世界においては、キリスト教によって語られた「貧者への配慮」、及び、その語りに伴う包括的なイデオロギーは、無一文者に対する単なる慈善よりも遥かに多くを意味することになりえました。

ですので、キリスト教の司教及びその聖職者団の周囲に押し寄せてきた、無防備な「真ん中へん」の人々の世界に、少しのあいだ目を留めてみましょう。新たに公的特権を受けたとはいえ、聖職者たちはそういった人々と共通するものを多く持っていました。司教は、次第に都市参事会員の比較的安定した階級から輩出されるようになり、地域社会のトップに位置する存在だとみなされるようになったかもしれません。が、そうだとしても、司教の下僚である聖職者たちは、決してそれほどの特権を得てはいませんでした。たいていの場合、彼らの出自はよりつましいものでした。そして、司教が貧者と日常的に接触するのは、そういった聖職者たちを通じてだったのです。聖職者も一般信徒もともに、貧困へと通じる、足をすくわれかねない同じ下り坂に立っていました。両者とも、司教の配慮の対象である全くの無一文の貧者よりも一段高い充足を達成しようという、往々にしてつらい闘争を絶えず戦っていました。「真ん中へん」の人々は、つねに守護者を必要としていました。彼らはつねに、貧困化に対する何らかの社会的セーフティ・ネットを探すという点で、印象的な巧妙さを発揮してきました。今や彼らは、司教及び聖職者団を通じて、教会――主に自分たちと同様の人々によって構成されている制度――による保護を求めました。四・五世紀に彼らは、司教による「貧者への配慮」という絶えず拡大する「宿りの蔭《ペヌンブラ》」の下に、庇護を求めたのでした。

古代末期地中海世界における都市と農村

第一に、キリスト教の教会が提供するセーフティ・ネットに、最も直接にかかわった社会集団の性質について、私たちは明確に理解しなければなりません。私たちが扱っているのは、基本的に都市的な世界です。七世紀に至るまで、地中海世界東部の大都市――コンスタンティノープル、アンティオキア、アレクサンドリア――、及び西方（少なくとも五世紀半ばに至るまで）のローマとカルタゴは、注目の的であり続けました。それら都市の教会は飛び抜けて最も豊かであり、また、そういった教会の施設は最も広範囲に展開していました。[18] ガリア、ヒスパニア、イタリア、小アジア、シリアのより小規模な都市は、四世紀と七世紀の間で大いに変わりました。しかしそれらは、貧者への配慮にとって中心的な存在であり続けました。[19] 西方のいくつかの地域では、多くの町はもはや「ローマ」都市と認めることができないものになっていたのですが、しかし、司教及びその聖職者団が相変わらず町の中に住み続け、そして司教の「貧者への配慮」が都市を基礎とした構造になっていたこと——こういったことは、真の継続性の一要素を成していました。六〇〇年ごろのガリアでは、貧者への配慮の組織の中心的拠点たるキリスト教のバシリカは、建設から既に数百年を閲《けみ》していました。都市自体、及び都市に通じる道には、司教たちや敬虔な一般信徒が創設したクセノドケイオンや、同種の救貧院が点在していました。[20]

都市生活における多くの変化にもかかわらず、都市の住民たちはそれ以外の人々と相変わらず異なっていました。貧困化の危機に瀕していた人々がいたのは、都市において時間をかけて構築された、保護の「セーフティ・ネット」すれすれのところでした。これに対して、配慮を受けておらず、したがって語られることもない真の貧困は、農村に存在しました。四世紀後半のガリア北部を行きめぐる中で、トゥールの聖マルティヌスは弟子たちに、打ち続く人間的悲惨の代表例とでも言うべきものを指し示しました。「冷え切っており革の服を着てほとんど裸の豚飼いを見た時、『ほら』と彼は言った、『パラダイスから追い出されたアダムが、革の服を着て豚を飼っている』」。[21] 東方でも西方でも、最も繁栄した農村地帯にすら、このような悲しい人々があふれかえっていました。私たちはつねに忘れずにいなければなりませんが、キリスト教史料において「貧者への配慮」について読む時に、私たちがそれら史料で目にしているのは、つねに古代末期の最も悲惨な人々だったわけでは必ずしもありません。往々にして私たちは、都市の司教に近く在るがために自分たちの言い分が彼らに届いた人々しか、目にすることができないのです。

キリスト教の教会が農村における慈善に励まなかった、と言いたいのではありません。第一章において見たように、キリスト教的モデルは世界を全面的に「富者」と「貧者」とに分かれたものとみなしており、どのような状況にある富者に対してであれ、地元の貧者の面倒を見ることを当然のごとく期待していました。このような慈善は確かに、農村の修道院を中心として、また隠遁者の周囲で、さらに敬虔なキリスト教徒たる地主の田舎屋敷の離れに於いて、行なわれていました。[22] 例えばカイサリアのバシレイオスは、農村の貧者の必要に対して配慮することをその存在理由《レゾン・デートル》とする農村司教《コーレピスコポス》のシステムをカッパドキアに展開するべく、格別の努力をしました。[23] しかしこういった奉仕は不均等に分布しており、その維持も首尾一貫したものではありませんでした。紀元後六世紀に、ガリア、小アジア、シリアといった多くの地域では、農村への移動がはっきり認められました。その結果、農村の厚遇された教会によって、そしてとりわけ農村の修道院の創設によって、貧者への配慮が農村でも一層受けやすくなった、と言うことができます。[24] しかし、キリスト教の救貧の構造は、この変化になかなかついていけず、多くの地域には配慮が行き届いていませんでした。エジプトのように教会組織の見事な掌握が見られる地域ですら、貧者への配慮は〔都市に所在する〕司教の職掌であり続けました。農村の聖職者たちは、地元の貧困に対処するのに、自分たち独自の資源をあまり持ってはいなかったようです。[25]

私たちは、このような街に住んでいた「真ん中へん」の人々の質について幻想をいだかないようにしなければなりません。四世紀以降においては、社会の「市民的」モデルが想像する強固な市民及びデーモスといった人々は、もはや問題となっていません。古典時代なら、そのような人々は存在したかもしれません——といっても、既に見たように、堅固な居住「市民」〔理想的には都市の中核的存在〕と、「貧者」「よそ者」という流動的なカテゴリーとの間の境界が、古典時代の「市民的」モデルにおいて描かれているほどに厳格なものだったかどうかについては、疑念を持ってよい充分な理由が存在するのですが。[26] しかし、既に紀元後四〇〇年ごろには、平均的な都市の住民がはっきりみすぼらしい運命だということに、疑いの余地はありませんでした。タラゴナの広いキリスト教墓地の分析が「示唆しているのは、幼児死亡率の高さ、質素な住民たちの大半が過酷な肉体労働に従事していたこと、及び、老年に達したのが少数であること」なのです。[27]

富裕層とそれ以下

都市の富裕な住人は、このような人々の上にそびえ立っていました。イスラエルから、この地域の例を採ってみましょう。カイサリア・マリティマの臨海地区は、古代末期には三つの広大な田舎屋敷によって占められていたことが知られています。その各々は都市の一ブロック全体を占めていました。広々とした中庭と、応接の間の床にはモザイクが施され、選り抜きの大理石の柱が立ち並んでいました。私的な蔵の一群がその周りにあり、「アウトレット」ショップが付設され、そこでは持ち主の産物が道行く人に売られていました。人々が海からやって来る時の視界を覆う格好で、私人のそれら邸宅は一つながりの線を成し、その北のはずれで、パレスティナの総督の宮殿及び総督の公務のための広大な建物群とつながっていました。[28] 公権力と密接に結びついた私人の富の、それは実に目がくらむような見せびらかしでした。これらが、クテートーレース或いはポセッソーレース、すなわちその地区の大地主、の屋敷だったのです。古典時代以来地元の都市参事会への加入資格と結びついていたところの、都市のより広範な支配階級を成していた人々に、このような人々はとって代わる傾向を示していました。否むべくもなく富裕かつ有力な存在として、彼らは皇帝の代理人たちと都市との間に在って特権的な世俗的仲介者となっていました。[29] 帝政時代の間じゅう、同様な人々は都市に、或いは都市のそばに居住しました。アパメア（現代名アファミア、シリア）では、都市に住まう貴族の屋敷（の跡）が同じことを告げています。「それらは巨大な邸宅で、もちろん、富裕で洗練された貴族のものだった……。彼らは自分たちの広々とした領地に住み、外界からはほぼ完全に遮断されていた……。ユスティニアヌスの時代までには、これらの人々はその住まいに三〇〇年ないし四〇〇年住んでいたことになる」。[30]

このような確固たる富と権力を持つレベルよりも下の生活をしていた人々の地位を定義することは、これよりかなり難しいことでした。後期ローマの法律家たちはこの中間的階層を、迷いのない全く醒め切った目で眺めました。既に見たように、古代末期という時代には、多くの町の住民の驚くべく広範な部分が「市民」として扱われ続けました。ローマやコンスタンティノープルの「人々」が「市民的」アンノーナの提供する安価な食料を手に入れたのは、貧者の一員としてではなく「市民」としてでした。[31] しかし法律家たちの目には、市民また市民がいました。すなわち彼らは、容易に同定可能なホネスティオーレース（紀元後二・三世紀に採用された用語を使うことにすると）、すなわち「より評判の良い人々」が、社会の頂点に位置すると理解し、そして彼らは、フミリオーレースすなわち「より卑しい人々」とははっきり区別されました。ホネスティオーレースの定義において重要だったのは、富というよりむしろ（なぜなら富は、たいていの場合持っているものと想定されたので）、彼らの公的地位でした。この公的地位は、帝国の務めへの奉職であれ、都市の支配階級の一員としてであれ（都市参事会員の一員、或いは既に見たように、土地所有者として）、ともあれ職務を有することに由来していました。もちろん、小規模な都市では、都市参事会員もまた比較的つましい人であることがありえました。したがって、彼らは「より評判の良い」階級の一員という自分たちの地位を保持することに極度に熱心でした。例えば、鞭打ちを受けることがないというのは、彼らにとっては重大事だったのです。[32]

ホネスティオーレースの下に広がっていたのは、無色でかつ定義のあまりはっきりしないフミリオーレース、すなわち「より卑しい人々」でした。注目すべきことに、四・五世紀の法律家たちは、「富者」と「貧者」というふうに社会を区分けするキリスト教のやり方には無関心であり続けました。後期ローマの世俗社会の言い方は、社会的脆弱さの程度差が伝わるカテゴリーを使うのをむしろ好んだのです。すなわち、ポテンティオーレース（より力ある者）が、テヌイオーレース（より弱い者）と対比されました。テヌイオーレースすなわち「より弱い」人々は、ウィレースすなわち「安っぽい者」とも、アブイェクタエ・ペルソーナエすなわち「目立たない人々」とも称されました。彼らは、プレベイア・ウィリタースすなわち「プレブス連中にふさわしい、質の低い生活」を、特徴とする人々でした。[33]

後期ローマの都市社会の下層階級の中に「危険な階級」がいたとするなら、それはまさにこの人々、すなわち都市のテヌイオーレースでした。都市の危険な暴動に参加する人々の供給源だったからです。彼らを統制するのは容易でありませんでした。彼らは名誉を持たない人々であり、名誉がない以上、彼らに何かを強要するのは困難でした。失うべき地位も、罰金によっておびやかされるような財産も、彼らにはありませんでした。彼らを服従させるための手段としては、ゆすりでなく打擲《ちょうちゃく》しかありませんでした。彼らの日々の行動はこのことを示して余りあるものでした。「より評判の良い」階級が自分を見張る際のよすがとしたパイデイア〔ギリシア的教養〕と結びつく、礼節に適った礼儀正しさなどというものも、彼らのためのものではありませんでした。彼らは思いのままに騒々しくがさつに振る舞っていました。バシレイオスは自分のところの修道士たちに対して、彼らが今や貧者の服装を着ているという事実は、彼らが貧者のような悪辣な振る舞いをしてよいということを意味するわけではない、という警告を発しています。遊び回ったり、デーモテースのように叫びまくったり、つまり「ぶったりぶたれたりすることに慣れている」民衆の中の人々のように振る舞うことは、彼らにはふさわしくなかったのです[34]。

しかし、より仔細に検討してみると、上から見たこの見方は、こわれやすい蜂の巣のようにつましい人々の層また層によって織り成されるという後期ローマの都市の住民の像ほどには、現実を捉えていません。有力者に直接従属する人々、及び都市の行政の書記から始まって、小都市の参事会員、小土地所有者、教育職に属する人々、そしてコルポラに至るまで、これら集団は下方へと広がっていました。コルポラとは、注意深く組織された職人団体のことです。都市の警察機能、及び都市を火災から守ること、こういったことの相当部分はこのような集団に依存していました。彼らは近隣の人々が行儀よく行動することについて責任を負っていました。最後に、つねに相当数の自由労働者がいました。[35] これらの人々は皆、自分たちが無一文の「貧者」より上に立っていることを自覚していました。しかしながら、上からの庇護を受ける努力をせずに貧困化を回避できると確信する者は、彼らのうち誰一人としてありませんでした。

古典時代においてと同様、古代末期においても私たちは、行儀よい振る舞いと、それに対する対価としての資格付与とが、輪郭のはっきりした団体への参加〈許可〉という形で保証される、というような世界を目の当《ま》たりにしているのです。例えばアフロディシアスのような属州の主都の、劇場や競技場の座席の上に記された古代末期の頃の落書きは、今述べたようなことをはっきり示してくれます。それらは、当の都市の各職業団体の成員用と定められたベンチや、ユダヤ人のための座席や、馬車競技の党派の支持者のための座席といったものを示しているのです。[36] 社会的想像力の中で市民が生き生きとした登場人物でなくなってからも、市民の資格に関する暗黙の観念は、長い間ほとんどデフォルト状態で存続しました。輪郭のはっきりした集団の一員であること（商業団体の正式の一員ということであれ、一般にデーモテースが自分の居住する都市の事柄を自分の事とみなす、ということであれ）が資格付与をもたらすということ、そしてそのような資格の欠如が、苛烈な貧困に陥りやすい状況を生み出すということを、古代末期の都市は決して忘れていなかったのです。

教会を支えた人々とは

ローマ世界全体で、キリスト教の教会が日々の資金を用立てるため、及び、聖職者の登用のために依拠したのは、まさにこのような人々でした。三一二年以前も、また三一二年以後も、キリスト教の教会は、施与を行なうというそれぞれの地域共同体の意志に長らく頼り続けたのでした。三世紀においてと全く同様、四・五世紀においても、「教会の富」が土地の確固たる寄進に存していたというふうに私たちは想像するべきではないでしょう。教会の土地財産は全く徐々に、しかもばらばらの仕方で蓄積されていきました。六世紀に至ってようやく、（例えばローマやアレクサンドリアの教会のような）主要な教会の所有地は、世俗の大土地所有者の所有地に匹敵する規模になりました。これら教会は例外的であり、より小規模な諸々の教会がそれほどまでに財産に恵まれることは決してありませんでした[37]。主要都市に於いて急速に成長しつつあった教会から、ブリタニア北部のドゥロブリウァエ（現ウォーター・ニュートン）のような小さな町の小さな教会に至るまで、ローマ世界全体で、「教会の富」は「喜んで与える人」の作り出したものでした。貧者のため、また聖職者のために毎週の献げ物をきちんと献げたのは「真ん中へん」の階級の一般信徒たちでした。祭壇のために銀器や絹の掛け物を提供したのは、そのような人々でした。床をモザイクで覆ったのは、そのような人々でした——非常に多くの面積のモザイクを施すために、彼らは各々必要な比較的少額を献げ、その敷石に自分たちの名を刻んでもらい、そして時には自分たちの肖像すら描いてもらったのです。このような絵の、異例なほどに野心的な例が、キスーフィーム（ネゲヴ砂漠）の教会でお金をばらまいていたシルトゥースという女性の絵でした[38]。この点でキリスト教徒は、ユダヤ教徒が自分たちの会堂の建設・装飾について行なっていたのと同じことを実践しました。どちらの場合にも、寄進者の碑銘は非常にはっきりと、自尊心を有するが圧倒的に豊かというわけでは決してない人々の献金によってつくられた宗教的施設が実現できる最高のもの、の水準を示していると言えます[39]。

五世紀初めにおいて、大多数の地方教会の財政がつましいものだったことを示す、ドラマチックな出来事があります。四一一年、小メラニアとその夫ピニアヌスという、禁欲者夫婦は、ローマの劫略を逃れた避難民としてアフリカに住むべくやってきました。彼らは真に富裕な元老院家系の一員であり、自分たちの財産を貧者に分配することを既に始めていました。彼らはタガステに、しかも、同市自体よりも大きく、かつ場所柄もより良い、自分たちの地所に住むことになりました。メラニアの伝記をラテン語で記した伝記作者（ひょっとするとローマ出身の修道士だったかもしれません）はその私有の浴場、お抱えの職人の工房、及びその地所に従属していてドナトゥス派の司教の支持派もカトリックの司教の支持派も存在した諸々の村落について、讃嘆の念を以て語っています。これこそ本物の富でした。これに対して、

タガステという名の、この上なく幸いなる司教アリュピウスの町は、小さく安っぽい町でした。……（メラニアは）この聖なる人の教会を、収入や、金や銀の宝物や高価なカーテンといった奉納物で見事に飾り、しかもこれが、以前には実に貧相だった（教会を飾った）ので、その結果このことは、その管区の他の司教たちからかの人に対して嫉妬を惹起するほ

どでした。[40]

突如としてタガステを襲ったこのような幸運に負けまいと、港町ヒッポ（現代名ボーヌ／アンナーバ、アルジェリア）のアウグスティヌスの教会は、資金集めのために自ら努力しました。彼らはメラニアの夫ピニアヌスを、無理やり司祭に叙品することによって自分たちの教会の一員にしようとしたのです。自分の群れの強欲さから自ら距離を置こうとして、アウグスティヌスは速やかにこのローマ出身の夫婦の母親に、こういうたくらみを最も熱心に支持したのはもちろん教会の中の「貧者」たちだ、と指摘しました。そういう人々の生活は、元老院レベルの「喜んで与える人」が自分たちの中にいつも住まってくれるなら、相当に楽になるだろう、というわけです。[41]この企ては無残にも失敗し、リッチなこの夫婦はほどなく聖地へと出発しました。彼らが目にものを見せる格好で属州アフリカを通り過ぎていったことは、真に豊かなパトロンがいかに稀少な存在かということをひたすら示していると言えます。ローマ世界の大部分の地域の大部分の教会は、自分たち自身の資源しか持っていませんでした。全体として見て、貧者と聖職者の両方を支えることを自らの使命とした「真ん中へん」の人々が織り成した宗教的共同体における、（現実のであれ想像上のであれ）財政的ストレスの鈍いきしみ音は、「貧者への配慮」というキリスト教的観念にとっての絶えざる背景的ノイズを成していたと言えます。

しかしながら、まさにこのような人々による長年の絶えざる施与によって築き上げられえた財政的「筋力」なるものを、私たちは過小評価するべきではありません。都市の施善の世俗的伝統と全く対照的に、教会内での施与の努力は、富者のみに依存するのでなくすべての信者に依存するものだと考えられていました。ユダヤ教においてと同様、キリスト教において、喜捨を行なう義務はすべての信者に適用されました。そして、少しだが頻繁に施与することが、つましい財産を持った「喜んで与える人」の行動パターンとして期待されました。ラビ・エリエゼルの言葉によれば、喜捨によって得られる「義の胸当て」は、三世紀の騎士の鎖帷子《かたびら》のよろいの小さな円形のうろこのように、無数の小額貨幣によってできたものだったのです。[42] 初期の教会では、貨幣は信者の「手のひらの汗を集める」ものだとされました。実際、そのような信者にとって施与は、ふだん食べ物のために使っている金を献げるべく、断食をすることによってようやく可能となっていましたので、本当の犠牲だったのです。そして貨幣は、充分な考慮を経た後、施与を受けるにふさわしい貧者を支えるために、または旅する宣教者に食事と宿を与えるために使われました。[43] こういったことは四〇〇年ごろまでに大きな変化を遂げてはいませんでした。カルタゴで説教をした時、アウグスティヌスはなお、初期キリスト教のマニュアルである『ディダケー』の一節を、聖書自体の一節であるかのように引用しています。[44]

この世界は、宗教的目的ゆえの、徐々にして着実なる富の積み上げを特徴としており、そしてそれは、ベル・エポックにおいて都市の善行者がエウエルゲテースとして余剰の富を人々にばらまく市民的機会となった「爆発的リズム」とは、大いに異なっていました。[45] 貧者へのキリスト教的配慮を支えていた施与のパターンは、凡庸だが予見可能なものであり、それは、キリスト教の共同体が存在するすべての都市に於いて、司教の活動があらゆるレベルの貧者及び潜在的な貧者にまで達することを可能にするほどの、柔軟性と粘り強さを持っていました。

都市における教会の働き

比較的つましい人々から粘り強く集められたこのような資源を前提として、司教及び聖職者団の自然の反応は、自分たちに連なる人々への配慮を行なうというものでした。というのも、「真ん中へん」の階層の信者仲間たちの苦難は、教会の働きに直接的な影響を及ぼしていたからです。新たに見つかったアウグスティヌスの書簡の一つが、この点をはっきりさせてくれます。アフリカで四二〇年、都市参事会及び都市の同職組合の中での経済的苦難が、直ちに聖職者不足という結果をもたらしました。というのも、もっと繁栄していた時代であれば違ったのでしょうが、今やどんな同職組合も、自分たちの成員を教会への奉仕のために差し出すことを、もはや望まなかったからです。この重大事は、脆弱なこれら尊敬すべき「共同体の柱たち」の貧困化を食い止めるべく、行政的手段によってのみ解決可能だ、というのがアウグスティヌスの考えでした。彼はデーフェンソル・キーウィターティス、すなわち「都市の守護者」、の制度をアフリカに設立することを提唱しました。これは、税に関する不当な要求から共同体を守る力を持った法的代理人の任命ということを含んでおり、他のいくつかの属州でも適用が散見されていた、全く世俗的な仕組みでした。[46] この例に見られるような司教の介入は、都市の中間的階級全体の「貧困」を緩和するということを意図していました。無一文の人々の大衆のみから成るという、貧者の「貧民化」イメージには、このような介入はあまりそぐわないと言えます。
カイサリアのバシレイオスは、カッパドキアで類似の問題に直面していました。三七二年に彼は道長官モデストゥスに対して、トロス山脈の鉱山の村の住人の税負担を軽減するよう請願を行なっています。モデストゥスは「哀れな田舎住民たちに救いをもたらす」ことを懇願されたのです。[47] 実際、これら奥まった鉱山町は、バシレイオス自身の都市と直接関係していました。つまりそれらの町は、カイサリアにあった帝国兵器廠が必要としていた鉱石を供給していたのです。それら共同体を守ることで、バシレイオスは聖職者と職人団体のメンバーとの間の同盟関係を強固にしました。このような同盟関係は四世紀の多くのギリシア都市に見られました。[48] 或る時バシレイオスが、彼に敵対的な総督のもとに召喚された時、武器職人たちは自分たちの司教のために大挙して出動しました。

実際彼らはこのようなことについては一層熱く、また自由ゆえに大胆さを持ち合わせていた。……手には松明《たいまつ》、投石が彼らの行く手の露払いをし、棍棒をぶらぶらさせ、皆の足取りは一つ、叫びは一つ、熱意は皆に行きわたっている。……さて、かの恐れ知らずの向こう見ずな裁き人はどうだったか？　彼は嘆願者となっていたのだ。[49]

信者を金銭的に支援する教会（司教）

さらに、信者仲間に金銭的支援を与えるためにためらわずに教会の基金を使うという聖職者の態度（これは、三世紀のカルタゴのキュプリアヌスの書簡に特にはっきり見られます）は、四世紀においても頼りにされ続けました。三三〇～三四〇年ごろ、「私たちの兄弟」パモンティオスのために、ヘリエウスという人がエジプトの司祭パイエウスに宛てて書いています。

……災難に陥った人々の助けとなることを、神の言葉は私たち皆に、特に私たちの兄弟たちに、勧めています。そこで、私たちの兄弟パモンティス〔ママ〕が普通でない状況に陥り、無慈悲で神を恐れぬ人々から実に無恥な仕打ちを受けたので、その結果彼はほとんど、私たちの幸いなる希望（テトス二・一三）を奪われることを余儀なくされました。それゆえ彼は私たちに、この書状のゆえにあなたがた兄弟たちに働きかけるよう願いました。……あなたがたもまた、弱い者たちを信仰においてだけでなくこの世の事柄においても見過ごしにしないようにと語る幸いなる使徒のことを覚えて、彼の助けをすると決心するようになるためです。[50]

パモンティオスはぶどう酒を売る商人で、税を払うために金を借りていました。彼の債権者たちは今や彼を〔借金のかたに捕えられた子供たちの〕質流しという目に遭わせようとしていました。彼は決して「貧者」ではなかったのですが、同信のキリスト教徒たちの助けがなければ、ほどなくしてそうなったでしょう。無一文の人々の世話をすることと同程度に、パモンティオスのような脆弱な「真ん中へん」の人々の立場を安定させることが、教会の日々の仕事だったのです。

この点を私たちが最もはっきり見ることができるのは、「寡婦及び孤児」の庇護者としての司教の役割の場合です。一見したところ、初代教会から受け継がれてきた陳腐な義務と見えるこのことの含意を、私たちは過小評価するべきではありません。[51]というのも、ローマ世界や同様な諸社会の人口動態について、私たちが知っているところから示唆されるのは、男性の庇護者或いは稼ぎ手の、死または行方不明がもたらす家族単位の破壊こそが、貧困の単一の原因として最大のものだった、ということだからです。[52]中世後期のフィレンツェに於いてと同様、後期ローマ帝国では、寡婦や孤児たちは「古めかしい」「聖書的な」カテゴリーだ、彼らを守ったり助けたりすることは都市の貧困をもたらす過酷なプロセスを止めるための努力との関係では周縁的なものだ、などということは決してありませんでした。中世後期のフィレンツェに於いてと同様、後期帝国では、寡婦は貧者の一カテゴリーを代表するものであり、キリスト教的慈善は、貧困の主要な源泉を緩和しようという理解可能な希望をいだいて、これに対して働きかけたのです。[53]

「寡婦」というカテゴリー

しかし私たちは、寡婦や孤児といったカテゴリーがしばしば、無一文という既存の状況からの救出をではなく、貧困化の危険からの庇護を、求める資格があると自ら思っていた自尊心ある人々の集団を表していた、ということを想起しなければなりません。多くの人々は既に教会に対する要求権を持っていました。彼らは、共同体にとってのよそ者というわけでは必ずしもありませんでした。彼らは信者の中の、「ちゃんとした資格を持つ」男性メンバーの妻また子どもだったのです。彼らは、教会にすがることによって貧困化を免れた、尊敬すべきだが脆弱である人々のカテゴリーの特権的な例だったのです。

「教会の寡婦」が「社会的グレードアップ」を指向する、その継続的傾向には驚かされます。これが特に見られるのは（但しこの場合に限られるわけではありません）、特権的な「寡婦身分」に含められている寡婦の場合です。生計維持について司教に直接依存しているあらゆる集団の中で、寡婦たちは――「寡婦身分」に正式に含まれている者たちも、教会の基金によって支えられている他の多くの寡婦たちも――飛び抜けて自己主張が強く、また統制するのが最も困難な存在であり続けました。[54] このような寡婦たちのうちには、零落した人々がいだく「自分たちこそ資格者だ」という、荒々しいまでの感覚があるように思えてきます。ヨアンネス・クリュソストモスのような改革派の司教たちは、貧者への配慮に当てられた金の多くが決して貧者でない人々に対する支援によって呑み込まれているのを知って、ショックを受けました。むしろ、寡婦として彼女たちは、「苦難のうちにある良家の人々」とでも呼びたくなるカテゴリーに属していました。[55] 司教たちの書簡の中で、また官吏や法律家との関係の中で、寡婦や孤児たちが演じている大きな役割は、[56] 一つのことを示しています。すなわち、ごく最近ようやく「貧困に対して敏感になった」[57] 社会は、比較的裕福な人々の間での貧困化の危険に関する昔からの心配に対しては、相変わらず鋭敏な感受性を持っていたのです。

夫を失うことで全くの「私人」の地位へと転落し、いかなる種類の社会的支援もなく自らの資源に全く依存することとなった寡婦の運命は、予兆として、後期ローマ社会の一セクション全体の潜在的な脆弱性を象徴していました。[58] 男も女もみな零落することがありえたのです。司教が庇護の手を差し延べたのは、そのような人々に対してでした。或る時皇帝ユスティニアヌスは法的評決によって、アスカロンの富裕な都市参事会員の寡婦からその相続財産を奪い去りました。そして、彼女からこのような仕方で奪っておいて、「この女性が今後、物乞い身分に含められることのないように」皇帝は彼女に一日当たり金貨一枚の年金を与えました。年間三六五ソリドゥスというのは、少しもはした金ではありませんでした。それは総督或いは司教一人の収入相当額だったのです。プロコピオスを怒らせた偽善(しかしこれが偽善だとは、敬虔な皇帝はたぶん全く気づいていなかったでしょう)を以て、ユスティニアヌスは彼女に対して司教のように振る舞ったのです。司教よろしく、皇帝はその寡婦を貧困化から守りました。「なぜなら、敬虔なこと、宗教的なことを行なうのは我が習慣であるから」。[59]

「貧者への配慮」の実際

私たちが扱っている時代の終わりごろ、大グレゴリウス〔一世、教皇〕の書簡は、裕福な教区の司教が「貧者への配慮」を担う自らの義務を解釈する際にどれほど幅のある解釈をしたか、ということを示してくれています。社会的尺度の一番底辺で、フィリムドという盲人は、合計すると年間〇・五ソリドゥスとなる食料配給を受け取りました。[60] 他方、グレゴリウスの母方のおばと、二人の貴人の寡婦とは、それぞれ年間四〇ソリドゥスと二〇ソリドゥスを受け取り、また四〇〇モディウスと三〇〇モディウスの穀物配給を受けました。これだけあれば、大所帯を養うこともできたでしょう。[61] 避難してローマに住み着くこととなった三〇〇〇人の修道女は、各自二ソリドゥスの年金を受け取りました。[62] これは、ローマの古典的プレブスの一人一人が毎年アンノーナから食料の形で受け取ったものに相当しました。

後にグレゴリウスの伝記を書いた著者は、彼による貧者への配慮に随伴した事務作業の程度を強調しています。彼が貧者のリストを書き込んだ「巨大な羊皮紙の本」は、九世紀のローマではなお読むことができました。これが残っていたら良かったのですが！[63] 著者はまた、後の時代において「恥じ入った貧者」と呼ばれることになる人々、すなわち上流階級に属していて貧困化した人々、を支援するのにグレゴリウスが示した丁重な遇し方のことを強調しています。[64] この繊細さは、タルムードでラビたちが示しているものでもあります。ラビたちは、落ちぶれた人々が既に慣れてしまった状態の中に保たれているという超現実的なケースを思考上でもて遊び、そしてそのような人々が、喜捨を求めて人々の前に現れるという恥をかかないで済むようにすることが必要だ、と強調しました。[65] しかし、ここにはこれ以上のことがあります。グレゴリウスがものを書いたのは、主に農村で戦われた長年の戦争の影響によって、イタリアの都市の構造が動揺しつつあった時のことでした。この危機に対して前任者のペラギウス一世は、同じ仕方で対処しました。五五七年に彼は、アルルの司教に緊急の手紙を書き、貧者用と定められていた安手の衣服の供給品、すなわち頭巾、トゥニカ、そして短い外套といったものを自分のところに送ってくれるよう頼んだのです。「この町の窮乏と無一物とは非常なもので、そのため我々は、栄えある場所にふさわしい者として生まれてきたと我々が知っている〔この町の〕人々のことを、我らが心を締めつけられる思いと悲しみとをいだかずに見ることができない」。[66] イタリアでも、また同様に戦闘が行なわれていたガリアやヒスパニアの多くの都市でも、特権を持ち定住的でしかも明確に登録された人々、住民のそのような部分を司教の周囲に集めるということは、危険な世界にあって今やキリスト教的慈善という手段で自らの地位を守ろうとする古来のローマのプレブスの、最後の名残りを維持するということだったのです。

「奴隷への配慮」の欠如

司教が後期ローマの都市全体のプレブスの庇護者になり、かつ貧者への配慮を行なう者になるに至ったこの発展には、一つの随伴的な帰結があります。本来これは、包括的な取り扱いに値する問題を提起しているテーマなのですが、ここで私は、ついでにという形で触れておきたいと思います。それは、司教による「貧者への配慮」では或る一群の人々がはっきり欠如している、すなわち、そこには奴隷が含まれていない、ということです。[67]「貧者への配慮」に関するキリスト教の実践と説教とは、自由人によって生み出され、自由人のためにのみ行なわれたのです。キリスト教的慈善は、無一文状態にある自由人を慰めるため、そして自由人を貧困化から守るために行動しました。奴隷は、この慰藉・保護の過程にいかなるかかわりをも持っていませんでした。なぜならこの過程は、排他的に一人の庇護者によって「所有される」ことのない、自由人の運命にかかわるものだったからです。

後期ローマ世界、及びポスト・ローマ世界の多くの地域に於いて、奴隷制は現実の存在であり続けました。多くの都市に於いて、家内奴隷制は目に見える形で存在しました。[68] 田園地帯でも、奴隷労働はなお見受けられました。蛮族の侵入は治安の悪化の長期化をもたらし、都市の意志を挫くべくテロ攻撃が比較的小さな軍勢によって田園地帯に仕掛けられるという小競り合い的戦闘《ゲール・ゲロワヤント》が、この時期を特徴づけていました。このような条件が、地域によっては奴隷交易の目覚ましい復興をもたらしました。[69] さらに、誕生時に子どもを捨てるという、長年行なわれてきた嬰児遺棄（そうした子どもは奴隷商人によって集められました）、或いは困窮時に自分の子どもを売るという慣習——後期ローマの状況ではこういったことによって、初期近代のヨーロッパで悲劇的な仕方で視覚化された貧困の一側面、すなわち大勢の子どもが乞食として社会に姿を現すこと、が回避されえたのでした。[70] 他の諸々の社会であれば直ちに「貧者」として認識されたであろうような人々が、誕生時或いは子ども時代に、奴隷という物言わざる地位へと速やかに移されたのです。[71]

しかし奴隷は、キリスト教徒によって同情の対象として見られたとはいえ、自由人が有したような、そして司教及び聖職者団が自らの責任の範囲内だと思うであろうような運命を、有しているとは考えられていませんでした。奴隷の運命は、その主人または女主人の手の中にあると考えられていました。奴隷がちゃんと食べ、着るものを着、その安全が守られるようにするのは、奴隷の所有者のすることであって、それは他の誰の責任でもありませんでした。奴隷所有者たちは、異教時代に哲学者たちから勧めを受けたように、キリスト教の説教者たちから、自分たちを抑制するよう、残酷なことや奴隷に対する性的虐待を控えるようにと、勧めを受けました。リアリズムと心の首位性に関する自らの主張とを独特な仕方で混合させて、アウグスティヌスは、奴隷所有者が奴隷に対して荒々しく語る権利を受け入れました。「というのも、彼がそうしなければ……、彼は自分の家を統御することができなくなるだろうから」。次のような仕方で行なうほうが良かったのです。

狂暴な打擲《ちょうちゃく》によるよりむしろ恐るべき〔言葉での〕懲戒によって……。（しかし）彼は自分の中で、心の中で、神の目と耳に届くところで、そのように語らないように。……富める者としての衣装を脱いだなら、彼は自らの肉の弱さに思いを致すように……。自分が母の胎内において、その貧者と同様に、裸でよるべない者だったことに思いを致すように。[72]

キリスト教徒たる奴隷所有者は、奴隷を解放する場所《ロクス》として教会を使うよう勧められました。[73] 奴隷所有者たちは、奴隷に対する過度の虐待のゆえに叱られる（さらには、教会から遠ざけられる）こともありえました。その代わりに教会は、どういう場合なら奴隷が教会に避難のために逃れてよいか、修道院入り或いは聖職者の一員となることが認められてよいかについて、相当の配慮を以て交渉を行なっています。[74]

後の時代に奴隷所有者を悪名高いものたらしめるに至った理由である、教会の一用途が、古代末期においてはまだ用いられていなかったようだということを指摘するのは、事態をはっきりさせるのにたぶん資するでしょう。すなわち古代末期においては、年老いた奴隷たちが、あとは「教会の貧者」として面倒を見てもらえるだろうという期待から、彼らにかかる費用を節約するために、奴隷所有者たちによって解放されるということはありませんでした。一八世紀のブラジルではこういうことがあり、バイーア／サルヴァドールのバロック様式の偉大なるミゼリコルディアの財源に対する負担だとして非難されました。[75] このことが示しているのは、古代末期のキリスト教の教会は、クセノドケイオンや病院といった新たなシステムを急速に発展させたにもかかわらず、年配の従属民の「ごみ集積場」として使えるような規模の制度を発展させることに対しては遅々としていた、ということです。年老いた人々の家は主として修道院と結びついており、そこでは年長の修道士たちが自分たちの面倒を見てもらうことになっていました。しかしなお、老人は、無一文になる恐れのある人口の相当の割合を占めていたでしょう。キリスト教の教会は、年配の下僕に対して親切な取り扱いを勧めていたとはいえ、そのような貧困を吸収しうる立場にはなかったのです。教会にできたのは、その程度のことでしかなかったのです。[76]

これと対照的に、キリスト教徒たちは、自由人と非自由人の間の区別をこの上ない執拗さで擁護しました。彼らは、自由人がかの恐るべき境界線を決してまたぐことのないように、手だてを尽くしました。不幸なパモンティオスの子供たちが債権者によって奴隷としてまさに売り払われようとする危険にあったという事実は、彼のための訴えがなされた主要な理由でした。[77] ユダヤ人たちも同様な反応を示しました。二九一年にオクシュリンコスのシナゴーグは、中年の女性とその二人の息子とを贖《あがな》い出し、かつ奴隷から解放するために、巨額を支払っています。[78]

蛮族の襲撃によって人質とされた人々（すなわち、今にも奴隷にされる危険のうちにあると考えられた自由人）を贖い出すことは、司教が行なえる最も英雄的な行為の一つとみなされました。確かにこのことには、即金での巨額の支出が伴ったでしょう、そしてそれは時として、教会財政の劇的な、後々記憶されることとなる破綻をもたらしました。[79] 年老いた者としてアウグスティヌスは、ヒッポの外の農民を餌食にしたローマの商人たちの行なっていた活発な「内国奴隷交易」をやめさせるべく、介入を余儀なくされました。皇帝に宛てて彼は、熱の籠もった請願文を起草しました。[80] 当の状況の黒白をはっきりさせるため、彼はわざわざローマのプロの法律家に照会することとすらしました。土地所有者は自分のところの農民を奴隷として売ることができるのか、自由人の両親は子供を奴隷身分へと売り飛ばすことができるのか、と。[81]

古代末期における他の多くのことと同様、奴隷制に関しては、古代の境界線は堅固に保たれました。自由人の中核部分は自分たちの司教から、手厚い庇護を受けることを当然のごとく期待しました。対照的に奴隷は、その所有者の庇護に委ねられていました。ですから、大グレゴリウスがアフリカの軍司令長官に宛てて、蛮族から取り戻した戦争捕虜を自分のところに移送するよう書き送った時、彼の行動につじつまの合わない部分は少しもなかったのです。奴隷として、これらの人々は教会の地所を耕し、そしてその教会はローマの「貧者」を支援するというわけです。[82]

奴隷労働によって支えられた自由人として、「教会の貧者」たちは、グレゴリウスの時代のローマに於いて、その昔勝利者だったローマ人民の、いささか古びてはいるがなおそれとして認識可能な、なごりだったのです。

アウグスティヌスの著作における「貧者」

聖アウグスティヌスの説教及び書簡（その一部はごく最近になってようやく知られるようになりました）に目を移すと、西方帝国の末日において平均的な司教によって行なわれ語られることが期待された、たかがその程度のことを、アウグスティヌスともあろうキリスト教の指導者が、神学者として名高いその才気煥発さにもかかわらず、日常のレベルにおいて行動し語っているというケースを、私たちは充分な資料つきで目にします。私たちはこの充分な証拠から、様々な時に様々な理由で、「貧者」としてアウグスティヌスの目にとまることとなった人がどれほど多様だったかを、感じ取ることができます。

無一文の貧者は、アウグスティヌスがヒッポやカルタゴで行なった説教の中につねに現在していました。冬、そして収穫前で何もない夏の数か月が、彼ら貧者にとってつらい時期だということを、彼は知っていました。[83] 或る時彼は、教会に向かう彼の周りに貧者が群れを成して、自分たちのために説教をしてほしい、会衆が喜捨に対してもっと気前良くなるよう彼らに勧めてほしい、と頼んできたと語っています。[84] 彼の説教は、アンティオキアやコンスタンティノープルに於いて慈善の模範的説教者だったヨアンネス・クリュソストモスが示したパトスのレベルに、しばしば達していました。それら説教は、貧者に関して全地中海規模での言説となったものの均質性・弾力性を示しています。

今や、神が慈悲深くあられるので、はや冬です。どのようにしたら裸のキリストが服を身に着けられるか、貧者たちのことを考えなさい。……柱廊の下で横になっているキリスト（貧者において現れるところの）、空腹になっているキリスト、寒さを耐えているキリストに注意しなさい。[85]

また、「よりつましい」階級の中の脆弱な人々の上昇と下降、すなわち、彼らが「世帯のでたらめな振動」[86]の繰り返しの中で、無一文の境界の上に出たり下に落ちたりするさまを、アウグスティヌスは明晰な目で跡づけています。

しかしひょっとするとあなたは、全く貧しく貧窮した者にさせられたかもしれない。自分の支えとなる少々の家族財産を持っていて、それをライヴァルの詐欺的な取引によって取り上げられ、あなたはうめき、自分の生きている時代に対して不平を言う……。昨日には、そのような男が自分の財産を失ったと言ってうめいていた。今日には彼は、より偉大なパトロンの後ろ盾を得て、他人の財産をひったくっている。[87]

貧者上がりの聖職者

しかしとりわけ、潜在的な貧民たちが教会によって足場を得ようとするその戦いを、私たちが最も明らかな形で目にするのは、聖職者身分の人々の場合です。ヒッポがヌミディアの主要な港だったという事実は、後背地たる小さな町々や村々から、不幸な人々やひと山当てようとする人たちや、さらには怒り嘆く人々の流入を促す要因でした。スッパ〔地名〕のドナティアヌスは一時、ヒッポで教会の喜捨によって食いつなぎました。彼は下級聖職者の一員としては役に立たないことが明らかになり、ついにアウグスティヌスは、「生きるために彼が何がしかを得られるよう」彼を聖テオゲネスの御堂の門番にしました。[88]〔知的〕貧困の数世紀を間に挟んでヘレニズム期のエジプトに遡る民間伝承を用いた当時の占星術師フィルミクス・マテルヌスが予想したとおりの生き方を、ドナティアヌスは生きていたことになります。すなわち彼は、「物乞いの必要性によってこの恭順を余儀なくされて、門番になる人々」という星のもとに生まれた一人だったのです。[89] しかしながら、ドナティアヌスは自分をそのようには決して見ていませんでした。ヒッポの教会の柱の一人として――と、彼自身言ったというのですが――出世した後、十全な資格を持った聖職者としてスッパ〔同地とのつながりを彼はまだ持っていたのかもしれません〕に戻ることになると彼は考え、期待していたのです！

後にフッサラの破滅的な司教となったアントニヌスは、若き日に母及びその愛人とともにヒッポにやって来ました。家族は長い間、教会の喜捨を頼りに生活しました。それからアウグスティヌスは状況を正常化するために介入しました。アントニヌスとその「継父」は修道院に居場所を与えられ、母親の名は「教会の貧者」の正式のリストであるマトリクラに登載されたのです。[90]今一度、この家族のうちに私たちが見てとるのは、物乞いではなく落ちぶれた人々です。アントニヌスのその後の経歴がそのことをはっきり示しています。彼は自分の貧困時代との折り合いをつけようとしたのです。ポエニ語をよく知っていることを買われて、後背地の丘の上の村フッサラの司教に任命されたアントニヌスは、フッサラや近隣の村々の会衆を食い物にすることに着手しました。自分が住む新たな司教館を造るべく、装飾を施された石製の品々をアントニヌスが略奪した後、家々に残った大きな穴などを見るようにと、アウグスティヌスは四二〇年にそのあたりを連れ回されました。[91]手に負えない司教アントニヌスは、教会から良くされすぎた「貧者」の一人でした。対照的に、ライン川流域の破られたローマ帝国国境からやって来た、無一文で高い身分の出身だったレポリウスは、もっと歓迎できる存在でした。アウグスティヌスによって司祭にされた彼は、自分の声望だけを頼りに、ヒッポの教会に最初のクセノドキウム〔クセノドケイオンのラテン語形〕を建設するのに充分な資金を調達することができたのです。[92]

「貧者への配慮」の多様性

証拠がよく揃っているこれら具体的なケースにこだわり続けることには、意味があります。これらのケースは、必ずしも無一文者身分に合流することなしに、様々な機会に「教会の貧者」に含められることとなった人々の姿を、目に見えるようにしてくれているのです。これらの証拠がもたらす圧倒的な印象は、この〈貧者への〉配慮の非常なまでの多様性と、それを実施するために用いられた仕掛けの多さとにかかわります。後のキリスト教社会においてと同様、古代末期の貧者は「配慮の混合経済」の中に巻き込まれていました。[93]司教の介入によって財政的負担を免れた人々がいました。教会で務め口を与えられた人々もいました。大勢の人々が、様々な「貧者リスト」に正式に登載されました。四世紀のアンティオキアでは寡婦・孤児のリストには三〇〇〇人が載り、七世紀初頭のアレクサンドリアの教会の貧者リストには七五〇〇人が載っていました。ガザのような地方の教会は、一人一人に熟練職人の半年分の賃金を渡す形で、年に約二〇〇人を支援したかもしれません。[94]しかし、司教及び聖職者団による救貧の組織が際立っていたとしても、それだけが存在したのではありません。物乞いたちは積極的に信者の慈善に委ねられていました。例えば、教会による救貧の増大は、平均的なキリスト教徒が自ら貧者に喜捨したりよそ者に宿を提供したりするのをおろそかにするのを助長した、というのがヨアンネス・クリュソストモスの断固たる見解でした。彼の論じるところによれば、個々のキリスト教徒がもっと気前良くなれば、聖職者は、救貧という時間のかかるこの仕事の重荷に悩まされなくなるだろう、と。[95]貧者たちの中には、物乞いをする許可を司教から得た人々もいました。六世紀、リヨンのニケティウスはそのような許可を一人の貧者に与えています。

或る貧者が、聖人の存命中に彼から手ずからの署名の入った書状をせしめていた。敬虔な人々の家を回って喜捨をせがむためだった。聖人の死後今に至るまで、彼は成人の追憶のために喜捨者たちから少なからぬものを取得していた。[96]

上エジプトにおける司教の活動

上エジプトで出土した陶片《オストラコン》（つまり、現地語であるコプト語でものを書く際に使われた陶器のかけら）の集成は、六〇〇年ごろに司教及びその司祭たちが活動していた様子を私たちに見せてくれるまたとない例です。そのようなオストラコンの一つにおいて、ヘルモンティスの司教アブラハムは、地元の有力者プサリス〔ママ。原文では「プサテ」となっている〕に圧力をかけるために自らの権威をフルに利用しています。

プサテが貧しい者たちを悪へ陥れているということを私は聞かされ、また彼らが、彼が自分たちを悪へ陥れ、貧しく悲惨な者にしていると私に言い送ってきたので、自分の隣人を悪へ陥れる者は祭りから排除される（つまり、聖体拝領や祭礼の時に信者の交わりから排除される、ということです）。

アブラハムの書いているところによれば、プサリスはユダのようであり、イエスを打った者たち、ゲハジ、カイン、そして、ダニエルとスサンナとを訴えた者たちのようだ、と。楷書で書かれているこのタイルは、公けの糾弾のためのものでした。[97] 別の人のところには、一人の物乞いが送られています。

主なる神があなたを、また、あなたのもとにあるものすべて、人も獣も祝福されるように。この貧者に慈愛と憐れみとを与えたまえ。[98]

アブラハムの司祭は、パテルムテに宛てたメッセージを読むことになっていました。

憐れみを示して、パテルムテにこの書き板を読み聞かせてください。そして彼にこの寡婦のことで依頼して、彼が彼女に憐れみを与え、主があなたを祝福されるように。[99]

或る土地所有者は約束の実行を求められています。

私はあなたと、また、内部の人〔?〕ゲオルギオスと、その貧者のことで語らい、あなたは私に、あなたが見つけた人は私のところに送れと言いました。今、私があなたのもとに送った二人の貧者に憐れみを示してください。彼らが各人に対して日々憐れみを叫び求めていることを神はご存じです。[100]

聖職者たちは、大人物に正しい仕方で接することを学ばねばなりませんでした。

慈愛を示してください――私はあなたの両足の足台を拝しています――、そして彼を救ってやってください。『貧しい民はあなたを祝福するだろう、そして虐げられた者たちの町はあなたを祝福するだろう』（イザヤ二五・三）と書かれているのですから。[101]

全体として、これらばらばらの断片は、良心的な司教の「影の下に入ること」が古代末期において何を意味したかについて、私たちに何がしかのことを教えてくれています。[102]

司教裁判

このような活動は相当程度、個々の司教のやる気と、教会の富との如何によって左右されました。しかし、四世紀に或る制度が創設され、それが大いに作用して、司教による公式の「貧者への配慮」を補完するものとして、司教が各都市における信者の群れの中の潜在的貧困化層の庇護者として行動できるよう、一層広範な権限が付与されることとなりました。これが司教の法廷、すなわち司教裁判《エピスコパーリス・アウディエンティア》です。[103]

治世のごく初期、コンスタンティヌスは、信者が司教の前に持ち込んできた民事訴訟について、最も高次の〔すなわち最終審の〕調停者として振る舞う権利を司教に認めました。コンスタンティヌス以前の教会やユダヤ教において長らく行なわれてきた、これは伝統的な慣行でした。実際には、調停する権利によって作り出されたのは、司教裁判という名で知られることとなった新たな法廷、調停のための新たな場でした。コンスタンティヌスの立法は、司法の新たな形式の創設を意図したものではありませんでした。ローマ法においてと同様、司教は調停者として扱われました。彼は両当事者の同意によって選任されなければなりませんでした。コンスタンティヌスが力説したのは、事がいったん司教の前に持ち出された場合には、彼の審判が終審となるのでなければならない、ということでした。つまりいずれの当事者も、さらなる仲裁人を求めて上訴することは許されていなかったのです。[104]

司教裁判の発効は、コンスタンティヌスの特徴的なやり方でした。つまりそれは大げさで、かつ日和見主義的なものでした。皇帝がキリスト教の司教たちに敬意を表していることを、それは示すことができました。同時にそれは、訴訟沙汰に「帽子をかぶせる」試みの中で、皇帝の官僚制が接していたよりも一層、社会のよりつましい階級の人々と接する機会を有する中間的な制度を、導入したと言えます。司教裁判における速やかかつ廉価な調停は、長引く訴訟また訴訟によって総督の法廷が閉塞状態にならないようにすることを可能にしたのです。[105]

司教裁判において扱われたケースについて、私たちが知っていることはごくわずかです。三六二年に皇帝「背教者」ユリアヌスが、遺言や財産分割に関する訴訟でボストラの聖職者たちが、裁決によって自分たちの町に対して暴政を振るっていると、彼ら聖職者たちを非難したという事実は、司教裁判が貧者にだけ開かれた法廷などではなかった、ということを示しています。[106] 司教裁判は、帝国の法廷での長引く訴訟で破産しても大丈夫、というほどには財産を持っていない比較的裕福な人々にとって、最も有用な役割を果たしたようです。この法廷を使えるようになるために改宗する用意が、非キリスト教徒の側にはありました。[107] しかし、裁き手としてのアウグスティヌスの活動は、彼が社会的尺度において相当下のほうにまでかかわったことを示しています。地主と農民の間の地代をめぐる争いを彼は取り扱いました。[108] 既に見たように、彼はまた、貧困化して子供を売ろうとする両親の権利について法的助言を求めています。[109]

司教裁判について、もっともっと知りたいと人は思うでしょう。何巻にも及ぶ教父たちの著作を満たしている、「貧者への愛」に関する生き生きした説教に比べて、司教の法廷の活動について私たちがかくもわずかしか知りえないのは、後期ローマ史の最も残念な点の一つです。後期ローマ社会における教会のありようの枢要な一面が、月のいつも見えない側の面のように、私たちには見えないまま、沈黙したままなのです。

アウグスティヌスの不平から私たちが知ることができるのは、司教裁判にかかわる仕事は、とてつもなく面倒なものたりえたということです。『修道士の労働について』を書いた時、彼は、修道生活と結びついた秩序ある閑暇が失われていることを自分が最も痛切に嘆いたのは、法廷に座して「世俗的な事柄を判決によって円く収めるか、或いは間に入って裁断を下すか、ということに関して、他人の様々な訴訟の全く騒がしい厄介事を耐える」時だ、ということを読者に告げています。[110] 司教の法廷は通常、司教のバシリカに隣接した謁見の間、セークレーターリウムに於いて開かれました。[111] このような場合、司教は裁判官よろしく高い座に座るものとされていました。[112] 司教は調停の仕事の諸側面を、聖職者のうちの誰かに、或いはそのようなことに手慣れた平信徒に、委任することができました。[113] しかし、どのような形で当の仕事が行なわれたのであれ、法廷の活動ゆえに、良きにつけ悪しきにつけ、司教は際立った人物となりました。或る司教（アンキュラのバシレイオス）は、裁判において総督のように座し、訴訟当事者を牢獄にぶち込み、証人に拷問を加えている、という言い方で敵たちから告発されました。[114] 善用されたのであれ悪用されたのであれ、司教の法廷が存在し続けたこと、及びそれを取り巻いていた「裁き」のエートスは、あらゆる都市の住民に次第次第に影響を及ぼしていきました。

ですので、重要な発展が司教の法廷の通常のやり方に結びつけられます。この法廷の実務は、ローマ法の諸規則に則って営まれました。これについて疑いの余地はありません。しかし調停の過程は——司教への最初の訴えから彼の最終的な判決に至るまで——、ローマ世界に特有というわけではない、裁判への期待を帯びた雰囲気の中で行なわれました。例えばアウグスティヌスは、自分の判決を根拠づけるのに聖書を引用することをつねとしていました。[115] このことが意味するのは、（司法による）正義に関する日々の実践はキリスト教徒の間では、旧新約聖書——すなわち、後期古典時代という現時点の中に、古典古代の都市の諸価値と無縁な、古代近東に根ざした社会モデルの響きを持ち込んだ書物——と関連づけられるところの「正しい裁き手」という理想によって、無意識のうちに着色されている、ということです。

近東の社会モデルにおいては、「貧者」は、経済的でなく司法的なカテゴリーでした。彼らは訴えを起こす原告であり、物乞いではありませんでした。「貧者」に「正義」を与えることは、王の気概のしるしでした――この気概が王のものとされるのであれ、神のものとされるのであれ。[116]それは、支配者の即位の際に最も十全に示される、王たることとの属性でした。[117]というのも、そのような正義を与えることによって、新しい王は自らの権力の届く範囲を示すこととなったからです。地方の寡頭支配であれ有力者であれ家長であれ、中間的権威を、新しい王はわざと払いのけ、それによって、自分以外に誰も庇護者がいない人々を直接に取り扱おうとしました。このゆえに、王の正義を示す際に、寡婦や孤児の訴えが重要性を帯びることとなるのです。[118]彼らは、通常の状況であれば最も近しい親族や地域による庇護に頼ったであろう、「弱者」の一階級でした。今や王が、彼らの言い分を取り上げるために介入してきました。ラガシュ〔地名〕のウルカギナの法（紀元前二四〇〇年）がはっきりと打ち出しているのは、「孤児が裕福な者の餌食とならないよう、一シェケルの者が一ミナの者の餌食とならないように」することが、王の権力のしるしだった、ということです。[119]ハンムラビ（紀元前一七二九～一六八〇年）は、自分の法の目的は「貧者」を庇護することであり、「強者が弱者を圧迫しないようにすること」だ、と宣言しています。他のすべての人々を圧迫した後に、ハンムラビはこういうことを充分に適切な仕方で行ないました。ハンムラビの法は「強き王ハンムラビが打ち立てた、正義の法」でした。[120]それら法は、「属州の行政が、各地の実力者をわざと無視して、遠く離れたバビロンの首都を富ませるように作り上げられた」[121]、そのような王国をハンムラビが創建した後に発布されました。神が貧者にまで届かない

ことは、交代を招き寄せることだったのです。クルトというカナン地方の神の息子が自分の父に告げているように、

あなたは両手を下げたままにした……。
寡婦の訴えを裁かず、
抑圧された者たちの訴訟を支えもしなかった。
支配の座から下りられよ、私が支配をするために。[122]

天からそのような正義を得るために、請願者は「貧者」の立場に身を置かなければなりませんでした——つまり、王以外の庇護者を持たない者の立場に、ということです。このことは、その当人が経済的に無一文であるということを意味したわけではありません。むしろ「貧しい」人とは、どのような地位にあるのであれ、身を低くしてしかし粘り強く、大いなる者の答えを待つ人のことだったのです。[123]貧者であることは、要求する権利を持つことでした。偉大なるヘブル語学者ヒエロニュムスがイザヤ書五章七節について註釈を行なった時、〔ヘブル語旧約聖書に見られる〕「叫び《ツエアカ》」と、それによって求められた解決策たる「裁き《ツエダカ》」との、見事なまでの、また優美なまでの対句〔のうちに込められた精神〕は、なお失われていなかったのです。[124]この対句が伝えていたのは正義——確固たる、家父長による、そして、慈悲深くも速やかな正義——のエートスであり、このエートスは、旧約聖書的諸条件が支配していたポスト古典期の世界の中に生きていたとなお多

くの意味で言える、後期ローマの多くのつましい人々に対して、訴求力を持っていました。

私が申し上げたいのは、ヘブル語聖書のほとんどサブリミナルな受容が、〔教会の典礼において〕詩編が歌われたことと相俟って、また、司教裁判《エピスコパーリス・アウディエンティア》との関連で司教が厳かに命令を言い渡したこととも相俟って、貧者《パウペル》という語に、単なる「経済的な」貧者の「貧民化」イメージとは非常に異なる意味を、付与するに至ったのではないか、ということです。貧者《パウペル》は、大いなる者に対して要求する権利を持つ人のことだったのです。イスラエルの貧者の場合と同様、司教の法廷を使い司教の教会に出席した人々は、困窮の時に正義と庇護を求めて司教に対して訴えることを、当然のごとく期待しました。

司教の活動――アンブロシウスたちの場合――

このような期待は、司教の法廷の日々の活動を通して、時間が経過する中で司教の周囲に現場で築き上げられていきました。しかしそのような期待は、ハイレベルの政治において驚くべき裏づけを得ることともなりました。四世紀末という時代は、キリスト教の司教が共同体全体のために驚くべき介入を行なう、その一連の介入が見られた時代でした。帝国諸都市の掌握に自信を持てずに、テオドシウス一世は司教たちによる上訴を奨励し、それら上訴は、慈悲を施す君主としての彼の大権を際立たせるものとなりました。[125] 三八七年にアンティオキアの司教フラウィアノスは、租税に関する大規模な反乱の後で、都市アンティオキアのために恩赦を得ることを許されました。三九一年にテサロニケの市民たちは、そこまで幸運とはいきませんでした。反乱に対してテオドシウスが下そうとした処罰は、恐るべき大虐殺にまでエスカレートしました。しかし、そのような行為について皇帝に悔悛を行なわせたのはミラノの司教アンブロシウスでした。アンブロシウスは、自ら意図的に旧約聖書の預言者然とした仕方で行動し、テオドシウスには、「貧者の叫び」に耳を貸さなかった古代イスラエルの王の役回りを演じさせたのです。[126]

これらはばらばらの出来事ではありませんでした。新たに発見されたアウグスティヌスの書簡の一つは、ヒッポのこの司教が四一九年、租税にかかわるカルタゴでの反乱の後に、アフリカの司教たちが得たのと同じような恩赦の知らせを、今か今かと待っている姿を描いています。この書簡が発見されるまでは、当の反乱についても、その後に恩赦を求めて行なわれたキャンペーンについても、私たちは何も知りませんでした。[127]このキャンペーンにおいて、アフリカの上級の司教たちははるばるローマやラヴェンナからピレネー山脈の端に至るまで、〔各地の〕当局者を探して一五〇〇マイルを超える旅を行なっています。[128]別の手紙からは、つねに山師的なあのフッサラ司教アントニヌスが、囚人（たぶん税の滞納で捕えられていた人々のことでしょう）の解放の交渉をするべくイタリアに船で出かけるために、ヌミディアの上級の司教から手紙を得ていたということを私たちは知らされます。[129]アウグスティヌスの生まれ故郷タガステは、時代に合致した伝説を既に作り出していました。すなわち、皇帝が迫害者だった時代に、タガステの司教フィルムスが、保護を求めて教会に逃げ込んだ嘆願者の権利を頑強に擁護したために、皇帝は、しかるべく感銘を受けて、「造作なく恩赦を与えた」というのです。[130]つましいタガステで流布したこのような地方的伝説は、西欧初期中世の偉大なる貴族司教の行動の登場を予想させるものだと言えます。

こういった数々の出来事が私たちに示しているのは、次のようなことです。すなわち、皇帝テオドシウス一世とアンティオキアの司教フラウィアノスとの関係や、ミラノの司教アンブロシウスとの関係において見られたような、司教と皇帝の間の鮮烈な、かつ注意深く宣伝材料とされた対決――こういう対決に関連づけて理解できるいくつかの劇的な「転換点」などといったものに、ローマ社会におけるキリスト教の教会の台頭の歴史を還元することはできないのです。〔対決を仕立てて演出する〕そのような計略は数多くあったのかもしれず、小規模な形で絶えず繰り返されていたのかもしれませんが、それらについて私たちは何も知りません。都市が皇帝のもとに使節を派遣するという古来の伝統――登場人物が旅の危険を冒し、かつ支配者の怒りを覚悟で行なうという、劇的な出来事ではあったのです――は、古代近東を彷彿させるような言い方で「貧者」のために弁ずるキリスト教の司教たちによって、今や引き継がれることとなったのです。

「貧者」たちのありよう

正義についての古代近東的なモデルの浸透は、この時代のキリスト教的著作における「貧者」観念の或る種の「上向的なずれ」を、説明してくれるかもしれません。四一九年、ホノラトゥス〔註131を見よ〕はマウレタニア〔地方名〕のカエサレア〔地名〕の司教に選出されました。これは不正常な選出で、これに対してアウグスティヌス及び彼の同僚たちは深甚な不同意を示しました。

ホノラトゥス自身の教会は、そうではありませんでした。ホノラトゥスの選出を無効とする上級の司教たちの手紙が読み上げられると、反乱が勃発しました。関係者全員、及び「とりわけ貧者たち」がアウグスティヌスに反対しました。これら貧者《パウペル》たちは無一文者ではありませんでした。彼らはカエサレアの平均的な住人で、自分たちの利害を代弁してくれる事実上の司教を得られたことを喜んでいたのです。ホノラトゥスは、既に帝国の法廷に赴いたことがありました。[131] ホノラトゥスの信者の過半数が「貧者」だったというのは、裁判人及び調停者としての司教に彼らが自らを委ねているという意味においてでしかなかったのです。キュレナイカ（現在のリビア東部）のパライビスカの町の住人のように、彼らは、自分たちが何を司教に求めているかをわかっていました。「働き者で、……敵どもに悪をもたらすことができ、友たちを助けることができる者」[132]。

　本章の冒頭で用いた「問いと答え」のコプト語集成は、似たような「ずれ」を暗示しています。或る選出が議論の的となり、それについて論じた際にキュリロスは、町の当局者（プリュタネイア）が小市民の団体（レプトデーモス）の反対に遭う、というケースを思い描いていました。これは、ギリシア語の借用語を使って行なわれている、都市の伝統的な「市民的」定義でした。しかし少し後では、古典的な用語であるレプトデーモスは放棄されています。キュリロスはぶっきらぼうにコプト語で、貧者たち（ヘーケ）と言うことでよしとしたのです。[133] 市民の大部分が、支配的な当局（プリュタネイア）とそれ以外（レプトデーモス或いはデーモス）とに伝統的に分かれていたという、都市の伝統的な「市民的」構造を持たなくなった後期ローマの都市は、有力者が「貧者」を支配するという都市になりおおせていました。ですが、その代わりに「貧者」たちは、社会の旧約聖書的モデルを基礎として自分たちが求めてよいことになった庇護を享受するのを、当然のごとく期待することとなったのです。

対照的に、古典的伝統がなお強く存続した小アジアの町々では、反対のことが起こりました。貧者はデーモスにとって代わらなかったのです。むしろ、古典時代の人々が生きていれば面喰らったであろうような組み合わせによって、貧者はデーモスとなりました。公的善行の伝統を長らく有していた都市であるストラトニケイア（現代名エスキヒサル、ミラス近郊、トルコ）に於いて、敬虔なるマクシモスという人が、教会のそばの碑文に言及される栄誉に浴しました。彼の施与物は、「この世の財産にとらわれないことがいかに良いことか」を示すものだったのです。当の碑文を建立したのは、都市参事会（古来のブーレー）、及びアクテアノイ・ポリエータイ、すなわち「無一文の市民たち」でした。古典時代にデーモスがしていたように、今や都市の貧者がブーレーと共同で、公的名誉を付与していたのです。[134]

五世紀末・六世紀のガリアの司教たちの墓に刻まれた顕彰碑文は、この過程が完了したことを示しています。古典的な言い方によって、これら碑文は庇護者としての司教の二つの側面の間のバランスをとっています。つまり司教が讃えられたのは、困窮者、すなわち窮乏者《エゲーヌス》たちと貧窮者《イノプス》たちに食べ物を与えたからであり、また同様に、市民に平和と正義をもたらしたからなのです。[135]全体として、司教は自らのことを、ヘブル語聖書の中に登場して人々に正義をもたらす偉人たちの化身だ、とみなすようになりました。カオール〔地名〕の事実上の司教だった聖なるマウリリオはトゥールのグレゴリウスによって、古典期以前の古来の統治スタイルを今に持ち来たった男として賞賛されています。

さらに彼は、判断において正義の人であり、ヨブ記の次の言葉（ヨブ二九・一二―一六）に従って、悪しき判事たちから自分の教会の貧者たちを守っていた。すなわち「貧窮する者たちを有力者の手から私は守り、助け手のいない困窮者を私は助けた。私が盲人の目となり、足に障害のある者の足となり、病める者の父となったので、寡婦の口は私を祝福した」。[136]

「貧困」の言語の変化

このような人物たちを道連れに、また、庇護を求めてそのような人々のところにやって来た、都市社会の広範なセクションを道連れにして、本章の出だしで見た「全く無一文の物乞いのイメージ」から始まった長旅を、私たちは旅してきました。次の章では、主に四・五世紀についてたどってきたこの展開を、さらに五・六世紀まで続けてみることにしましょう。というのも、その頃になると、「貧困」の言語、及び、大いなる人々への要求権を有する者としての貧者というイメージ――古代イスラエル社会にはっきり存在したイメージ――が、教会の外へと浸み出していったからです。「貧困」の言語は、広告宣伝の言語に新たな色合いを付け加えました。それは、臣下に対する皇帝の関係、また、強者に対する弱者の関係、その質を描くのに適した言語だと次第にみなされるようになったのです。

また、キリストが人々の間に神秘的かつ持続的に現存するという考えに、中でもとりわけ、キリストは何らかの仕方で貧者のうちに今なお隠れているという痛切な観念に、キリスト教の思想と説教が集中していったありようを、私たちは見ることになります。貧者に関するこの神秘論は、急速に変化していくざらざらした社会の成員に、当の社会にまつわる希望と恐れを表現するための新たな言語を提供しました。この言語は、初期ビザンツの人々が、緊張の中にあって社会の凝集性の最低限のレベルを維持することについて考えるのを可能にし、また彼らが、六世紀までに成立した初めてのポスト古典期のキリスト教社会において、連帯を求める激しい願望を表現することを可能にしたのです。

第三章　「謙譲」――東方帝国における貧困と連帯――

キリスト教的慈善の変化――社会的想像力における変化――

後期ローマ社会において「貧者への配慮」という観念が際立ったものとなるのは、決して単純な過程ではなかったのだ、ということを、私たちはこれまで見てきました。この過程を、キリスト教の教会が最初から教えてきた「愛と慈善の福音」[1]がローマ世界全体に普及した、その不可避な結果であるかのように扱うことはできません。むしろ三一二年のコンスタンティヌスの改宗以降に、キリスト教の教会に特権が付与されたことが、キリスト教の慈善の規模と、その制度の性格と、そして、まだ部分的にしかキリスト教化していなかった世界に対してそのような慈善が有した意味とを、劇的に変えたのだということを、私たちは第一章で見ました。キリスト教的慈善は、信者の必要だけを指向するすぐれて内向きの事柄ではもはやなくなっていました。「貧者への愛」は公的な徳目となり、司教や聖職者たちは、公的な特権へのお返しに、そのような徳目を率先垂範することを期待されたのです。しかし、「貧者への愛」が際立ったものとなっている新たな社会の登場ということは、後期ローマ社会における「富者」と「貧者」の間の二極化の増大や、貧民化の増大といったことの、単なる作用なのでもありませんでした。むしろ、ここで問題となっているのは、社会的想像力における変化なのです。古代末期という時代が目《ま》の当たりにしたのは、貧者が相当程度見えにくかった社会の一モデルから、人々の想像力を喚起する生き生きした役割を貧者が果たすようになった社会の別のモデルへの移行だったのです。

この変化を描写するのはそれを説明するよりも簡単だ、ということは既に述べました。この変化が起こった理由は、単に、無一文の貧者たちが都市に押し寄せ、その前代未聞の数のゆえに否応なく当局の注意を惹きつけたがために、社会に関する古典的な見方が崩壊したからだ、ということではありません。ここで問題となっているのはむしろ、あらゆる種類のアウトサイダーのための場所を都市の中に見つけることに関するキリスト教の教会の能力、ということなのかもしれません。人々が一つの場所から他の場所へと動く永続的な「ブラウン運動」が、古代地中海世界を、その全時代を通じて特徴づける事柄でした。都市にはつねによそ者がおり、その大部分は、共同体の中にいかなる居場所も持たない移住者、「余り者」とみなされていました。しかし古代末期には、キリスト教の教会が、(いかなる地域出身の信者であれ、潜在的な「市民同輩」として扱うのだと主張する) 帝国規模のそのネットワークによって、また、その新たな制度 (すなわち、数が膨れ上がっていく聖職者と、救貧の新システムと) によって、あらゆる都市に於いて、以前なら行き場のなかった多くの人々を引き寄せることができました。ヒッポ (現代名ボーヌ/アンナーバ、アルジェリア) という沿岸都市の司教としてのアウグスティヌスの経験を前章で見ましたが、それは、人々を引き寄せることがどのような形で行なわれうるかを示しています。後背地出身の落ちぶれた移民や無一文の人々が、ヒッポの教会の貧者リストの中、或いは教会の修道院の中に、居場所を見いだしていきました。「真ん中へん」の人々や、遥か遠くライン地方から逃れてきた貴顕の人士もまた、聖職者の一員となるべく迎えられました。司教の使命は、よそ者たちを共同体の中に統合することでした。アウグスティヌス自身、若い時分にはよそ者として、弁論術を教えるべく三八五年にミラノにやって来ました。当時、この若いアフリカ出身者を歓迎してくれたのはアンブロシウスでした――司教の義務として、(アウグスティヌスに言わせると)「全く司教の流儀で」(satis episcopaliter)。[2] このような活動は、移民の活用という点で新たな柔軟さを示しています。田園地帯からの無一文の人々の過剰な流入と、人口過剰とによって、古代末期の諸都市が前代未聞の人口学的危機を経験しつつあった、ということを意味しているわけではありません。

古代末期における人口学的危機の欠如

大規模な人口学的危機は、実際には千年後に起こりました。階層的かつ家父長制的な社会(この中では貧者は、少なくとも理論上は、大して問題にならない役割を割り振られていました)という比較的扱いやすい中世的イメージを支えてきた人々は、初期近代の西欧の多くの地域に於いて、手の施しようのない新たな社会的発展に直面していました――統制不能な物価騰貴、さまよう貧者の数の前代未聞の多さ、労働者階級全体の間で「浅い」貧困が不吉な広がりを見せていたことが、起こりつつあった当の事態でした。[3] 後期帝国の状況と初期近代のヨーロッパとの間に、並行性を認めたくなるかもしれませんが、そのような比較は誤解を招きかねません。支配階級のメンタリティーという点でも、それぞれの社会の貧困のありようという点でも、両者は深いところで異なっている社会です。古代末期及び初期中世の世界は、重要な多くの点で、初期近代の西洋の諸国家によりもむしろ、一九世紀のエチオピアのような、私たちには異国的に見える社会のほうにこそ近いのです。[4]

初期近代のヨーロッパの人口圧力に比べられるような規模の人口学的変化は、古代末期には全く起こらなかったようです。また、古代末期においてキリスト教徒たちがとったイニシアティヴにもかかわらず、後期ローマ社会は、一六・一七世紀の政府や地方当局が行なった社会政策と結びつけられるような、貧民に対する詳細かつ一般的な監視、救貧システム、孤児院、大病院、救貧院、といったものを動員させるに至った組織形成への衝動、と同程度に深刻な事態を経験したわけではありませんでした。[5] 一六・一七世紀のこういった出来事は、古代末期にキリスト教の教会の中で起こったのとは異なるスケールの出来事だったのです。貧者への配慮に関する初期キリスト教の著作は、社会秩序に関する人文主義的な新しい理想を支える根拠として、一六・一七世紀に幅広く再刊され、翻訳されました。カッパドキアに於いてカイサリアのバシレイオスの友人であり讃嘆者だったナジアンゾスのグレゴリオスの『貧者への愛について』という古典的な講話は、一六世紀初頭のリヨンに於いて、教父たちの同様の講話が十七世紀末のロシアで果たしたのと同じこのような役割を果たしました。[6] しかしこれらは、想像するべくもないほどに遠い過去からの、際立った亡霊でした。彼らの使信が当てはめられる対象となった初期近代の都市は、古代末期の世界と全く何の関係もなかったのです。

エヴェルジェティスムのキリスト教化

後期帝国は、臣民の富を集めて自らの目的のために再分配しようとするに当たって、抑制的反応をほとんど示しませんでした。しかし、事が貧者への配慮に及んだ時に、後期帝国が行なったのは、初期近代のヨーロッパの諸国家が行なったことに比べれば非常にわずかでした。例えば、コンスタンティヌスや彼の後継者たちは、新たな首都コンスタンティノープルに於いてのみ、同市の下層階級の住民全体を包括する規模の、貧者の安価な埋葬のためのシステムを維持しました。当初、埋葬に関するコンスタンティヌスの発案は、特徴的なほどに「ハイブリッド」な企てでした。つまりそれは、キリスト教的慈善——確かにその中では、貧者やよそ者をまともに葬ることへの備えは、つねに重要な役割を果たしていました——を、皇帝の新たな都市の市民たちへの「市民的」特権の恵与ということと組み合わせたのです。この発案は、他のいくつかの都市にも拡大されました。[7] しかし、コンスタンティヌスのイニシアティヴは孤立的なものでした。初期近代の時代に貧者への配慮のために創設された巨大な市民的制度と比較しうるような、古代末期の組織的な企てなどというものはありません。むしろ、古代末期において変化したのは、社会の紐帯の定義でした。伝統的な施与パターン、そして庇護・保護の伝統的つながりといったものが、新たな方向性を与えられました。「市民」という伝統的中核を超えて、「貧者」という、定義するのは困難だが強度に象徴的意義を担わされている集団を含めるべく、新たな社会的ネットワークが創り出され、張りめぐらされたのです。

富は、社会的尺度の下のほうへと流れ下ることが勧められました。都市の公的善行者、すなわちエウエルゲテース、の伝統的気前良さといった形で、行なわれることがなお可能だった施与の行為が、キリスト教の教会では今や「貧者」のために行なわれました。このような行為は、キリスト教的著作の中で広範に宣伝に使われました。ここで問題となっているのは、富者の気前良さを古めかしい言い方で賞賛するすべを知っている——当の気前良さが、盛期帝国の栄光の日々に見られたよりも遙かにつましい規模で発揮されたとしても、また、施与者が、地元の貴人というよりむしろ帝国の総督であるとか、都市の指導者というよりむしろ司教や敬虔な男女であるとか、そういった新たな登場人物だったとしても——、そのような社会なのです。[8]

キリスト教的気前良さのこのような行為が示しているのは、コンスタンティヌス以後の教会では「エヴェルジェティスムのキリスト教化」が既に進行中だった、ということです。[9] そのような行為の共鳴音は、それらが想起させた古典的なベル・エポックの響きによって一層高らかなものとなりました。そのような行動について古めかしい言い方で記すこと、そして可能なら特にそれによって、そのような行動と、伝統的な市民的善行者の無駄遣いの出費との不愉快な比較を行なうことが、人々を満足させたのであり、そのような行為は、当時の資料の中で生き生きと描かれていました。その結果、それらは現代の学者たちをして、（そもそも彼らがそういうものに注目する場合には）過度なまでの注目を向けさせることになったのです。

喜捨のキリスト教的実践の拡大

というのも、キリスト教の史料においてさほど生き生きと描かれていないこともまた、長期的には同様に決定的なものだったかもしれないからです――それは、喜捨のキリスト教的・ユダヤ教的実践が古代末期の人々全体に広がったこと、それ自体です。貧者に対して喜捨をするようにと、あらゆる階級の信者たちに促した無数の説教を別にすれば、後期ローマ社会におけるキリスト教的喜捨の現実の実践及びそのインパクトは、不幸なことに依然としてよくわかっていません。喜捨が全く新たな出発だったのではないということを、私たちは思い出さねばなりません。物乞いであることは、古代地中海世界においてはつねに、カネを稼ぐ諸々の形式のうちの一つでした。立派な人々はそれを、不名誉なこと、多少薄気味悪いこととみなしていました。しかしそれは、下層の諸階級がさして恥じるところなしに用いた仕掛けであり、そのような物乞いたちに施与することは、ありふれた事柄でした。物乞いとは、貧者への愛というキリスト教的・ユダヤ教的観念に結びつけられる社会的パトスなどといったものにはあまり染まっていない、一つの所作なのでした。[10] 長らく無一文者（及び不満分子や冒険的なたかり屋）は、都市や田園地帯の大きな神殿の周りにたむろしていました。[11] ヒエロニュムスや他の多くのキリスト者たちは、異教徒も喜捨によって敬虔という評判を獲得しうることを、当然のこととみなしていました。[12]

しかしながら、キリスト教以前的実践との間に或る程度の連続性があるとはいえ、古代末期においては喜捨がより頻繁になったと想定するべき理由は、確かに存在します。これが意味したのは一つのことです。ユダヤ教及びキリスト教においては、個々の信者によって不定期にしかし着実に、霧雨のような少額が貧者に施与されることは、当然のこととみなされました。絶えざる少額が、一つの手から別の手へと移りました。[13] 結果として、あらゆる階級の信者による地方的な施与は、大人《たいじん》（すなわち富者や皇帝）によって時折供せられた巨額の施与のインパクトを相当程度減殺したかもしれません。誰もが広く喜捨を実践していた世界では、「キリスト教化されたエヴェルジェティスム」は、記憶に値する表現ではあるものの、富が貧者へと届く唯一の道ではなかったのです。

私たちが確かに知っているのは、古代末期世界の多くの地域に於いて、司教たちによって年ごとに支出された金銭の額です。直前の章で見たように、主要都市の司教たちは、数千人を含む「貧者リスト」を持っていました。五世紀末にラヴェンナの司教は、貧者への配慮のために毎年約三〇〇〇ソリドゥスを使うことができました。このような額は、自分の都市の公衆浴場の修繕を行なったことで有名な、同時代の或る市民の支出した額に相当しました。約一〇〇〇人の貧しい人々を養うことができたであろう、それは相当な金額でした。[14] 東方へと向かうローマの主要道沿いの小さな地方都市アナスタシウポリス（ディクメン／ベイパザル、トルコ西部）に於いてすら、或る良心的な司教は、自らの生計の一部だった約三二五ソリドゥスを、貧者のために使うことができました。[15]

「貧者への配慮」の実際のあり方

これらの統計的データは、実に数少ないものであるだけに貴重です。しかし、もしデータがもっと多くあったとしても、それらが話の全体を伝えているわけではないでしょう。後期ローマ帝国のような古代社会では、貧者に対して富が新規にどれほど使えるようになったかということよりもむしろ、司教の「貧者への配慮」と結びつけられる庇護及び保護のネットワークが社会の下方へと拡大していたことのほうが、より重要だったのです。直前の章で私たちは、どのようにしてこのような拡大が起こったかを見ました。司教及びその聖職者団は、自分たちから配慮を受けるべき公式の対象だった無一文の貧者たちにかかわることとなっただけでなく、後期ローマ都市全体における「より弱い」階級たるテヌイオーレースの保護にもかかわることとなっていました。無一文者に対してだけでなく、都市社会のあらゆるレベルで貧困化の危険にさらされていた人々に対しても配慮することは、地方のリーダーとしての司教の権力を確固たるものとするためには、極めて重要だったのです。

こういうわけで、古代末期の特徴を成す逆説的な発展が見られることとなります。長年の「市民的」過去のゆえに、後期ローマ都市の平均的な住民は、貧者よりも自分たちのほうが司教の注目を受けるべき正当な理由を有すると、確かに感じることができました。このような人々の期待が、暗黙裡にしかししっかりと、聖職者の社会ヴィジョンに古代的限界を課しました。例えば奴隷は、キリスト教の教会が提供する配慮の対象から顕著に抜け落ちていました。というのも、彼ら奴隷は自由人でなく、都市のレプトデーモス、すなわち「小さな人々」、と同じ立場で保護を求める資格を持っていなかったからです。この圧力の結果、都市を特権的な市民同輩の集まりとみなすという、社会の古典的モデルは、世界を「富者」と「貧者」の二極にのみ分化したものとみなした、より峻厳かつより普遍的なキリスト教的モデルによって、突如不可逆的にとって代わられたわけではなかったのです。実際にはキリスト教的救貧は、公式には無一文者に向けられたものだったとはいえ、その階級だけに焦点を当てたものでは決してなく、古代都市における市民同輩の大部分を成していた「真ん中へん」の、または「より弱い」諸階級を、無視することは決してありませんでした。古代末期の多くの都市に於いて、新たな「貧者への配慮」は、古代末期の多くの事柄の特徴を成すハイブリッドな仕方で、それまで都市の住民を個別的・全体的に圧迫と貧困化から守ってきた古代的な保護手段の、新たな形での維持と融合したのです。

新たな「主人イメージ」

こういうわけで、本書のタイトル〈原題〉は、『後期ローマ帝国における貧困とリーダーシップ』というものになります。キリスト教の司教が「貧者を治める者」として定着することによって、後期ローマ世界及びポスト・ローマ世界の都市に、新たな形のリーダーシップが出現したのです。このリーダーシップは、司教による貧者への配慮を通じて、社会の最底辺にまで根を下ろしたと主張しただけでありませんでした。それだけでなく、この「貧者への配慮」が「真ん中へんの」諸階級の極めて多数の人々を含むほどにまで拡大された結果、保護の実施のための、また、社会の頂点にいる人々（特に皇帝及びその官吏たち）へと訴えを届けるための、新たな通路が開かれました。これまで見てきたように、保護と訴えのこれら新たな形式は、有名な司教が有名な機会に用いただけでなく、あまり知られていない無数の司教や聖職者たちがもっと日常的な仕方で用いたのであり、ローマ世界全体で活発に活用されました。

また直前の章で私は、このような展開は、主にヘブル語聖書に基づいた新たな言語の台頭を随伴しており、その新たな言語によって、富者や有力者に対する訴えかけが行なわれた、ということをも指摘しました。これは決定的な変化でした。四・五世紀の間を通じて徐々に、皇帝と臣下の関係、社会の様々な階層の間の相互関係が、キリスト教の教会の内部で生み出された新たなパトスによって色づけられるようになりました。信者と神の間の関係、臣下と皇帝の間の関係、弱者と強者の間の関係が、唯一の基本的なイメージによって呑み込まれることになりました――そのイメージとは、貧者と富者・有力者との間の関係のイメージであり、後者に対して貧者は、単に喜捨を求めてだけでなく、正義と保護とを求めて「叫び声を上げる」のでした。

後期ローマ社会において事実上、新たな「主人イメージ」だったと言えるものの修辞的な力を、私たちは過小評価するべきではありません。それはもともと古代近東の、高度に階層化された君主制的社会の中で、形づくられたイメージでした。「貧者」と、貧者が助けを求めた相手との間の、権力と富の点での圧倒的な非対称性を、それは所与としていました。しかし、古代近東に於いてそれは、そのように気が遠くなるほどの社会的隔たりを橋渡しするべく考案された「要求の言語」として機能したのであり、まさにそのようなものとして、後期帝国においても機能することになります。貧者の「叫び」に耳を傾けることは力ある者の義務だったのです（そして実際それは、彼ら有力者の権力を特別に飾る飾りだとみなされました）。

「貧者」の代弁者、しかも、都市の中の様々な脆弱な諸階級の必要を皇帝や地方当局へと訴えるという、広い意味での代弁者として公式に認められた者として、四世紀・五世紀初頭の司教たちは、公的な言説の中にこの「主人イメージ」を導入するという点で決定的な役割を演じました。帝国全体においてキリスト教の司教・聖職者・修道者たちは、聖書的・近東的モデルに従って、社会が実際に主に富者と貧者、弱者と強者とに分化しているかのごとくに語る、という単純なプロセスによって、社会の非古典的イメージを涵養しました。しかし私たちは、司教だけが行動したのではないということを、つねに覚えていなければなりません。彼らは、貧者の窮状を大いに強調する特殊な「要求の言語」を使うようになりました[16]。しかし彼らがそういうことをしたのは、より広い状況の中においてでした。その状況に、私たちはまず目を向けなければなりません。

国家と臣民の間の距離の近さ

後期ローマ帝国において私たちが目にしているのは、人権に関する今日のコメンテーターによって描写されているのと類似した状況、すなわち、それらコメンテーターが「アドヴォカシー革命」と呼んでいるものです。そのようなアドヴォカシー革命の結果として、四〜六世紀の間に、帝国政府がより人間的になったわけでもなければ、以前より抑圧的でなくなったわけでもありません。しかし、これら数世紀の間に、帝国政府を代表する人々への訴えかけ方が、複雑さの点でも言い方の点でも相当程度変わりました。

紀元後三〇〇年ごろ以降の後期ローマ帝国を特徴づけているのは、臣民の生活に対する国家の近接さがかつてないほどにまでなった、ということです。ローマ帝国は、その長い歴史の中で初めて、住民の大半が無視できない存在となるに至ったのです。[17] ローマ国家の存在が膨れ上がったことが、かつて考えられていたほどに帝国臣民に対して悲惨さをもたらしたわけでは必ずしもないという点について、現代の学者の見解は一致しています。一九二〇年代や三〇年代にこの問題を研究した人々には、そのようなローマ国家は全体主義的な怪物と映ったようですが（という明確な嫌悪感が、それら研究に現れています）、それは人々にのしかかる超過重量ではなかったのです。臣民に対する統制の程度がそれ以前よりも顕著に高まった、というわけでもなかったかもしれません。しかし今や、帝国を代表する人々はそこいらじゅうに存在しました。[18] 結果として、後期ローマ国家の肥大化は、国家と臣民との間のかかわりの程度の増大をもたらしたようです。それまで帝国政府の視野の中に入ってきていなかった住民の多くの部分は、今やローマ帝国の官吏と定期的にかかわり合うようになってきたのです。

例外的に良く資料が残っている州、ローマ期エジプトから、些細ではあるがいろんなことを語ってくれる例をいくつか拾い出してみましょう。後期ローマの租税勅令の中の、極めて重要な多くのものを私たちが知るに至ったのは、それらが比較的つましいエジプトの農民たちの残した文書群の中に保存されていたおかげです。それら法令を残した農民の一人、ファイユーム地方のカラニスのアウレリオス・イシドロスは、自分の名前をギリシア文字で書くことすらできませんでした。しかし自分の財産を守るために、彼にはこれら文書の写しを持っている必要がありました。[19]エジプトでギリシア語の、後にはコプト語の、識字率（つまり、なんとか字が書けて読める人の割合）が多少とも高まるについては、普通の納税者が、高度の識字能力を有する行動的な官僚制から自分自身を守るという必要性が、大いに作用したのではないか、ということが語られており、納得の行く説明だと言えます。[20]官僚制は、「より弱い」諸階級に対して自らの要求を増大させ、かつ同時に、とめどない請願を彼らに出させることによって、彼らをより近く国家へと引き寄せました。アウレリオス・イシドロスは、「システムを使うことにおじけづかない」多くの人のうちの一人だったのです。彼は頻繁に地元の官吏たちに訴え出ています。二九九年、彼は総督本人のもとへと赴きます。「私は請願を行なうべく貴殿に訴えることとしました」。[21]

請願の性質の変化

これと同時に私たちが確認できるのは、エジプトの官吏に提出された請願の性質が、はっきり変化したということです。それらは、顕著に一層メロドラマ的な調子を帯びるようになりました。ロシア人学者A・コヴェルマンに言わせると、「ローマ時代の請願はたいてい論文に似ており、これに対してビザンツ時代の請願は小説のようだ」。[22]

公式の無数の請願を起草することで生み出される修辞的な技術が、後期ローマ社会で力を持ったことを、私たちは過小評価してはなりません。節度を以て訴えを言い表すのは、この時代の特徴ではありませんでした。「ギーギーきしむ車輪にこそ、油は注入されるのだ」という、アメリカ流の格言によって要約される原則に基づいて、後期ローマ国家は機能したのです。高度に中央集権的な巨大な官僚制度の代表者たちの注意を惹きつけるには、油の注入が必要な車輪という車輪が、ギーギーいう痛切な音を延々と発しなければなりませんでした。過少に言うことはお薦めでなかったのです。「わが神、わが神、なぜわたしをお見捨てになったのですか」という、十字架上のナザレのイエスの最後の言葉の意味を説明するよう尋ねられて、五世紀のキリスト教著作家アンキュラ（現代名アンカラ、トルコ）のネイロスは、これらの言葉は、神がイエスを見捨てたという意味ではもちろんありえない、と指摘しました。そんなはずはない。むしろイエス・キリストは、（人類全体の犠牲的代表者として）堕落した人類の祈りを神の前に提起するのに、考えられる限り最も劇的な言い方を使うことによって、単に後期ローマのやり方に従っていたのです。

圧政のもとにある人のために、属州の支配者に対して語る弁護者として。「裁き手の中の最も正しいお方よ、私たちは苦しめられました、抑圧されました、略奪されました」[23]。

後期ローマの請願の言い方を額面どおりに受け止めるのは、あまりにも安易だということがわかってきました。古代末期時代の史料を満たしている数多くの劇的な陳情をつなぎ合わせることによって、これまで歴史家は、後期帝国のおどろおどろしいイメージを描き出してきました。主として請願の中から、また、悪弊を非難する帝国法令の文章の中から、選び出した無数の「スナップショット」を、歴史家たちは言わばのりづけしてきたのです――末端での腐敗、惰性、財政的圧迫、広範な貧困化、人口減少、耕作地の減少、といったことを組み合わせた絵を創り出すために。[24] こういうことをしないように、私たちは注意しなければなりません。後期ローマ時代に非難された悪弊の多くは、古代世界では一般にありふれたものでした。それらを前代未聞の危機の兆候として扱うことはできません。多くの陳情が全く誇張されたものであることを示す証拠が、文章の中にも、また今日では考古学的にも、数多くあります。例えば、高い税率が極端な人口減少と耕作地の減少とを帰結したという、これまで数多く行なわれてきた主張は、支持することができません。[25] 後期帝国を野蛮な二極分化を遂げた社会とみなす旧来の見方（直前の章で言及しました）についても、研究動向は近年変化してきました。この時代をそれほどのメロドラマ的なイメージで描く余地は、ほとんどないのです。

後期ローマ国家の「批判の文化」「アドヴォカシー革命」

さらに、後期ローマの請願に含まれる苦情の劇的なまでの連続を、あまりにも文字どおり受け止めたために、私たちは後期ローマ社会の機能の注目すべき一面を見過ごしにしてきました。私たちがこの時代の悪弊についてかくも多くのことを知っているのは、とりもなおさず、後期ローマ国家がそのような発言のためのメカニズムを創り出したからなのです。皇帝たち自身、臣民からの非難や請願を奨励することによって、極めて異常な「批判の文化」を自分たちの周りに創り出しました。[26] この「批判の文化」が即、改革につながったとか、さらには政府への人民の参加をもたらしたなどということを、言いたいのではありません。むしろ、帝国の監視の仕掛けの一つとして、苦情を表明することは奨励されたのです。あらゆる方面から、そしてしばしば、相争う当事者同士から、訴えを引き出すことによって、雲の上の尊厳な皇帝は、帝国の巨大かつ厄介な政府機構の先っぽで何が起こっているかについて、事情を把握していることができたのです。それは「分割して統治せよ」政策の一部でした。政府の各部門は、他部門での悪弊を告発することを奨励され、他方で皇帝及びその宮廷は、社会の頂点において、最後には苦情の原因を改めてくれるという希望を人々に与えることによって、遠く隔たった臣民たちにとって注目の的であり続けられるようにと格闘しました。[27] 司教たちが活用することとなった「アドヴォカシー革命」は、高度に中央集権化した巨大な行政機構が存在する中で、その頂点と底辺とが互いにコミュニケーションを取り合おうと格闘することによって作り出された独特の緊張関係によって、もたらされたのでした。

ふつう考えられてきたのは、「古典期」ローマ帝国を特徴づけていたところの、社会の下層の人々からの皇帝への直接の訴えが、後期ローマ帝国においては減少した、ということでした。[28] しかし、この印象は誤解を招くものです。むしろ言えるのは、皇帝の代理者たちは後期ローマ社会の中へとより一層浸透していた、ということです。あらゆる階級からの訴えにしつこく悩まされることとなったのは、皇帝自身というよりむしろ、それら代理者たちでした。二四五年、ユーフラテスから来た村人たちの一団は、近衛長官から最終的判断を得るために、アンティオキアで八か月の間待てばそれで充分でした。[29] 五三〇年代、ユスティニアヌスの治世にコンスタンティノープルに流入して騒動を惹き起こした農民たちは、皆が皆、土地を持たない移民というわけでは決してありませんでした。彼らが厄介だったのは、彼らが登録された納税者であって、しばらくの間自分たちの村を放棄していたからでした。無一文者ではありませんでした。むしろ彼らは、地主に対抗して救済を求めるべく町にやって来た農民の集団、さらにはしばしば、村全体でした。中央の宮廷を根負けさせるまでそこにとどまり続ける準備を、彼らは全く持っていたのです。[30]

つましい請願者たちだけが宮廷へと訴え続けたわけではありません。訴えを提起する者として振る舞うよう勧められた人々の社会的・文化的範囲は、劇的に拡大しました。後期ローマ国家の膨張に結びつけられるこの「アドヴォカシー革命」には、司教も聖職者も、また聖人も、こぞって加わりました。彼らは自分たちの地元の代弁者として、一般のエリートたちと競合しました。彼らがそうしたのは、自分たちこそが都市の下層の階級を代表していると主張できたからです。しかし彼らは、皇帝の行なう「分割して統治せよ」政策の一部として、宮廷に来るよう積極的に勧められてもいました。これまで見てきたように、彼らは、自分たちがその必要を代弁することとなる当の人々のことを、一般的な言い方で「貧者」と言う傾向がありました。彼らは、詩編の祈りの言葉に基づく宗教的言語を用いており、それは、大いなる者からの慈悲を期待して上をじっと見上げる、というものでした。新たな「要求の言語」と結びつくこのような訴えの上向きの圧力が示しかつ促していたのは、伝統的な上層階級の断片化でした。この断片化は、後期帝国の公的生活において最もよく証拠立てることができる、かつ最も重要な、発展でした。

権力の「共生的」モデル

このテーマについては、私は一九九二年に自著『古代末期における権力と説得――キリスト教帝国への道行き』の中で詳細に取り扱いましたので、ここでは簡潔に済ませます。都市と帝国の関係の「古典的」モデルが想定していたのは、各都市の指導的階級が、その都市の市民同輩の唯一の「自然な」保護者だ、ということでした。都市及びその周辺地域における庇護が、彼らによって独占されたということは、皇帝及びその代理者への訴えのメカニズムを統制するものとして機能しました。このようにして、ローマ帝国の最初の数百年間、各地のエリートたちは、当時まだ官僚制化が顕著に不充分だった中央政府を、訴えの圧力から守ることに成功したのでした。さらに、それぞれの都市に於いて地元有力者の寡頭支配が圧倒的に優勢だったことは――この優勢は、デーモスに対する公的施善の行為によって表現され、かつ強化されました――、帝国政府にとって、都市の治安維持のための少なからざる出費を節約することにつながりました。[31]

理想的にはこれは、権力の「共生的」モデルの上に機能するシステムでした。「仲むつまじい」関係と称されたものを、エリートたちは帝国政府との間に確立しました。[32] 特にギリシア語圏東方では、古代の古典の学習を基礎としたパイデイア、すなわち伝統的教育、によって創り出され、人々が共有した文化のきずなを、上層階級はつねに強調しました。古典期ギリシアの黄金時代を連想させる人間的な善性や、バランスのとれた態度といったことと結びつけられる行動規範を、お互いが共有し遵守しているのだ、ということに力点が置かれました。[33]皇帝及びその代理者たちは、同じ親密なサークルに属するメンバーとして扱われました。パイデイアへの「入門済みの仲間」として、彼らは人々からのアプローチを受けたのです。パイデイアの共有ゆえに、ローマ世界の支配者たちは、臣民の中の上層の人々の要求に敏感であるだろう、ということが想定されました。例えば皇帝たちは、そのような人々の蒙る惨事に対する憐憫の情を共有し、それによって動かされるだろう、ということが期待されました。スミュルナ市が一七七年または一七八年の地震で破壊された時、教養ある皇帝マルクス・アウレリウスは、弁論家アエリオス・アリステイデスが彼に宛てた訴えを読んで、涙を流したとされています。彼ら自身と同様、皇帝は「都市を愛する者」だったのだ、ということが示されたのです。[34]また、ローマ帝国の総督たちは、廉恥の念の共有によって、上層階級の礼節のこれまた共有される規範への違反を阻まれるだろう、ということが期待されました。特に、裕福な人々を取り扱う際に、高圧的な態度や暴力の使用をローマ帝国の官吏は控えるだろう、ということが期待されました。[35]

権力のこの「共生的」モデルがつねに何らか薄弱なものだったということを、改めて強調する必要はないでしょう。四・五世紀には、このモデルは深刻な侵食にさらされました。しかし、古代末期時代にそれが完全に放棄されたことは決してなかった、ということを記憶にとどめておくのは重要です。統治は「可能性の芸術」であり続けました。そして、古典的教育を受けた地方エリートは、その「可能性の芸術」の中で重要な役割を演じ続けました。帝国政府は、円滑な運営のために、地方貴族たちの協力をつねに当てにしていました。皇帝の官僚制を担う人員は、そういった人々の中から登用され続けました。しかし同時に、古典期の帝国と結びつけられる「仲むつまじい」モデルは、キリスト教徒たちの中で涵養されたもっとあけすけに「垂直的な」社会イメージによって、はっきりそれとわかる仕方でとって代わられました。最近、カイサリア・マリティマの帝国収税当局の事務室のモザイクに、聖パウロのローマの信徒への手紙からの引用が記されているのが発見されました。それは「あなたは権威者を恐れないことを願っている。それなら、善を行ないなさい」という一節〔ローマ一三・三〕です。[36]五世紀においてそれは、キリスト教徒にも非キリスト教徒にも全く適切な引用でした。遠く隔たった皇帝に対して誰もが感じた「恐怖」――であり、教育を受けた上層階級と支配者たちとの都会的な共謀ではない――が、税を支払わせるところのものでした。慈悲への希望と依存との間の劇的な緊張関係を表現したものと言える、キリスト教的な「主人イメージ」は、独裁的な帝国システムによって社会の垂直的「傾斜」がはっきり尖鋭化した世界の中では、より多くの人々にわかりやすいものでした。既に六世紀に、或る貴顕のガザ市民は、同市のあらゆる文化と、地元での自らの高い地位とにもかかわらず、コンスタンティノープルの皇帝の前に出るや否や、自らをつましい「貧者の一人《ヘナ・ペネータ》」とみなすことを当然のごとく期待されました。[37]私たちはこのような状況を背景に、社会関係のキリスト教的「主人イメージ」の台頭を、特にそれが最も尖鋭的な形、すなわち富者と物乞いの関係のイメージという形で姿を現したことを、理解しなければなりません。それは、危険なまでに遠大な社会的距離を克服するべく、富者と物乞いの両方が努力し双方が受け入れた、そのような主人イメージだったのです。

圧倒的な非対称性

ユダヤ教とキリスト教では、貧者との関係は圧倒的な非対称性の感覚をつねに伴っていました。神と信者との間の「垂直的な」関係を、それは表していました。神との関係では、すべての信者は、喜捨の与え手に対する物乞いに当たる存在でした――相手の慈悲に全く依存する存在だ、ということです。神格に対する人間の関係の本質が、かくも明確に社会的な言い方で具体化され、しかもその社会的な言い方が、かくも明確な非対称性を特徴とすることは、宗教の歴史の中でめったにありませんでした（ギリシア・ローマ世界の歴史の中では、かつて一度もなかったことです）。富者の前の物乞いの状態と、神の前の信者の状態とを並行的に捉える見方は、貧者への喜捨を説くことにかけてキリスト教最大の説教者であるヨアンネス・クリュソストモスが、アンティオキアとコンスタンティノープルで三八六年から四〇四年にかけて、説教の際に繰り返し強調したテーマでした。

あなたが祈ることに疲れる時、そして答えを得られない時、あなたは、貧しい者があなたを呼ぶのを何度耳にしてそれに耳を貸さなかったか、そしてその貧しい者が怒らず、あなたを悪くあしらわなかったことを思いなさい。

〔祈りが〕聞かれるということは、両手を伸ばすこと〔両腕を伸ばして祈るという、初期キリスト教の祈る時《オラーンス》の姿勢〕によるのではないのです。あなたがたの手を、天に向けてではなく、貧しい者たちの手に向けて伸ばしなさい。[38]

これは、粗暴なまでに単純な類比でした。信者にとって神は、貧者にとっての富者のようなものだ、というのも貧者は、地上における「神」を見上げるように富者を見上げるなのだから、と。社会的非対称性をこのようにぶっきらぼうに認める言い方は、中世のビザンツ人にとっては、スラヴ世界との接触を通じて彼らが、「豊かな人」を意味するブルガリア語 bogat が神を意味する語 Bog と同じ語根に由来していることを学んだ時に、さらに確固たるものとなりました。[39]

それゆえ、「貧者への配慮」は、すべての被造物は全能なる施与者の気前良さに依存しているという、峻厳なまでに超越的な一神教の中心的信条の具体化だったのです。最も頻繁に、また最も切迫した仕方で、詩編の言葉によって表現されたそのような宗教的言語を、キリスト教の教会は涵養し、そしてそれは教会の活動のあらゆるレベルへと浸透していきました。碑銘に刻まれ、モザイクに記され、それら詩編の引用は帝国全土の教会に見られました。例えば「主よ、わたしに耳を傾け、答えてください。わたしは貧しく、身を屈めています」〔詩編八六・一〕は、ゲラサ〔ヨルダンのジェラシュ〕のモザイクに見られます。[40]「主は弱い者を塵の中から起こし、乏しい者を芥の中から高く上げてくださる」〔詩編一一三・七〕は、セルビア南部のブレゴヴィナ出土の碑文に見られます。[41] 神への信者たちの上向きの叫びを表現した、詩編のこのような引用を前にして、それらが元来その場所に記された理由が、モザイクのある当の教会にかかわる敬虔なキリスト教徒が実際の貧者に対して喜捨（という下向きの所作）を行なったのを記念することだったのかどうかを判別するのは、往々にして困難です。[42] 当時の宗教的基調を顧慮するなら、多くの場合、くだんの「貧者」は、神の前に立つ人類すべてを含むと考えるほうが妥当なようです。例えば、エジプトの単性論派の典礼は、ナイル川の年々の増水を祈るのに、「貧者の祈り」――つまり事実上、同地の住民全体の祈り――に耳を傾けるよう神に懇願していました。[43]

新しい「請願の言語」

このような宗教的風土を考慮に入れるなら、全く実際的な状況に対して、キリスト教徒たる請願者が詩編の言語やヘブル語聖書のその他の部分の言語を当てはめるのは、何ら造作ないことでした。祈りの言語は、自分たちの請願に道徳的重々しさと切実さを付与しました。六世紀までに、公職者や大地主はフィロプトーコスすなわち「貧者を愛する者」として、喜捨をでなく正義と恩顧を求める人々からアプローチを受けることとなりました。ラテン語とギリシア語の両方で書かれた或る依頼の手紙（ひょっとすると、その手の訴えを書く練習の文章かもしれません）は、受取人（ラテン語）に対して、「善人も悪人も、元老院議員も皇帝も貧者も」みな平等だ、「悪魔のねたみによって死がこの世に入ったのだ」（知恵の書二・二三―二四）、ということを想起させています。次いで名宛人は（ギリシア語で）、聖書の引用の連鎖の形式で次のような助言を受けています。

「あなたの心が自らあなたを歪めさせないようにせよ、また、あなたは、窮境にある貧者たちの願いを見過ごしにするな」[44]。大地所にかかわる利害関係も、同様な言語によって着色されているかもしれません。三年間の不在の後に地主のところに戻ってきた義務不履行の小作人ピイウティオスは、かつて自分が賃借した農地を返してくれるよう求めています。決して貧民ではなかったのですが、ピイウティオスは自分のことをわざわざ、己が「善行者にして主人」の「奴隷」と表現しました。

あなたの極めて評判の良い支配によって示されたところの、全地へと発出している貧者愛とキリストへの愛とが、支配〔下〕の大勢の人々を、あなたの支配へと逃げ込むように仕向けました。それらの人々はやって来て、正義と全き憐れみとを得ています[45]。

かくて、富者に対する貧者の聖書的な主張の仕方に則って、保護と慰藉を求める請願の言語が、四世紀から六世紀にかけて発展しました。しかし、この言語の疑いようのない修辞的な重みにもかかわらず、私たちはこれが後期ローマ社会全体を呑み込んだと考えるべきではないでしょう。社会の多くの領域において、また多くの目的から見て、司法及び課税という世俗的過程は、キリスト教的パトスが全く及ばないものであり続けました。幾世紀来もの間使われてきた決まり文句が、エジプトでも他所でも使われ続けました。古びたキャンバスのこわばった紙のように、それらは、キリスト教的「請願の書き方」という一層鳴り響く新たなやり方に対してほとんど道を譲ろうとしませんでした。六世紀末、アフロディト〔地名〕のディオスコロスのパピルスのうちに、私たちは訴えの全範囲を目にします。確かに官吏の中には、今や「貧者を愛する者」と呼びかけられる人々もいましたが、そうでない人々もいました。「オリュンポスのゼウスの末裔にふさわしく、……貴殿の血の中に流れている、生まれ持ったつねなる正義の感覚」へと訴えるという仕方で、ディオスコロスからのアプローチを受けている総督もいました。[46] 正義の守護者としてのオリュンポスのゼウスとは、ヘシオドスから借用された概念であり、後期帝国において総督たちを賞賛する際にしばしば繰り返されました。[47] 最もキリスト教的な皇帝ユスティノス二世の時代に、私たちが耳にして当たり前だと思うような、これは言い方ではありません。この言い方が示しているのは、古代末期において社会が機能するその仕方を見る際に、確信的に非キリスト教的なやり方も根強く存在した、ということです。

そのような総督たちは、自分たちが格別に貧者を愛する者であるかのように見られることを、勧められたわけでもありません。四・五・六世紀の小アジアの諸都市で官吏たちを顕彰して建てられた彫像は、いかめしい面持ち、鋭く厳しい目といったふうに、それらの人々を描いています。彼らは情に流される人々ではありませんでした。むしろ法と秩序を守るべく、彼らはコンスタンティノープルから送られてきました。このような彫像を建立した貴人たちにとって、総督とは「無法な者たちの粗野な力を打ち倒す、警戒を怠らない英雄」たるべき存在でした。[48] このような人々が司教になった時に初めて、彼らは大いなる「貧者への愛」を示すことを期待されたのです。トゥールのグレゴリウスの祖先であるラングルのグレゴリウスは、オータン伯として四〇年を過ともなく、その立場で彼は、「悪人に対して非常に峻厳かつ厳格だったため、罪ある者の何びとも彼を免れることがまずできないほどだった」。後になってようやく、彼は司教になりました。そして死後、彼は奇跡によって国家の牢獄の扉を開いた、という評判を得ることとなったのです。[49]
実に、真に「貧者を愛する者」だという評判は（もしそもそもそのようなものが存在した場合には）、地方レベルに対する政府の統制の苛酷な現実から遠く離れたところで、皇帝という遠い存在へと投影されました。高度に中央集権的でかつ広範囲に及ぶ独裁制の場合に往々見られたように（帝政時代のロシアを想像すると良いでしょう）、皇帝は、キリスト教的訴えに最も耳を傾けやすい存在だとみなされました。このような信仰のゆえに、キリスト教徒たちの間では、現実における皇帝の代理者たちの荒っぽいやり方にもかかわらず、（皇帝という）遠い中心には慈悲の神秘的貯蔵庫が存在するのだという希望が保たれたのであり、これは、乱暴な仕方で運営された帝国システムのはたらきを和らげる効果を持ったかもしれません。
こういうわけで、後期ローマ社会の中で、富者と貧者の関係に関するキリスト教的「主人イメージ」が正確にどのような領域において発展したかを明確に見定めること、及び、そのようなイメージが展開された目的を正確に見定めることが、重要となります。それは或る特定のグループの、すなわち弱者の保護者として振る舞うよう求められた司教や聖人たちの、好んだ言語であり、それによって彼らは、大いなる者たちへの特権的なアクセスを得ることができました。しかし、私たちは忘れずにいなければなりませんが、キリスト教の教会が後期ローマ社会のいくつかのレベルで確固たる地歩を築きえたという成功にもかかわらず、教会の代表者たちはなお、多くの有力な集団（地方の貴人たち、皇帝の臣下たち）がそういう言語によってあまり動かされなかった世界の中で、「貧者」の代弁者という自らの地位を維持するために上との戦いを続けなければならなかったのです。

そこで今一度、後期ローマ時代のエジプトに向かうことにすると、私たちは、地元のキリスト教の指導者たちの周囲で、生き生きした仕方で、特殊キリスト教的な「請願の言語」が結晶化する様子を跡づけることができます。[50] 四世紀の半ばごろ、司祭ミオスはテーバイ地方のディオニュシアス（カスル・カールーン）の駐屯地の軍事指導者だったフラウィウス・アビンナエウスに手紙を書き送っています。司祭は彼に、寡婦の一人息子だった自分の義理の兄弟を軍役から解放してくれるようにと頼んでいます。

「……一杯の水をこれらの小さき者の一人に……（与える者は）自分自身の報いを失わないだろう」（マルコ九・四一—四二（むしろマタイ一〇・四二だろう））。……もし彼が再び徴用されるなら、選ばれた者たちとともに彼が野戦軍へと出ていくことのないよう、あなたが彼を守ってくださるように、そして神があなたに、あなたの慈悲に対して報いてくださるように。[51]

似たような依頼が、有名な聖人にして幻視者、リュコポリス（地名）のヨアンネスに対して行なわれました。ヨアンネスが持っていた予言の賜物は、彼をして皇帝テオドシウス一世その人からの問い合わせを受けるに至らしめ、彼は、テオドシウスが内戦で勝利するであろうことを予言しました。しかし、そこまで高位にない人々が、もっとつましい必要からヨアンネスに依頼を行なうこともまた、起こりえました。或るパピルスは、指を怪我したのを理由に徴兵免除を求めるプソイスという人から、彼が依頼を受けたことを示しています。ヨアンネスは、プソイスがしかるべき官吏に賄賂を手渡すのを既に手伝っていました。これは取り乱したギリシア語によって書かれたパピルスですが、ヨアンネスはコプト語で書かれた依頼をも受け取っています。彼は地元住民の言語を共有する聖人として、地元のエジプト人の依頼が帝国当局にきちんと伝わるための通路として機能したのです。[52]

貧困に関するキリスト教的言説

五世紀中葉までに私たちは、アトリペ〔地名〕のシェヌーテの著作（あちこちに散在したものですが）によって、貧者についてのキリスト教的言説が、相当に競争的な状況の中で繰り広げられているのを見ることができます。パノポリス（アクミム）の指導的な貴人であり旧世界の市民善行者だったゲシオスという人と、シェヌーテは対抗関係にありました。ゲシオスは異教徒で、長年のエジプト的・ギリシア的伝統に従って、神々を祝う公的な饗宴を催しました。シェヌーテの偉大なる白の修道院はナイル川を挟んだパノポリスの対岸、ソハーグにありました。シェヌーテとゲシオスの間の衝突で問題となっていたのは、まさにその地域の宗教的リーダーシップということでした。そしてこのリーダーシップと関連していたのが、白の修道院の経済的資力ということでした。というのも、もしゲシオスが負けたら、地代や饗宴のための賦課金としてゲシオスによって農民たちから吸い上げられていた余剰の富が、自発的な捧げ物という形式で、シェヌーテの修道士たちを支えるために流入することになったかもしれなかったからです。このような敵手と向き合って、シェヌーテは「経済的不公正に関する演説を引き受けた」のです。[53] 彼は繰り返し、ゲシオスや同様の異教徒貴人たちを、貧者を抑圧する輩として非難しました。

貧者の保護者として、シェヌーテは非難することもでき、大いなる人々と交わることもできました。彼の伝記を記したベサは、シェヌーテがついに宮廷を訪れたことを大いに活用しました。ベサが言い張るところによれば、シェヌーテはひたすら貧者の擁護者としてコンスタンティノープルに行ったというのです。「或る時、我らが父・預言者・師父シェヌーテは、〔地元の〕支配者たちが貧しい者たちに対して行なっている暴虐のゆえに、王たちのところへ、敬虔な王たちのもとへ行った」。[54] 実際には、司教や修道士たちが宮廷への旅を行なう理由としては、様々なものがありました。三四二年、セルディカの教会会議で司教たちは、アフリカの司教たちが、自分たちの友人たる非聖職者たちが公的な任用をかちえるようにという理由で、しばしば皇帝のもとを訪れているという不満を述べ、それゆえその教会会議では、司教が宮廷に行くのは、寡婦、孤児、苦難の中にある人々のために訴えをする時だけであるべきだ、という決定が下されました。[55]

こうして司教や修道士たちの介入はお墨付きを得、かつ同時に、彼らは貧者の代弁者として振る舞うべきだという主張によって、慎重な仕方で限定を受けました。シェヌーテのような修道士にとっては、物乞いと同程度に貧しい身なりでコンスタンティノープルに姿を現すことは、礼節上必要なことでした。プボウの偉大なるパホーム修道院の代表、師父ヴィクトルは、誇らしげな総主教ネストリオスが威儀を正して皇帝の面前に紹介された時に、貧者たちとともに宮廷の門のところにたむろしていました。[56] ユダヤ砂漠の大ラヴラの長、聖サバスが五一一年に皇帝アナスタシウスの宮廷にやって来た時、

戸口の黙らせ官《シレンティアリウス》たちは皆を中へと入れたが、この大いなるきら星を……他のすべての人より卑しく乞食に見えるという理由で排除し、汚くて縫い目だらけのつぎはぎ服を着た彼を見て、中へと入れなかった。[57]

このような人々の茫然たる貧しさは、彼らに対して直ちに、彼らがそのために語りに来た人々の窮状と同じ境遇にある人々という扱いをもたらしたのでした。

というのも、聖書的な「請願の言語」において真に特徴的なのは、大いなる人々へのすべての人々の切迫した要求が、あたかも社会の最末端から届いたかのように提示されるという、その仕方だからです。人間社会の最底辺にこそ、至高の神は最も強く現前するのだと主張する〈聖書的な〉見方の修辞的な力を、私たちは過小評価してはなりません。想像上の観点からすれば、これは少しも驚くべきことでありません。貧者はとっくに、生者によりもむしろ、忘れ去られた死者にこそ近い存在として、無言の別世界の中に生きていました。なんとか目に見えるだけで、彼らは存在自体を富者から忘れ去られていた人々でした。その意味で、神の主張的沈黙を彼らはあま

りにも忠実に反映していました。キリストの貧困に関する伝統的な教説を論じる際に、現代のプロテスタント神学者カール・バルトは、自らの見方を要約する中で、神の排除の象徴としての忘れ去られた貧者に関する古代末期的な感覚を、非常に敏感に把握しています。「貧しい」者としてキリストは「人々によって見過ごされ・忘れられ・軽んぜられ・侮られるという、その民の中にあり世界の中にある神が受け給う不思議な運命を、共にし給うのである」、とバルトは書いています。[58]

同じ理由から、貧者へと目を向け、彼らに思いを致すことは、直接神自身へと向くことでした。ユダヤ教のミドラシュの言葉によれば、

ラビ・アビンは述べた。「貧者はあなたの戸口に立っており、そして聖なるお方は――御名が讃えられるように――、貧者の右手に立っておられる。『主は乏しい人の右に立ち』と書いてあるとおりだ」。[59]

貧者に喜捨を与えることは、絶えず自らを神の前に立つ者として見いだすことでした。[60] 神自身を、ナザレのイエスという人間の姿で、人間の中に連れ込むことによって、キリスト教の受肉の教説は当の観念に、より一層の密度と劇的な力とを付与したのです。

ナザレのイエスという貧者

ここで、貧者の一員としてのナザレのイエスという人物に対する、後期ローマのキリスト教徒たちの態度の雰囲気を、正確かつ鋭敏に把握するために、私たちはキリスト教のより新しい形態の情緒的付加物を避けるよう、特に注意しなければなりません。弟子たちがそうだったのと同様に、イエスは下層階級のつましい人間だと見られました。キリスト教を批判した異教徒たちにとって、この自明な事実はそれだけで、イエスの経歴を最も中傷的な仕方で説明するのに充分なものでした。縁を切られた母親の庶子、やけくそな方便に身を任せた者として、イエスは生計を得るために（同時代の下層階級出の冒険的な人々の多くと同様に）自然に宗教へと向かい、そしてエジプトで妖術の知識を得、それによって奇跡を行なう力と、信者を集める力とを獲得したのだ、と。[61] こういうことのうちに、奇妙さは少しもありませんでした。そういう振る舞いは、出世を狙ったウィリス・ペルソーナ、すなわち「素姓の卑しい者」、には当然ありうることでしかなかったのです。

この種の疑念は、これら数世紀もの間、イエス及びその使徒たちの人物についてまわりました。「背教者」皇帝ユリアヌスによれば、イエスとその使徒たちは自分の周囲に「最低分子」を集め、「下女や奴隷をだまくらかすことで満足していた」のでした。[62] キリスト教徒が貧者のイメージをロマンチックに描くことでこのような批判に答えたのではない、ということに、私たちは注意するべきでしょう。むしろ、キリスト（及びその弟子たち、使徒たち）の貧しさというテーマは、神との間に特別な関係を享受しているのだという富者や有力者や教育ある人々の言い分をはねのけるために、提出されました。キリストの低い社会的地位は、ご自身によって意図的に選ばれたものであり、それは、彼の力の直接の源泉について人々が何らの疑念をもいだかないようにするためだったのだ、とキリスト教徒たちは主張しました。全く超自然的な権威が、その源泉だったのです。権力・威信・文化といった人間的な構造物に、それは少しも負っていませんでした。そのような有利さを全く持たない人々の間に生まれること、そして最初の弟子たちをそのような人々の中から選ぶこと——これが、主の使信の成功が全く奇跡によるものだと認識され、それが明らかに神だけから来ているものだと認識されるのを、確かにしたのです。偉大なるローマで皇帝或いはいずれかの偉大な立法者の息子として生まれるよりも、むしろキリストは、

ぱっとしない国で、人目につかない田舎を出生のためにお選びになって、お生まれになった。貧しい処女を通じてお生まれになり、あらゆる貧しきものを我が物となさった。人間を静かに救いへと捉えるためである。……その業はすべて貧しく安価で、つましく、大部分の人の目にはつかないものだった。神性のみが、世界の再編によって知られるようになるためだった。[63]

キリスト及びその使徒たちの権威が、いかなる人間の力の助けをも必要としなかっただけではありません。神の恵みが人間の先在的な地位や先在的な人間的達成を基準にして人間に授けられるわけではないということを、彼らの貧しさは示していました。アフリカの或る小さな町で、異

教徒を含む聴衆に対して語られた、最近見つかった説教の中で、アウグスティヌスは彼一流の鋭利さで次のように語っています。

我らの主イエス・キリストは、貧民だけでなく富裕者たちをも、平民だけでなく王たちをも、救うために来られた。それにもかかわらず、主は王たちをも、富裕者をも、高貴の生まれの者も、学のある者も、お選びになろうとせずに、ご自身の恵みがその中でより一層明らかになるような人々、すなわち貧者たち、無学な者たち、漁師たちをお選びになった。……もし主がまず王を召されたなら、自分の尊位が選ばれたのだと王は言うだろう。学のある者を召されたなら、彼は自分の学識が選ばれたのだと言うだろう。謙遜へと召された者たちは、つましい者たちの中から召されなければならなかったのだ。[64]

謙譲としてのキリストの受肉

全体として、当時のキリスト教信仰の中では、史的イエスの貧しさとして観察されたところのものは、主要でないテーマだったと言えます。当時の人々を魅惑したのはむしろ、受肉のパラドックスのうちに含意された、宇宙そして社会の高遠なイメージだったのです。すなわち、天の皇帝たるキリストは、人間となることによって、肉なる人間の無一文の貧しさに自ら加わりました。受肉とは、神が地に下り、ご自身を人間として「貧者の叫び」に直接届くようにされたシュンカタバシス、つまり謙譲という、畏れ多い行為だったのです。[65] 続く数世紀には、ニュッサのグレゴリオスの次の言葉がしばしば引用されました。

> 神の場合に、いかなるものが、しもべの形よりも貧しいだろうか〔、それ以上に貧しいものなどありはしない〕。存在する〔あらゆる〕ものの王の場合に、いかなることが、我らの貧しい本性を共有するに至ることよりも貧しいだろうか〔、それ以上に貧しいことなどありはしない〕。……清い者、汚れなき者が人間本性の汚れをお引き受けになり、我らのあらゆる貧しさを通り抜けられ、死の経験にまでお進みになる。自発的貧しさのその程度を見るがよい。命が死を味わうのだ。[66]

ここでの対比は、下層階級に属するイエスとこの世の上層階級との間の対比ではありません。それは、ニュッサのグレゴリオスにとって重要だった二つの世界の対比であり、つまり、神の威厳と、人間の条件の無一文性とがキリストという人物において合わさったということなのです。コリントの信徒への第二の手紙八章九節の聖パウロの言葉によれば、

> 主は豊かであったのに、あなたがたのために貧しくなられた（この動詞は物乞い《プトーコス》という単語から作られています。つまり「彼は自ら物乞いした」のです）。それは、主の貧しさ《プトーケイア》によって、あなたがたが豊かになるためだったのです。

この箇所の釈義では、キリストの貧しさは不可避的に、貧者の最も「貧民化された」イメージへと近づけられました。神であるという高い地位を享受していたキリストは、人間になるという事実のみによって、全き無一文へと転落していたわけです。彼はプトーコス、すぐれて貧民だったのです。[67]

しかし同時に、キリストはその神格の秘められた充溢性を保持していました。後期ローマのキリスト教徒にとっては、キリストは、もし物乞いだったとしても、非常に特殊な種類の物乞いでした。肉なる人間のうちに「隠された」神として、彼の人物には、古めかしい民話の心騒がせるオーラが伴っていました。彼は、物乞いのぼろ衣を着て世界を放浪する王様、人知れずイタカに戻ったオデュッセウスだったのです。[68]物乞いに関する話の古代的な堆積物の中から相当程度借用した、これは信仰なのではないかと、私たちは考えてよいでしょう。おびやかす異国的な神々の呪いを自ら執り行なう物乞いという存在に、ギリシア・ローマ世界は長らく慣れ親しんできました。第一章で私たちは、神のためのそのような物乞いだった或るアギュルテースが、シリアの神アタルガティスの彫像を建立するべくどのようにして充分な資金を調達したかを見ました。[69]アンティオキアの教会の外でつましい物乞いたちが上げた叫び声ですら、神々しい事物への連想と結びついたものでした。物乞いたちは通りすがりのキリスト教徒たる女たちに、彼女らが人生で最も大事にしていた、また最もこわれやすい、ありとあらゆるものを引き合いに出しながら、物乞いをしていました――すなわち、緑内障の危険につねにさらされていた、自分たちのくっきりした美しい目、幼い我が子たちの健康、遠くを旅する夫たちの安全、といったことを。[70] このような物乞いたちの誓いの言葉に耳を傾けるのが賢明なことなら、変装した姿の受肉した神かもしれない物乞いの要求は、確かに満たされねばならないでしょう。

こうして、受肉したキリストのオーラは貧者へと伝わりました。後期ローマのキリスト教徒たちは、マタイによる福音書二五章の最後の審判の大いなる光景にこだわりました。

人の子は、栄光に輝いて天使たちを皆従えて来るとき、その栄光の座に着く。……そこで、王は右側にいる人たちに言う。『さあ、わたしの父に祝福された人たち、天地創造の時からお前たちのために用意されている国を受け継ぎなさい。お前たちは、わたしが飢えていたときに食べさせ、のどが渇いていたときに飲ませ、旅をしていたときに宿を貸し、裸のときに着せ、病気のときに見舞い、牢にいたときに訪ねてくれたからだ。』……『はっきり言っておく。わたしの兄弟であるこの最も小さい者の一人にしたのは、わたしにしてくれたことなのである。』（マタイ二五・三一、三四―三六、四〇）

貧者に与えることは、キリストに与えることでした。これによって彼ら信者には、天国入りがもたらされることとなったのです。

ヨアンネス・クリュソストモスのような後期ローマの説教者にとって、この箇所はとどのつまり、まず最初に史的イエスとして十字架上でもたらされ、そして今や現在においては貧者を通じてもたらされる、キリストによる「贖《あがな》いの継続」に関する言明なのでした[71]。慈悲を以て貧者たちに接することは、今なお彼らのうちにおられるキリストから慈悲を受けることでした。聴衆に対してヨアンネスは、繰り返しこのテーマを力説しています。

つまり主は、死と十字架だけでは満足なさらず、さらに貧者、よそ者、物乞い、裸の者でもあることを、また牢獄へと下ることを、また病を耐えることをお受け入れになったのだ。このようにしてでもあなたを呼び出すためだ。「つまり、もしあなたが」と主は言われる、「あなたのために苦しみを受けている私に答えないのなら、貧しさのゆえに憐れみを垂れなさい。もし、貧しさのゆえに憐れみを垂れるということをしたくないのなら、病のゆえに憐れみを覚えなさい、牢獄のゆえに憐れみを感じなさい。……十字架にかけられて私は渇き、貧者たちを通じても私は渇いている。かれとこれとで、あなたを私へと引き寄せるため、そしてあなたを自分の救いのために博愛者にするためだ[72]。

「連帯の言語」

私たちが心に留めるべきは、キリストが人間たちの間に神秘的な仕方で内住し続けておられると語る言語は、人間の条件の一極北としての、言わば「垂直的に」貧者のみに向けられた下向きの「同情の言語」より以上のものだった、ということです。ヨアンネス及び同時代の説教者たちによって、集団的連帯の言語として機能するべく、言わば「水平的に」適用された、それは言語だったのです。ヨアンネスの説教では、対象はたいていプトーコイ〔プトーコスの複数形〕、すなわち物乞いたちでした。しかし、キリストの内住は、キリスト教共同体全体の連帯を強調するのにも役立つことができました。洗礼を受けたすべてのキリスト者は、その富や貧しさにかかわりなく「キリストのからだ」なのでした。彼らは皆、自分自身のうちに「キリストのかたち」を持っていました。[73] 理想的には、彼らは皆、聖体拝領において配られるキリストの肉と血に共に与《あずか》ることによって、緊密な有機的一体性の中に結び合わされるのでした。

貧者に関するクリュソストモスの説教が、聖体拝領の影の差す中で行なわれているのは意味深いことです。彼の最も熱の籠もった言葉が来るのは、各々の説教の末尾、すなわち「平和の接吻」の直前の時点においてであり、この平和の接吻において信者たちは、聖別されたパンとぶどう酒を分け合うに先立って、このような接吻をすることによって自分たちの敵を赦し合うことを期待されました。[74] 聖体拝領を通じて、キリストはご自身の比類なき肉体と血とを、すべてのキリスト者にお与えになりました。クリュソストモス、及び東方の多くの教父たちは、正統教会の聖体拝領に与るすべての人の血の中には、全く文字どおり、共有された神性が流れているのだ、と信じていました。

住民の多数が洗礼を受けたキリスト教徒となるに至ると、共に聖体拝領に参与することは、信者の身体を暴力及びぞんざいさから守る究極の神秘的な防壁を打ち立てるものだとして、人々に語りかけられました。四一二年から四三七年の間にエデッサの司教ラッブーラは、東方帝国の主要都市じゅうでなお催されていた野獣ショーを批判するべく、恐れの念を以て説教を行ないました。そのようなショーはアポラウシス、すなわち「市民的」陽気さ、の感覚をもたらすものであり、総督たちや都市の指導者たちによって市民同輩に対して提供されていました。しかしラップーラにとっては、キリスト教徒たる格闘者たち《ウェーナートル》——ライオンやその他野獣の襲撃に対して長い槍を持って戦った、後期ローマにおける闘牛士《マタドール》に当たる存在——の肉体は、ほかでもなく、聖体拝領によって神に参与した肉体でした。そのような肉体が野獣によって傷つけられるなどと考えるのは、彼にとってぞっとすることでした[75]。同じ頃、修道者にかかわる次のような小話が流布していました。

> 或る有力者が格闘者を見るのを楽しみにしており、彼は彼らが野獣によって傷つけられることのみを願っていた。しかし彼が危機に陥ることがあり、そして有力者は神に叫んで言った、「主よ、この災難の時に私を助けてください！」。すると主が、全身傷だらけで彼に現れて言った、「お前はこういう私を見たいんだろう。どうして私にお前を助けることができようか」[76]。

このような仕方で、五世紀中葉までにキリスト教の教会の指導者たちは、新たな「連帯の言語」を創り出していました。これは東ローマ帝国内の比較的新しい社会的・政治的状況に適した言語でした。東ローマ帝国の中央集権的な諸構造によって五・六世紀に達成された非常な程度の均質さを、私たちは過小評価してはなりません。今やすべての道は、新ローマとしてのコンスタンティノープルに通じ、しかもそれは、以前にローマに通じていたのと全く異なる仕方で通じていました。この発展と時を同じくして、キリスト教の宗教的言語（特に詩編の言語）が後期ローマ社会に浸透し、その言語によって、富者と貧者の関係だけでなく、支配者と臣下の関係もまた、神と人間の間に存在する隔絶を思わせるような遠大な距離の間に橋を架ける必要という感覚を伴いながら、染め上げられました。威厳に身を包み、今や「神の恵み」のみに即して統治すると思われていた皇帝から、下向きに、後期ローマ社会における一神教の普及は、キリスト教社会における凝集性の象徴的表現と結びついた諸問題に、より尖鋭的かつよりメロドラマ的な色調をもたらしたのです。

しかしこの高遠な一神教は、野心的な「連帯の言語」を創り出すのにも役立ちました。高き神が、まさに全能であるがゆえに無限に遠くあり、同時に他方でつねに現前するという逆説に、この言語は基づいていました。隔たりに関する痛切な感覚が、神の近接さに関する感覚と、釣り合いを取っていました。キリスト教の台頭に伴って、この逆説は、受肉の教説に関する延々たる議論を通じて、最も極端な形で表現されるようになりました。全宇宙の最頂点たる「皇帝」と、肉なる人間の「物乞い」という最底辺とが、結び合わさった人間が、キリストという人物において存在していました。キリストにおける人性と神性の結合は、神の力強いシュンカタバシス、すなわち「謙譲」、の行為によって確かにされた、宇宙の究極的な結合を表現する言葉でした。それはまた、社会の理想的な結合状態の象徴としても機能することができました。皇帝と臣下、富者と貧者といった、社会の全くばらばらな諸部分が、共通の肉体及び共通の信仰の神秘的な紐帯によって、つなぎ合わされました。頂点に在る者はこれら紐帯を尊重することを学ばねばならず、底辺に在る者に耳を傾けるべく「謙譲」しなければならないのです。

皇帝の「謙遜」

テオドシウス一世の息子アルカディウス（在位三九五―四〇八）及び孫テオドシウス二世（在位四〇八―四五〇）、すなわち宮廷が恒常的にコンスタンティノープルに所在することとなったのと同じ世代の時代が、エフェソス公会議（四三一年）やカルケドン公会議（四五一年）と結びつけられるキリスト論論争の噴出を見たのは、たぶん偶然以上のことでしょう。これら論争は、ナザレのイエスという人物における神格と人間性の結合の程度及び性質に対して、強迫観念的な仕方で焦点を当てました。[77] というのも、コンスタンティノープルでは、今や東方帝国の押しも押されぬ焦点だった皇帝たちが、ローマ帝国の君主制的諸制度を最初の時から悩ましてきた（同様に、以前にはギリシア語圏東方のヘレニズム諸王国を悩ましてきた）一つの問題と取り組まざるをえなかったからです。皇帝たちはいつも、臣下からの遠さの感覚と、何らかの人間味、すなわち平均的な人間の希望と恐れへの寄り添いの感覚を、組み合わせる仕方を考案しなければなりませんでした。威厳と近づきやすさが交替するスタイルを、彼らは採っていました。今やキリスト教の儀式、キリスト教の信仰心は、皇帝という人物における神的な部分と人間的な部分の神秘的な混合を表現するための象徴的形式を、提供していました。当時宮廷で議論されていたのは、キリスト論論争において神学者たちが議論していたのと類似する問題でした――すなわちそれは、皇帝の神的・公的なペルソナと、彼の人間的性質との間の関係の問題だったのです。

皇帝の儀礼的高挙は、後期ローマ帝国の機能にとって中心的な事柄でした。軍隊は、皇帝の威厳にかけて誓いを行ないました。というのも、皇帝という「神の次に来る存在は、人類によって愛され礼拝されるべきだから」です。[78] ミラノ司教アンブロシウスは、皇帝によって簡単にへこまされる人間ではありませんでした。しかし彼ですら、皇帝がミラノで宮廷から行列を伴って現れた時には、「緋色の輝き」は見る者たちに、皇帝の顔に何らか神的なものが浮かんでいるのを見させた、と述べています。[79] テオドシウス一世の宮廷では、「緋色への崇敬」は、皇帝と臣下の接触の中心的な儀式となりました。そこでは幸運な官吏たちが、ひざまずいて皇帝の衣のへりに接吻するよう、招かれたのでした。[80] コンスタンティノープルの馬車競技場に立てられたオベリスクの基盤部分の周りに彫られた彫刻では、皇帝は、廷臣たち及び町の人々よりも高い、他の人間たちとは異なる高さに、晴朗な様子で浮かんでいるように描かれていました。[81]

しかし同時に、テオドシウス一世は、アウグストゥス時代以来の前任者たちと同様、人間味を保つのに注意深い人でした。キリスト教的諸制度が、彼がそのようなことをするのに助けとなりました。彼の妻フラキッラは、従者を伴わず帝衣を身に着けずに、コンスタンティノープルの救貧院や病院を訪れました。貧者への彼女の配慮において身体性が強調されていることは、この皇帝夫妻が、自らを普通の人間の運命を超越した存在だとは考えていなかったことを確言するものだと言えます。「彼女は病人の世話をした――自ら壺にさわり、スープを味見し、盃を持ってきて、パンを割き、切れ端をひたして、カップを洗い、家来や下女のすることとみなされていた他のあらゆることをしながら」。[82] 断罪された人々のために執り成す際、フラキッラはテオドシウスに、彼自身もまた死すべき者であることを想起させた、と言われています。恩赦や死刑の減免によって命を与える皇帝の「神的な」権限は、(外観がその反対であるにもかかわらず) ローマ世界の支配者もまた人間であるという事実を認識しうるテオドシウスの側の能力――注意深い仕方で養われたものでした――に基づいている、とみなされました。[83] フラキッラの高められたタペイノフロシュネー、すなわち高められた自己卑下は、「君主の位を低くした」のです。[84]

皇帝という人物における「神的なもの」と「人間的なもの」の間の常なる振り子振動を際立たせるものと言える、皇帝の振る舞いの芸術を実践するために、キリスト教的な儀礼やキリスト教的な感情を最も十全に用いたのは、テオドシウス一世の孫テオドシウス二世でした。テオドシウス二世は皇帝の下に生まれ、育てられました。儀礼的な状況で何をするべきか、「どのように衣をたくし上げるべきか、どのように着座するべきか、どのように歩くべきか、どのように笑いを抑えるべきか、状況が求める時にはどのように穏やかな、或いは恐ろしい様子を見せるべきか」ということを、彼は知っていました。[85] しかし彼はまた、同信の信徒、同じ人間として、コンスタンティノープルの人々とどのように交わるべきかも知っていました。四世紀の、休む間のない軍人皇帝たちと異なり、テオドシウス二世はコンスタンティノープルで育ち、そこからめったに移動しませんでした。それは、コンスタンティヌスにとってはありえなかった仕方で、テオドシウス二世にとって「自分の」都市でした。キリスト教の信仰心の共有ということが、彼を「自分の」民に接近可能な存在にしました。勝利の知らせを聞くと、(伝承によれば、宮廷から通じている特別席に皇帝がおわします中で、勝利の公式宣言を聞くために集まったとされる) 馬車競技場の群集全体を、テオドシウス二世は大教会へと連れて行きました。このようにして彼は、馬車競技場からわずか数百ヤードのところにあった大バシリカ（これが将来、ユスティニアヌスのハギア・ソフィアとなったところのものです）と宮廷を、キリスト教徒と俗人、私人と公人の間の振り子振動へと組み込むこととなりました。[86] 別の機会、冬の暴風が黒海からコンスタンティノープル市に吹き込んできた時には、馬車競技場のグラウンドに祈りのために集まって来た「群衆の只中にあって、皇帝は私服で」讃美を歌うことで、彼らと和したということです。[87] その年の大祭に大教会で聖体拝領に列席した際、テオドシウス二世は武装した護衛もつけず、皇帝の王冠も身に着けずに列席しました。「神的な」皇帝にとって、これは新奇かつ驚くべき、謙遜の所作だったのです。

実際、支配権の義によってつねに武具に身を覆われる我等、しかも護衛なしに在ることが適当でない我等は、神の宮へと進み行く時には、武具を置き去りにし、王の飾りをはずし、そして王としての卑下の形によって、むしろ我等は帝国の荘厳さを布告するのである。[88]

地方からコンスタンティノープルを訪れた修道士たちは、皇帝は自らの緋衣の下に髪の毛で出来たシャツを着ていた、と報告しています。帝権を表す徽章の非地上的な輝きの下に、テオドシウス二世は、いかなる修道士の肉体とも同様、悔悛的規律を必要とする普通の人間の肉体を持っていたのでした。[89]

ネストリオスの思想

このような皇帝が、四二八年、才気あふれる説教者との評判を得ていたアンティオキアの司祭ネストリオスをコンスタンティノープルの総主教に選びました。彼は「アンティオキア学派」と称されてきたものが生み出した人物でした。神がその本性において全く超越的であることは、彼にとって全く自明でした。神は人間的な苦難を永遠に免れる存在だったのです。神は人間に近くあることがあるかもしれないが、両者の本性は、お互いと全く隔たるものであり続けるのだ、と。しかしこの神は、全く遠く隔たった存在だったわけではありません。ネストリオスを感嘆させたのは、神の御意志は、論理的分析を許容しない深遠な仕方で、自らを低くすること、或る選ばれた人間の意志と全く合一することを、選ぶのだということでした。つまり、神の意志がイエスの意志と極めて完全に合一したゆえに、唯一の人物たるキリストの、人間としての意志は、単に神の意志への大雑把な近似――人間の中の最も聖なる人々であっても、成しうるのはこの程度のことでした――を達成しただけではありませんでした。むしろ、イエス・キリストの意志は神の意志の完璧な「鏡像」となったのです。神と人性の間のこれ以上の近さはありえませんでした。ネストリオスにとっては、あらゆる人間の意志が達成しようと努力してきたこと――神の意志との全面的な調和――を恵みによって成しえた一人の人間、その人間を恵みの中に含みこむという、神の下向きの恩寵に対して畏敬の念をいだくこと、それで既に充分だったのです。[90]

皇帝によって選ばれた者として、ネストリオスはコンスタンティノープルにやって来ました。彼は、テオドシウス二世自身がなすべきことを促進しました。帝国から異端を除去するよう、彼は皇帝に促したのです。また、彼は首都の修道士たちに対して新たな統制を課しました。馬車競技場での試合のより猥雑な面を批判する説教を行ない、それによって彼は、皇帝と「彼の」民との合流点である馬車競技場を、敬虔な君主により一層ふさわしいものにしようとしました。特に彼は、テオドシウス二世の皇帝としての地位を高めました。テオドシウスだけが、聖体拝領の時に施物がもたらされた時に祭壇の周辺の聖別された空間に入ることを彼によって許されました。皇帝の姉プルケリアには許されませんでした。彼女は弟と一緒に聖所に入る習慣を持っていました。この皇女によって献げられた豪華な祭壇カバーは、彼女をテオドシウスと並ぶ、教会に対する善行者として際立たせていました。ネストリオスはそれを認めようとしませんでした。聖職者に割り当てられた聖なる空間には、東ローマ世界の一般信徒の中で皇帝だけが立たねばならなかったのです。[91]

皇帝との同盟を通じてネストリオスは、神と人間の間の関係の性質について自分が中心的だと思っている諸観念に対して、宮廷の儀礼生活が繰り返しイメージ上の支持を与えてくれる、といった世界に踏み込みました。宮廷の儀式の中では皇帝と臣下の間の本質的な隔たりが強調され、その結果、この隔たりを架橋しうるのは注意深い善意の行為であるとされました。例えば、皇帝は自らの兵士たちと兄弟として交わることを期待されていました。皇帝は、大いなる緋衣なしに、高級将校が締める宝石付きの重いベルトで整えられた軍服を着て現れることとなっていました。しかしこの面会の間も、皇帝はずっと皇帝であり続けるのだ、とネストリオスは指摘しました。皇帝は兵士「と化した」わけではないのです。同様にして、神が謙譲して、至高なる善意から人間イエスの意志と自らの意志を一致させた時にも、神は人間からの本質的隔絶を決して失わなかったのです。[92]

皇帝と臣下の関係にも似た、神と人間の間の架橋不可能な隔絶という感覚は、ネストリオスの思想につきまとうものでした。それは、イメージを選ぶ際の彼の選択に影響を及ぼし、彼の思想が他人によって理解されるその理解の仕方に、影響を及ぼしました。処女マリアが「神を懐胎し生んだ」として彼女を「テオトコス」と呼んでいる信仰的な式文を、ネストリオスは受容するのをためらいました。彼の側のこのためらいは、ネストリオスがキリストについて、キリストの「神的な」威厳があたかも神の「恩寵と愛顧」によって彼に与えられた「外面的な」「公的な名誉」に単に由来するものであるかのごとくに考えているように映りました。[93] 彼の敵たちは、彼の注意深い言い方を残酷な仕方で使いました。イエスはふつうの人間として人生を始め、皇帝の子が父によって正帝《アウグストゥス》と宣言されることが可能なのと全く同様に、神との同等性へと「昇格した」のだ――ネストリオスがこのように考えている、と匂わせることは、あまりにも容易でした。テオドシウス二世の場合、このような昇格は生後九か月、受洗の直後に行なわれました。その時に、宮廷の司教たちはその出来事を、ヨルダン川でのキリストの受洗になぞらえました。アルカディウスが息子テオドシウスを昇格させたことは、「これはわたしの愛する子、わたしの心に適う者」（マタイ三・一七）という、イエスの頭上にあった神からの宣言になぞらえられました。[94] このような雰囲気の中では、ネストリオスが、神へのキリストの近さを、宮廷での式文に従って執り行なわれるのと同様の「昇格」程度のことでしかない、と扱ったかのごとくに思わせる戯画化が、人々の間に広まるのは容易なことでした。

アンティオキアにとどまっていたなら、果たしてネストリオスは、権力の回廊から採られたイメージを使うことを選んで、同じく危なっかしい明快さで自分のキリスト論を展開させたかどうか、わかりません。彼の敵たちによって、彼について極端な見解がこしらえあげられました。ネストリオス自身の知的な小難しさと皮肉な言い方とは、彼を戯画化の餌食にしました。しかし、事実として残っているのは、このような仕方で彼の説教が、彼の言うことを耳にした人々や彼の意見を言いふらした人々によって、記憶されたということです。皇帝という人物における「神的な」威厳と、人間性との間の古来の緊張関係を、テオドシウス二世がキリスト教的な形式で表現するようになっていた、その舞台である宮廷という存在が重くのしかかる雰囲気の中に、これらの人々は生きていたので、この種の問題にはとりわけ敏感だったのです。[95]

ネストリオスの過ち

ネストリオスが重大な過ちを一つ犯したとすれば、それは、いかなる宗教的システムであれ、それが自らの周囲の世界に見られる社会関係・政治的関係のスタイルをいささか忠実すぎるほどに模写する、そのこと自体に由来する過ちでした。よく知られた宮廷の儀式との類比に訴えることで、総主教ネストリオスの見方が、その即時的な了解可能性という点で得をしたとすれば、その得は、当の事柄の（直ちに見えるわけではない）核心を見過ごしにしてしまうことによって失われる損失と、背中合わせでした。皇帝という存在の中で、社会全体において何が希求されているのか、という点が見過ごしにされたのです。皇帝の本質的な隔絶という感覚（注意深く選ばれたその時々の接近可能性によって、緩和されはしますが）は、コンスタンティノープルにおける日常的な通則でした。しかし、皇帝の臣下たちはより多くを求めました。何かもっと測りがたいものを彼らは欲したのです。彼らが欲したのは、凝集性の神秘、連帯の感覚に基礎づけられた、皇帝及び有力者への近さの感覚だったのです。このような連帯は、（ナザレのイエスという人間と神の間の関係について、ネストリオスが説教の中で示唆したような）本質的に別々の二つの意志の明確な結合などといったすっきりしたものからは、生じるものではありませんでした。むしろそれは、人間の肉体の共有と、他者の苦しみを自分自身の苦しみであるかのごとくに扱うことができる能力とに基礎づけられた、より茫洋としているがしかし執拗な、同族感覚から生じ発展するものでした。もし、ネストリオスの神がキリストの受苦する人性から遠く隔たっているように見えたのと同様に、皇帝が臣下たちの苦しみから真に遠く隔たっていたなら、皇帝や大いなる者たちに対するキリスト教的訴えの高調したパトスは、空虚に響いていたかもしれません。「神的な」皇帝テオドシウスとその周囲の人々は、結局、被支配者の希望や恐れを共有してはいなかった、というのが冷たい真実なのかもしれません。

教会政治家にして神学者キュリロス

コンスタンティノープルから船で東地中海を渡ってわずか二週間のところにいた、アレクサンドリアの総主教キュリロスは、ネストリオスの説教について耳にしたところによって、喜びつつがっかりしました。四〇四年に彼のおじテオフィロスがヨアンネス・クリュソストモスを粉砕したように、彼もまた、この男を粉砕するでしょう。そしてネストリオスを粉砕することでキュリロスは、宮廷の所在地であることの結果としてコンスタンティノープルの総主教たちに付与されることとなった威信を、粉砕することとなるでしょう。[96] 歴史家は、キュリロスを愛する必要はありません。彼は「教会の年代記における最も魅力に乏しい人物の一人」と描かれてきました。[97] 彼は、自分が何を欲しているかということと、それをやり遂げるすべとを知っていました。ついにキュリロスは、宮廷の人々に対して賄賂《わいろ》を渡すことによって、自分の見解が支持されるように取り計らうことができました。その額たるや、金一〇八〇ポンド、すなわち金貨七万七七六〇枚、有力者でないふつうの司教三八人の給料相当額、一万九〇〇〇人の貧者の一年間の食物及び衣服相当額、そして、西方の司教によって捕虜解放のために支払われた最高額の二五倍でした。[98]

しかし、キュリロスは単にいじめっ子だったわけではありません。彼は手だれの政治家でした。当時の雰囲気に対する恐るべき本能を以て、彼は自分の場を選びました。彼はまた、アレクサンドリア司教区の神学的伝統と当時のキリスト教信仰とに深く根ざした特殊な宗教的言語を駆使する、恐るべき、そして全く真率な使い手でもありました。[99] 彼はネストリオスの見解を、あくなき獰猛さと真の恐怖とを以て追撃しました。ネストリオスの見解は、神との間で失われた親密さを回復したいという、堕落した人類の最も深い願望に反するものだ、と彼はみなしました。キュリロスの考えでは、ネストリオスは神を、「ペルシアの君主」と同様に、人間からとてつもなく遠い存在にしてしまったのです。[100] このような告発の致死的な的確さを、私たちは過小評価してはなりません。東ローマ社会の指導的立場の人々の多くは、皇帝の独裁制は、ギリシア人たちがつねにそのように考えてきたように、ペルシアの王の王の宮廷と同様な経過をたどるかもしれない、ということを深刻に受け止めていました。テオドシウス二世は、宮廷のベールの奥へと引きこもって、臣下たちから全く退いた支配者になってしまうかもしれない。シュネシオスという人物はキュレネのプトレマイス〔地名〕の司教になる前に、まさにこのような発展の危険についてはっきりした言い方で、テオドシウスの父親に警告を発していました。

それゆえこの荘厳さ、よくある光景となることによって人間化されるのではないかとの恐れ、これらがあなたがたを、自分自身によって攻囲されることによって自閉的にし、わずかしか見ず、わずかしか聞かないようにし……、海のくらげの生を生きるようにする。[101]

シュネシオスは自分の地域を代表して、宮廷の周囲にいる人々のためにこれを書きました。キユレネ（リビア東部）は、東ローマ帝国の南東部の一番果てにちょこんとある、遠隔の州でした。同地の住民たちは、自ら苦情を抱えてコンスタンティノープルにやって来る場合に、「ペルシア風の」支配者の閉鎖的な宮廷に面喰らわされるなどということはない、ということについて、確信を持っている必要があったのです。

ネストリオスに対抗してキュリロスが提唱したのは、イエス・キリストという独一な人間において達成された、神と人性の間のほとんど物理的な「本性的」連帯に基づくところの、神と人間の結合という考えでした。[102] これは大胆な解決案でした。ここでは、神が行なった、人間性へと至る「謙譲」ということは、ネストリオスが提唱した単なる「接続」よりも遥かに深い結合に基づいていました。それは、驚くべく、かつ理性が透徹しがたい、そしてそれと同じぐらいに強固な、「本性的」一致だったのです。

しかしキュリロスにとっては、キリストという人間における、神と人性の結び合わさりの透徹不可能性・独一性は、神と人類の間の連帯性、すなわち、決して抽象的な教説などではないレベルの連帯性を保証するものでした。まさにそれが神秘のベールに覆われているがゆえに、キュリロスの言い方は、キリスト教的想像力のあらゆるレベルへと拡散していきました。それはまず、神と人性の間の、しかしまた屈折を経て、皇帝と臣下の間の、富者と貧者の間の、弱者と有力者の間の、連帯イメージの手本となりました。行動において神を「模倣」しようとするあらゆる階級のキリスト教徒は今や、人間の条件の悲惨さのあらゆる面への親密かつ継続的な連帯へと（受肉によって）ご自身をお委ねになったところの神を、模倣しなければならないのです。もし富者や有力者が貧者に対して「神のような存在」であるなら、彼らは、全面的に人間の苦しみへとご自身を開かれた神、「本性的に」人間に同情することのできる神、そのような神のようになることを学ばねばなりませんでした。彼らは貧者に対して、〔そのような神と〕同程度の謙譲を、また同程度の同胞感情を、示さなければならなかったのです。

キュリロスにとって、また彼を支持した人々にとって、神と人性の結合は、ご自身の意志を人間の意志と合致させようという至高なる神の決定といった、上から下へと向かう、基本的に外在的なものによって、実現することではありませんでした。彼はネストリオスに宛てて、神と人性はマリアの「まさに胎内における以来」単一の一体性として合わさっていたのだ、と明確な言葉で書きました。[103] 言うなれば、神は処女マリアを通じて人性へと合わさされたのです。他のすべての人間と同様、人間である母親から人間の肉体を共有することによってもたらされたところの、同族の絆によって、彼は結び合わされていました。このテーマを強調したことが、キュリロスの成功の秘訣でした。神秘のベールに覆われているゆえにより拡大されたところの、高密度の連帯という言語が、彼のライトモティーフでした。このテーマを自らの使信の前面に据えつつ、キュリロスは、皇帝テオドシウス二世、皇女たち、コンスタンティノープルの聖職者や人々に、長文の手紙や教義上の言明の洪水（完全爆撃の神学的等価物と言ってよいものです）を浴びせかけることとなりました。

現代人には、「アンティオキア学派」のキリスト論のほうが、より魅力的に見えます。人間の領域から神が遠ざかっているということは、同学派の神学者たちに、ナザレのイエスという人間へと集中することを可能にしました。彼らが提示したイエス像は、その手が病人に触れるだけで病人が癒されるといったほどに、当の肉体が神性に満ちあふれた人間という、キュリロスが描く畏怖すべきイエス〔像〕よりも一層、現代の「史的」イエスにより近いとの賞賛をしばしば受けるものでした。[104] しかし、ネストリオスのイエス〔像〕は決して、現代的感情に即した穏やかな「史的イエス」などではありませんでした。キュロス〔地名〕のテオドレトスのような、ネストリオスの支持者は、イエスをむしろ、神の意志との合同によって、他のいかなる人間もなしえなかったほどに身体を超越することを実現した人間として理解していました。イエスという実例の結果として、人間は、自らの意志をして神の意志と同盟関係を結ばせるほどにまで、自分の意志を極限まで張り詰めるようにというチャレンジを受けていたのです。そうすれば彼らは鈍い肉体を越えて遙か高みへと昇るだろう、と。ネストリオスのイエス〔像〕は、シリアの畏怖されるべき聖人たちにとって、ちょうど良いモデルでした。柱頭行者シメオンのように「肉体のない」柱頭聖人や、同地のキリスト教徒たちの讃嘆の的となった、似たような極端な禁欲者たちは、ふつうの人間の意志であっても、神の意志に従い尽くす場合には肉体の克服のためにどれほどのことを成しうるか、ということを身を以て示していたのです。[105]

人間と神の連帯の保証としてのイエス・キリスト

初期ビザンツの人々にとって、「史的」イエスなどというものは、彼らが切に求めていたたぐいの人物像では全くありませんでした。彼らが欲していたのは、イエスをその母親に結びつけ、そして自分たち自身に結びつけたところの、肉体の絆のうちに、単なる意志以上に深いところを行く人間と神の間の連帯についての、保証を感じ取ることだったのです。こういうわけで、マリアをテオトコスすなわち「神を懐胎し生んだ」者として崇めるマリア崇敬の登場が重大な役割を担うこととなりました。マリアから肉体を受け取ることで、神は人間になっただけでなく、人間的になりました。神の神性のむき出しの威厳は、マリアという人間による授乳によって言わば「和らげられました」。五世紀の人々にとって授乳は重たい事柄だったということを、私たちは記憶するべきです。赤ん坊は通常、三年にまで及ぶ長い期間、授乳を受けました[106]。赤ん坊が得た乳は、単なる乳とは考えられていませんでした。それは、人間の血と同一の、液化した肉体だったのです（実際、それは赤い色に幼児が怯えることのないよう白くなった乳でした）[107]。母親の乳は、子どもの物理的同一性の（そして、より神秘的な仕方で、その性格の）直接の源泉でした。イエスに授乳することでマリアは、神を人間にしました。人間の乳を飲ませる過程を通じて、マリアはイエスのうちに、同情、慈悲、同胞意識といったあらゆる人間的感情の基とみなされる、人間の肉体を担う同胞に対する同胞感情をいだく能力を植え付けたのでした。最も哀れな人間でも、いったんは人間の母親の乳房から授乳されました。有力者たちもまた、他の人々との巨大な社会的隔たりにもかかわらず、かつて母親の乳房にぶら下がったがゆえに、慈悲を求めるあらゆる人々から訴えかけを受けることになりえたのでした[108]。

六世紀のイコンでは、マリアはまだ、幼児イエスに授乳している姿では描かれていません。しかし彼女は、幼児イエスが、まだ彼女の子宮とつながっていると見えるような格好で、そのひざの上に威厳を持って座している、という姿で描かれています。イエスのひざにはマリアの右手が触れています。[109] これは、イエスが人類と同族であることを優しく示した図柄でした。七世紀初頭のローマのパンテオン（の改造されたもの）と結びつけられるイコンにおいては、マリアの手は金色に塗られています。というのも、マリアの右手の接触が、マリアをイエスと結びつけ、そしてマリアを通じて、人間であるあらゆる礼拝者を、人間の肉体の共有ということのゆえに、神と結びつけるものだったからです。キリストへのマリアの身体的近さがこのように表現されたことは、キリスト教の民衆的信仰心における根強い傾向に応答するものでした。すなわち、H・チャドウィックの賢明な言葉によれば、「（このような信仰心における）根本的な要因は……我々と完全な連帯関係にある人物への（必要）ということである」[110]。

これまで見てきたように、隔たりと連帯の間の緊張関係から、大いなる者たちに対する全く新たな「要求の言語」が生み出された、そのような帝国の中で、これら論争は行なわれました。諸々の論点の議論は、ヨアンネス・クリュソストモスの説教のようにキリスト教共同体の神秘的連帯を重要視し、キリストの姿がなお貧者たちの間にとどまっていると述べる説教によって長らく養われてきたキリスト教の諸教会によって、担われました。それゆえ、キリスト論論争が嵐のように東方帝国を襲ったことは驚くべきことではありません。全体として、キュリロスの見方が勝利しました。アレクサンドリアの総主教の介入の結果として、これ以後の数世紀においては、ネストリオスの方向性の再来とおぼしきものは何であれ、神と人間の間の連帯の絆を解消するという、冷え冷えとした可能性を提起するものなのだ、という見方が確固たるものとなりました。四五一年のカルケドン公会議において提唱された妥協的な信条に対して、後に「単性論派」として知られるようになる分派者たちを反対させるに至らせたのは、このような可能性に対する真摯な恐怖感でした。彼らは、キュリロスの見方への忠誠心からこのような反対に立ち至りました。カルケドン公会議において（教皇レオの文書《トムス》とふつう結びつけられる定式の形で）提出された、キリストという人間における人性と神性の賢明な均衡的扱いは、そのような人々にとってはアナテマとなりました。もし人性と神が、それぞれ別々の自律的な領域を当てがわれたなら、その際の危険は、神がご自身の領域へと引きこもり、人性を自活させる（つまり、自分自身でやっていかせる）、というものでした。[三] 単性論派にとっては、神と人間が独一的な親密さで永遠に結び合わさった当の存在たるキリストの「唯一なる」本性を、妥協の余地なく強調することだけが、そのような冷え冷えした可能性を避けさせるものでした。こういうわけで、とうとう東方における教会の分裂、今日にまで及ぶ分裂が、もたらされました。

キリスト論論争の社会的含意

この点について、私自身の考えをはっきりさせたく思います。五・六世紀に東方帝国を苦しめたキリスト論論争について、純粋に「社会的な」説明を提唱することは、私の意図するところではありません。こういうことはこれまでにも試みられ、失敗に終わってきました。人性への神の近さという宗教的問題は、それだけで充分に深刻なものでした。この問題が惹起した熱情は、あたかもその熱情が、社会的不平やナショナリズム的野心といった、より深いところからの力によって燃やされ続けたかのように、説明される必要はありません。[112]そのような〔社会的〕要因を、あたかもそれだけが「現実的」であるかのように特別扱いすること、また、五世紀の神学的思弁を空虚なたわごとであるかのようにみなすことは、古代末期の宗教の性質を見誤ることです。異教徒にもユダヤ教徒にもキリスト教徒にも天と地の結合という問題が問題として意識された、そのような場である全く宗教的な文化、それの全重量が、あらゆる当事者のキリスト論的言明の上にはのしかかっていました。神がいかに遠く、かつ同時に人間に対して現前しうるのかということは、生き生きしたテーマでした。それは、新プラトン主義学派の異教的な形而上学的思弁を、キリスト教の神学者たちの関心事と結びつけたのです。[113]

しかし、東方帝国の政治生活・社会生活から直接採られたイメージがこの論争で繰り返し使われたことに、歴史家は感銘を禁じえません。社会についての特殊な見方と、その不満とは、すべての当事者たちが感じ取った雰囲気の一部でした。単性論派とカルケドン派の間の分裂は、結局、社会に関する諸々の異なる見方の「列挙」という形でまとめられてよい、と示唆するのは誤りでしょう。むしろ逆でした。各々の側は異なった仕方で、良い社会及び「醜い」社会に関するおよそ同じ基本的なイメージを、引き合いに出していたのです。しかし各々が、敵対者側の見方はそのような社会ヴィジョンに反する、と確信していました。キリスト教徒だった東方帝国の住人たちは、何が「醜い」社会を構成する要素かに関して、鋭敏な感受性を発展させてきました。

「貧者の叫び声」が相手にされず、人々が司教や修道士たちに耳を貸さず、肉体の共有や信仰の共有といった共通の紐帯への訴えかけが認められず、つましい人々と有力者の間を、空のように広大かつ空虚な隔たりが隔てている――醜い社会とは、そういう社会でした。何らかの仕方で神を人性から分け隔てようとする神学は、東ローマ社会の漂流という極めて恐るべきことを、不吉な的確さで表現しているとみなされました。こういうことを、単性論派はネストリオスのうちに明確に見てとり、彼らはまた、カルケドン公会議の支持者のうちにもそれが見てとれる、と思っていました。カルケドン派も、同じ見方で相手を見ました。カルケドン派は、単性論派がキリストという人間において人性と神性を融合させるその仕方は、この世に対してイエスを、通常の人間と同じ肉体を持つ存在とは考えられない者として、つまり「マニ教的な」エーテル的存在、彼を礼拝する者たちの人間的感情を真に共有することのできない存在として、提示していることになる、と主張しました。どちらの側でも、連帯の同じモデルが、敵対者側の見方によって危険にさらされているように見えたのでした。

五世紀末のアンティオキアに向かうことにすると、半世紀に及ぶキリスト論論争の過程で動員された連帯の諸観念の想像上の帰結を、私たちはここで極めて明確に見ることができます。当時、単性論派的な見方は、ネストリオスの見方のかつての故地だったアンティオキアに浸透して勝利を得ていました。紛争に満ちたこの都市の雰囲気は、人々の考えをキュリロスの見方の受容へと向かわせた諸々のイメージや恐怖といったものを、私たちに垣間見させてくれます。教会は、神と自分たち自身の間の隔たりの度合いについて、自分たちの司教が本当のところ何を考えているかということを、注意深く窺っていました。四四〇年代、アンティオキアの司教ドムノスは、右手を頭上高くへと上げ、左手で地面の方を指したところを、洗礼志願者たちによって目撃され、彼から洗礼準備のための教育を受けていた彼らは、その光景を見て恐れを成しました。[114] 隔たりを表すこの大げさな仕草は、キリストにおける神と人性の連帯について、司教が本当のところ何を信じていたかを示していました。つまり、大した連帯ではない、というわけです。というのも、人性が望みうる最良のものとは、広大に広がった隔たりの上で二つの別々の存在が「単に結合すること」だ、とドムノスが考えていたことを、それぞれ大きく別方向を指し示した彼の両手は示していたからです。そこまで遠く隔たった結合は、ほどなく解消するでしょう。

隔たりの上に架橋することが重要でした。四七〇年代の或る時、アンティオキアの単性論派の総主教だったがその地位をめぐって熱い争いのあった、縮充工ペトロスは、神としてキリストに呼びかける伝統的な讃美の祈りに、わざわざ一言付け加えました。「聖なる神、聖にして力強き、聖なる不死なる方」という言葉に、彼は「我らのために十字架につけられた」と付け加えたのです。カルケドン的正統信仰を奉ずる人々にとって、この付加は冒瀆的な思考混乱を示すものでした。誰一人、神ご自身が十字架上で死んだなどとは言えなかったのです。しかし、神が人間としての苦しみを、大惨事の時に今や神に祈る人々とかつて共有してくださったことがあるということを、はっきりした言い方で神に思い出してもらう必要がある、というような機会は、アンティオキアの人々には何度もありました。そのような大惨事の中で最も恐れられたのは、シリア北部の町を時折壊滅させた地震でした。アンティオキアの主要な教会の外の、大きな中庭に集まった群衆は、特別の訓練を受けたオウムが、十字架につけられた者よろしく羽根を広げて、カルケドン公会議の取り決めなどものともせず、かの挑発的な付け足し付きの讃歌をガーガー鳴いた時、呪文で縛られたようになりました。この出来事について、アンティオキアのイサアクはシリア語でまるまる一つの詩を書いています。すべてのキリスト教徒が学のあるこの大胆な鳥のように考えればよいのに！[115]「我らのために十字架につけられた」という付加は、単性論派の神は苦難のうちにある世界に親しくかかわる神だ、ということを保証していました。受肉に関する別の詩でイサアクが次のように書いているとおりです。「何が彼の憐れみの理由かを見よ――我らによってさげすまれた肉体だ。彼の同情の理由を学べ――あなたと同じく、彼の飢え、彼の渇きだ」[116]。

このようなキリストが、なお貧者の中にとどまっていたのでした。五一二年から五一八年の間に、単性論派の偉大な神学者セウェロスがアンティオキアの総主教として説教した時、彼は相当程度、ヨアンネス・クリュソストモスの相続人として語っていました。アンティオキアで司祭だった時、ヨアンネスは貧者への配慮について雄弁に語りました。キリストにおける、及び（その拡張として）「貧者の中のキリスト」像における、神性と人性の密接な混合を彼が強調したことは、その強度の点で、後の単性論派的な見方に接近するものでした[117]。一と四分の一世紀後、セウェロスの時代に、アンティオキアでは変化はほとんど見られませんでした。貧者は相変わらずそこに居り、彼らは司教の日々の移動にくっついてその周囲に群がりました[118]。貧しい異国人たちは、パンデクタイ、すなわち「万人受け入れ所」、として知られる教会脇の共同墓地に葬られました。無名で亡くなるこれらの人々の死を弔う儀式は、一年に一度、共同の記念礼拝において行なわれました。裕福な者は、自分たちの亡くなった親族の魂への配慮のためにはふんだんに支出するが、これら無名の貧者については、彼らを想起するために式に顔を出すことすらしない、とセウェロスは指摘しています。[119] 美装を凝らした女たちが、教会に行く途中、物乞いたちの前を通りながらなお髪の毛にブラシをかけています。「貧者の群れがあなたがたの戸口の外にいて、ひもじく、食物と衣服を必要として、飢えて渇きを覚えているのに、あなたがたは自分たちの顔を彼らの上へと向けない」。[120] 六世紀のアンティオキアの貧者は、ヨアンネス・クリュソストモスの時代の貧者と相も変わらず同様であり、さらに古代のシュメールの時代以来同様でした。彼らはなお、「その地の沈黙せる者たち」だったのです。[121]

しかしこれは、セウェロスが彼らを見た見方ではありませんでした。貧者の間にキリストが引き続き現前するということを説教する時、セウェロスの言い方は、クリュソストモスの言い方以上に重い調子を帯びたものでした。単性論派セウェロスにとっては、受肉は神を人性に、もはや変更不可能な仕方で結びつけることでした。『三つの単性論的キリスト論』という研究書の著者R・チェスナットのよく選び抜かれた言葉によれば、

あらゆる苦難はキリストの苦難だということになった……すべての人間は、いかに低い身分であっても、かつて神に属し、また今なお属し続けている存在だという意義を帯びている。[122]

私たちの兄弟の傷つけられた四肢に触れましょう（とセウェロスは主張しています）、その聖なる清い側――あなた〔すなわちキリスト〕が私たちのために不死の飲み物をお流しになっ

た側――にも触れるのと同様に。[123]

キュリロスの教えを最も非妥協的な形で守り続けたアレクサンドリアの総主教たちへの忠誠ゆえに、エジプトは強固な単性論派となる運命にありました。[124] 四三〇年代、アトリペのシェヌーテのような偉大なる修道院長は、エフェソス〔公会議〕におけるキュリロスの勝利が自分たちの地元で持つ意味について、何らの疑念をも持ちませんでした。既に見たように、請願し、大いなる者たちを告発することにかけて、シェヌーテは倦むことを知らない著者でした。クリスマスの或る説教において彼は、受肉の性質に関するキュリロスの見方の勝利の直接的な社会的教訓を明確にしています。

貧者に対して、特に自分のしもべに対して、憐れみのない非人間的な総督は、真に豊かな方に、すなわち、万物の主なのに我々のために貧しくなられた方、かつ人間のためにしもべになられた方に、思いを致すように。[125]

ということで、社会の「古典的」モデルからキリスト教的モデルへの移行の、想像力にかかわる歴史における、嵐のようなこの時期を見ることを、六世紀にコプト語で書かれた民衆的な著作で終わりにするのは、適切だと言えるでしょう。「問いと答え」を集めたこのコプト語集成の無名の著者は、この偉大な論争で総主教キュリロスが結論を語るようにしています。「なぜ」、と著者は総主教に尋ねているのですが、「神は人間になられたのでしょうか」。キュリロスの答えは、曖昧さのないものでした。すなわち、受肉は最後の審判が公正に行なわれるために必要なことだった。というのも、もし神がご自身を人間の肉体と同じものとなさらなかったら、最後の審判の時に悪魔は、貧者に対して憐れみを示しそこねた心なき者たちを神が断罪する権利に、異議を唱えることができるだろうから。つまり、一度も受肉しなかったのだから——と悪魔は主張しただろう——、神は人間の飢えや渇きを感じたことが一度もないことになる。なぜ人間は、神自身がそうしていないのに、他の人間たちの悲惨さを理解しそこねたことを理由に、その神から断罪されてよいだろうか。神自身がそうであるように、富者や有力者は、人間の悲惨さによって動揺させられることなく穏やかに、自分たちの生を生きる資格を与えられたのだ。キリストになることによって、人類の渇きと飢えを自己の存在の中へと受け入れた神だけが、完璧な真摯さを以て、貧者への同胞感情の欠如ゆえに、富者を断罪することができるのだ、と。[126]

結語——連帯への希望——

これまでの三つの章で私たちがたどってきたのは、社会の古典的な「市民」モデルから、キリスト教的社会の中世的・ビザンツ的モデルへの移行であり、その特徴を成していたのは「富者」と「貧者」の間の分裂であり、そして、その分裂の中で富者は、貧者に対する「慈悲の行為」を行なうことでその分裂に橋を架けるよう、つねに挑発を受けた、ということでした。このモデルは、三一二年のコンスタンティヌスの改宗以降の数世紀の間に、ゆっくりと姿を現してきました。様々な実際的な仕掛けや諸々の調整——主として公的な「貧者への配慮」を指向したものでしたが、社会のあらゆるレベルを通じてもっと散漫な仕方で機能する傾向を有しました——が、地域の共同体を、リーダーシップの発揮のために、また、遠い当局に対して自分たちの要求を代表してもらうために、次第次第にキリスト教の司教へと向かわせました。このような発展は、それだけで独立して起こったのではありません。それは社会の古代近東的モデルに基づいた新たな宗教的言語の登場を伴っており、そしてこの言語は、より強固な国家が登場し、かつ諸階級の間の差異がより尖鋭的になっていく状況に対して、一層適切なものであることが明らかでした。

しかしこの言語は、社会的距離の感覚を伝えただけではありません。それはまた、連帯の感覚を表現するためにも使われました。人間の肉体という共通の絆に訴えかけることを基とする、それは「要求の言語」だったのです。神ご自身が人間の苦しみを共有されたように、富者と有力者は同胞の人間の苦しみに気づくようにと、それは挑発していました。初期ビザンツ時代において、それは次第に頻繁に、また相当の切迫さを以て、用いられるようになりました。というのも、「都市の〔水平的な〕連合体」というローマ帝国古来の理想に今やとって代わった「垂直的な」中央集権的帝国社会の中で、多くの意味でか弱くあり、かつ思考惹起的でもある、社会的凝集性の希望を、この言語は体現していたからです。

キリスト教の説教、そしてついには、既に見たように、神と人類の関係に関する神学論争は、その大いなる希望の象徴的表現を、高い音に合わせていました。キリストという人間において、及び（その拡張として）貧者という人間たちにおいて、神と人性が結合するということに関する、初期キリスト教的感覚の高遠なメロディーは、私たちの大部分には遠く隔たった音楽です。それは、全くのよそよそしさゆえに歴史家を挑発し興奮させ続ける、そのような過去から来る音楽です。しかしはっきり言えば、連帯の希望それ自体、そしてそれに伴う重荷の認識は、今日の私たちの上になおのしかかります。それは、紀元後四・五・六世紀においてつねにそうだったように、必要な密度と想像力の象徴的形式への凝縮を相変わらず必要とする、こわれやすい熱望として、存在し続けているのです。

註

第1章

1　Pseudo-Athanasius, *Canons* 14, ed. and trans. W. Riedel and W. E. Crum (Amsterdam: Philo Press, 1973), pp. 25-26. A. Martin, *Athanase d'Alexandrie et l'Eglise d'Egypte au IVe siècle*, Collection de l'Ecole française de Rome 216 (Rome: Palais Farnèse, 1996), pp. 707-763 及び同著者の論文 "L'image de l'évêque à travers les 'Canons d'Athanase.' Devoirs et réalités," *L'évêque dans la cité du IVe au Ve siècle. Image et autorité*, ed. E. Rebillard and Sotinel, Collection de l'Ecole française de Rome 248 (Paris: de Boccard, 1998), pp. 59-70 をも参照。

2　*Codex Justinianus* 1.2.12, ed. P. Krüger (Zurich: Weidmann, 1967), p. 13.

3　ローマについては E. Diehl, *Inscriptiones latinae christianae veteres* (Zurich: Weidmann, 1970), 1:1103.5: "pauperum amator, aelemosinae deditus omnis, cui numquam defuere, unde opus caeleste fecisset." を参照。ガリアについては G. Le Blant, *Inscriptions chrétienes de la Gaule* (Paris: Imprimerie impériale, 1856), 1:iii を参照。ローマにおけるユダヤ教の同様な碑文については、フィロペネースとフィレントロスについて L. V. Rutgers, *The Jews in Late Antique Rome* (Leiden: Brill, 1995), p. 193 を参照。

4　主にラビ文献に含まれている、ユダヤ教の実践に関する豊富な証拠を、納得の行く年代的・史的文脈の中に位置づける作業は、残念ながらまだ行なわれていません。Ze'ev Saffrai, *The Jewish Community in the Talmudic Period* (Jerusalem: Zalman Shazar Center, 1995), pp. 62-77（ヘブル語）は、少なくともそのような試みの実例だと言えます。そのような言及箇所を集めた最良の集成は依然として H. L. Strack and P. Billarbeck, *Kommentar zum Neuen Testament aus*

Talmud und Midrasch (Munich: C. H. Beck, 1928), 4:1, pp. 536-610です。ディアスポラのユダヤ人について知られる証拠は、タルムードの著者たちが貧者救済の組織に関して前提していた制度的均一性という想定に反するような結果をもたらしています。アフロディシアス〔地名〕のシナゴーグにおける「貧者の皿」に関するJ. Reynolds and R. Tannenbaum, *Jews and Godfearers at Aphrodisias,* Cambirdge Philological Society Supplements 12 (Cambridge: Cambridge Philological Society, 1987), pp. 26-29の記述と、その見解に対するM. H. Williams, "The Jews and Godfearers Inscription from Aphrodisias: A Case of Patriarchal Interference in the early Third Century?" *Historia* 41 (1992): 297-310における批判とを比較のこと。ディアスポラにおけるシナゴーグの特異的な組織についてはT. Rajak and D. Noy, "*Archisynagogoi:* Office, Title and Social Status in the Greco-Roman Synagogue," *Journal of Roman Studies* 83 (1993): 73-93を参照。

5 Julian, *Letter* 22, ed. W. C. Wright, *The Works of the Emperor Julian,* Loeb Classical Library (London: Heinemann/New York: Putnam, 1953), 1:58-70. Menahem Stern, *Greek and Latin Authors on Jews and Judaism 2: From Tacitus to Simplicius* (Jerusalem: Israel Academy of Sciences and Humanities, 1980), no. 482, 549-551に転載。

6 A. von Harnack, *Mission und Ausbreitung des Christentums* (Leipzig: J. C. Hinrichs, 2nd ed. 1906), 1:127-172; trans. J. Moffat, *The Mission and Expansion of Christianity in the First Three Centuries* (London: William and Norgate/New York: Putnam, 1904-1905), 1:181-249.

7 P. Veyne, *Le pain et le cirque* (Paris: Le Seuil, 1976), pp. 15-273; 縮約英語版は *Bread and Circuses* (London: Allen Lange Penguin, 1990), pp. 5-200〔ポール・ヴェーヌ／鎌田博夫訳『パンと競技場』、法政大学出版局、一九九八年、一〜三六九頁〕。食料供給という極めて重要な問題についてはP. Garnsey, *Famine and Food Supply in the Greco-Roman World: Responses to Risk and Crisis* (Cambridge, U.K.: Cambridge University Press, 1988), pp. 82-86〔ピーター・ガーンジィ／松本宣郎・阪本浩訳『古代ギリシア・ローマの飢饉と食糧供給』、白水社、一九九八年、一一一—一一七頁〕を参照。

8 都市と、気前の良い人々のうち施与者として期待された人との間の継続的な「対話プロセス」については、John Ma, *Antiochus III and the Cities of Western Asia Minor* (Oxford, U.K.: Oxford University Press, 2000), p. 241に優れた要約があります。

9 *Garnsey, Famine and Food Supply*, p. 83〔ガーンジィ『古代ギリシア・ローマの飢饉と食糧供給』、一一三頁〕及び T. W. Gallant, *Risk and Survival in Ancient Greece* (Stanford, Calif.: Stanford University Press, 1991), pp. 182-185.

10 Veyne, *Le pain et le cirque*, pp. 539-700; *Bread and Circuses*, pp. 292-482〔ヴェーヌ『パンと競技場』、五一三―七七七頁〕。ヘレニズム期について、「エヴェルジェティスムの言語、権力への言及が見られない言語」については Ma, *Antiochus III and the Cities of Western Asia*, p. 237 を参照。

11 Y. Tsafrir and G. Foerster, "Urbanism in Scythopolis-Bet Shean in the Fourth to Seventh Centuries," *Dumbarton Oaks Papers* 51 (1997): 85-146, 特に 118。ローマ領アフリカについては F. Jacques, *Le privilège de la liberté. Politique impériale et autonomie municipale dans les cités de l'Occident romain (161-244)*, Collection de l'Ecole française de Rome 76 (Rome: Palais Farnèse, 1984), pp. 758-760 で分析されているトゥッガ（現代名ドゥッガ、アルジェリア〔むしろチュニジア〕）の場合を参照。

12 紀元後四世紀のギリシア文学の中に存続しているこの市民的理想については、P. Brown, *Power and Persuasion in Late Antiquity: Towards a Christian Empire* (Madison: University of Wisconsin Press, 1992), pp. 78-86 を参照。

13 この点は三世紀のオクシュリンコスの場合について、生き生きとした実例によって示すことができます。同所では、穀物配給を受ける資格のある市民たちは自分が市民の末裔であることを証明し、自分たちの居住地を提示しているのです。*Pap. Oxy.* 2898, *Oxyrhynchus Papyri* 40 (London: British Academy, 1972), pp. 46-47 及び R. J. Rowland, "The 'Very Poor' and the Grain-Dole at Rome and Oxyrhynchus," Zeitschrift für Papyrologie und Epigraphik 21 (1976): 69-72 を参照。

14 イアソスの「貧しい」市民たちの娘の嫁資のためにアンティオコス三世の妻、王妃ラオディケが紀元前一九六／一九五年に行なった寄進という、多くを物語るケースを参照。Ma, *Antiochus III and the Cities of Western Asia Minor*, pp. 223-228 及び Epigraphical Dossier, no. 26, pp. 329-335 は、この施与物が受取人によって直ちに十全に「市民的」な意味で再解釈された、つまりデーモスに与えられた名誉として解釈された、その様子を示しています。そのうちの幾人かが実際「貧しかった」という事実への言及は見られません。類似のケースについては J. Strubbe, "Armenzorg in de Grieks-Romeinse wereld," *Tijdschrift voor Geschiedenis* 107 (1994): 163-183, 特に pp. 165-167 を参照。

15 特に G. Woolf, "Food, Poverty and Patronage: The Significance of the Epigraphy of the Alimentary Schemes in Early Imperial

Italy," *Papers of the British School of* [sic] *Rome* 58 (1990): 197-228を参照。スペインのアリメンタ制度について最近校訂された別のケースについては、今や R. S. O. Tomlin, "An Early Third-Century Alimentary Foundation," *Zeitschrift für Papyrologie und Epigraphik* 129 (2000): 287-292を参照。

16 P. Garnsey, *Famine and Food Supply*, pp. 218-243〔ガーンジィ『古代ギリシア・ローマの飢饉と食糧供給』、二八三―三一六頁〕及び "Mass Diet and Nutrition in the City of Rome," *Cities, Peasants and Food in Classical Antiquity* (Cambridge, U.K.: Cambridge University Press, 1998): pp. 226-252; W. Scheidel, "Libertina's Bitter Gains: Seasonal Mortality and Endemic Disease in the Ancient City of Rome," *Ancient Society* 25 (1994): 151-175.

17 C. Virlouvet, *Tessera frumentaria: Les procédés de la distribution du blé public à Rome à la fin de la République et au début de l'Empire*, Bibliothèque des Ecoles françaises d'Athènes et de Rome 296 (Rome: Palais Farnèse, 1995), pp. 243-362.

18 H. Bolkestein, *Wohltätigkeit und Armenpflege im vorchristlichen Altertum* (Utrecht: A. Oosthoek, 1939).

19 Veyne, *Le pain et le cirque*, pp. 15-183; *Bread and Circuses*, pp. 5-69〔ヴェーヌ『パンと競技場』、一―一八八頁〕。

20 E. Patlagean, *Pauvreté économique et pauvreté sociale à Byzance: 4e-7e siècles* (Paris: Mouton, 1977)、及び "The Poor," *The Byzantines*, ed. G. Cavallo (Chicago: University of Chicago Press, 1997), pp. 15-42.

21 Patlagean, *Pauvreté*, pp. 17-35, 181-196, and 423-432.

22 Patlagean, *Pauvreté*, p. 429.

23 Patlagean, "The Poor," p. 18.

24 Peregrine Horden and Nicholas Purcell, *The Corrupting Sea: A Study of Mediterranean History* (Oxford: Blackwell, 2000), pp. 89-112及び342-400, 特に377-383。

25 帝政初期イタリアにおけるギリシア流のエヴェルジェティスムの「驚くべき」欠如については、S. Demougin, "De l'évergétisme en Italie," *Splendidissima civitas. Etudes d'histoire romaine en hommage à François Jacques*, ed. A. Chastagnol, S. Demougin, and C. Lepelley (Paris: Bibliothèque de la Sorbonne, 1996), pp. 49-56を参照。また、ローマ領アフリカにおける、約束を成し遂げることに対する失敗については、Jacques, *Le privilège de la liberté*, pp. 704-709, 743及び750を参照。

26 Veyne, *Le pain et le cirque*, pp. 295-296; *Bread and Circuses*, 149-150〔ヴェーヌ『パンと競技場』、三二六—三二八頁〕。イタリアについては、R. Duncan-Jones, "The finances of a senator", *The Economy of the Roman Empire* (Cambridge, U.K.: Cambridge University Press, 1974), pp. 17-32, 特に 29-31 で分析されている、コモに対する小プリニウスの印象的な善行（彼はこれについて長々と記している）を参照。C. E. Manning, "Liberalitas – the Decline and Rehabilitation of a Virtue," *Greece and Rome* 32 (1985): 73-83 をも参照。

27 E. Champlin, *Final Judgments: Duty and Emotion in Roman Wills 200 BC-AD 250* (Berkeley: University of California Press, 1991), pp. 155-168.

28 Palladius, *Historia Lausiaca* 68.2-3; trans. R. T. Meyer, Ancient Christian Writers 34 (New York: Newman Press, 1975), 149.〔C. Butler, *The Lausiac History of Palladius*, vol. 2, Hildesheim: Georg Olms, 1967 (repr. of 1904), p. 164 から訳出。〕

29 Asterius of Amaseia, *Homily* 3, Patrologia Graeca 40:209C, 今では ed. C. Datema, *Asterius of Amaseia. Homilies I-XIV* (Leiden: Brill, 1970): 35.8.

30 Anne Marie Schimmel, *The Mystical Dimensions of Isalm* (Chapel Hill: University of North Carolina Press, 1975), p. 333.

31 *Lives of the Monks of Palestine by Cyril of Scythopolis. Life of Sabas* 62, trans. R. M. Price, Cistercian Studies 114 (Kalamazoo, Michigan: Cistercian Studies, 1991), 173; Tsafrir & Foerster, Urbanism in Scythopolis – Betshean, p. 122 を参照。

32 Sulpicius Severus, *Life of Saint Martin* 3.

33 F. Nau, "Histoire des solitaires égyptiens," no. 39, *Revue de l'Orient chrétien* 12 (1907): 172.

34 F. Nau, "Histoire des solitaires égyptiens," no. 214, *Revue de l'Orient chrétien* 13 (1908): 282.

35 Leontius, *Life of John the Almsgiver* 21; trans. E. Dawes and N. H. Baynes, *Three Byzantine Saints* (Oxford: Blackwell, 1948), p. 230〔H. Gelzer (ed.), *Leontios' von Neapolis Leben des heiligen Johannes des Barmherzigen, Erzbishofs von Alexandrien*, Freiburg i.Br. & Leipzig: Mohr, 1893, pp. 38-39 から訳出〕。特に V. Déroche, *Etudes sur Léontiois de Néapolis*, Studia Byzantina Upsaliensia 3 (Uppsala: Almqvist and Wiksell, 1995), pp. 233-249, 254-264, 及び 272 n. 7 を参照。

36 Keith Wrightson and David Levine, *Poverty and Piety in an English Village: Terling 1525-1700* (Oxford: Clarendon Press, 2nd ed.

1995), p. 185.

37　この点をよく観察しているのが Valerio Neri, *I Marginali nell'Occidente Tardoantico. Poveri, "infames" e criminali nella nascente società cristiana* (Bari: Edipuglia, 1998), pp. 42 and 72.

38　全般的には Neri, *I Marginali*, pp. 289-417; Brent Shaw, "Bandits in the Roman Empire," *Past and Present* 105 (1984): 3-52, 及び "War and Violence", *Late Antiquity: A Guide to the Postclassical World*, ed. G. W. Bowersock, Peter Brown, and Oleg Grabar (Cambridge, Mass.: Harvard University at the Belknap Press, 1999), pp. 130-169; Z. Rubin, "Mass Movements in Late Antiquity," *Leaders and Masses in the Roman World. Studies in Honor of Z. Yavetz* (Leiden: Brill, 1995), pp. 129-187 を参照。都市における暴力については A. Cameron, *Circus Factions* (Oxford: Clarendon Press, 1975), pp. 271-296, 及び A. A. Chekalova, *Konstantinopel' v vi. veke. Vosstanie Nika* (Moscow: Nauka, 1986), pp. 69-78 を参照。コンスタンティノープル以外における馬車競技の党派に関する碑文上の証拠について、及びそれらが比較的に相当平和的な展開を見せていたことについては、今や C. Roueché, *Performers and Partisans at Aphrodisias*, Journal of Roman Studies Monographs 6 (London: Society for the Promotion of Roman Studies, 1992), pp. 83-128 を参照。

39　三六〇年代の東方帝国における騒擾かもしれないものについては、*Anonymus de rebus bellicis 2.3, A Roman Reformer and Inventor*, ed. E. A. Thompson (Oxford: Clarendon Press, 1952), p. 94 を参照。そして、五三二年の二カの乱の上層的背景については Chekalova, *Konstantinopel'*, pp. 79-88 及び 123-134 を参照。

40　ローマにおける体の丈夫な乞食たちの統制については、*Codex Theodosianus* 14.18.1（紀元後三八二年）、Neri, *Marginali*, pp. 135-138、及び J. Rougé, "A propos des mendiants au ive siècle", *Cahiers d'Histoire* 20 (1975): 339-346 を参照。このような懸念はアルメニアにおける救貧に影響を及ぼしました。本書七七—七九頁を参照。しかしそれらは、P. Slack, *Poverty and Policy in Tudor and Stuart England* (London: Routledge, 1988), pp. 91-112 や J.-P. Gutton, *La société et les pauvres. L'exemple de la généralité de Lyon 1534-1789* (Paris: Belles Lettres, 1971), pp. 86-97, 225-247 で跡づけられているような危険な貧者たちに対する不断の配慮と比べれば重要性の劣る事柄でした。Ruth Mellinkoff, *Outcasts. Signs of Otherness in Northern European Art of the Late MIddle Ages*, 2 vols. (Berkeley: University of California Press, 1991), 1:113-194 は、読者を引

きつける視覚的な概観を提供しています。

41 C. E. Bosworth, *The Medieval Islamic Underworld; The Banû Sâsân in Arabic Society and Literature*, 2 vols. (Leiden: Brill, 1976), 1:1-47.

42 John Chrysostom, *Homily 66 on Matthew 3: Patrologia Graeca* 58:630.

43 David Cannadine, "Beyond Class? Social Structure and Social Perception in Modern England," *Proceedings of* [the] *British Academy* 97 (1998): 95-118 の p. 99。

44 B. Geremek, *The Margins of Society in Late Medieval Paris* (Cambridge, U.K.: Cambridge University Press, 1987), pp. 193-194; John Henderson, *Piety and Charity in Late Medieval Florence* (Oxford: Clarendon Press, 1994), p. 323（一三五七年にOrsanmicheleでは一〇パーセントが喜捨を受け取りました）。主として田園地帯からの流入の結果、比率は大きく変動しました（一三四七年における二五パーセントに及ぶほどまでに）。初期近代については、Slack, *Poverty and Policy*, pp. 4, 72, 179及びGutton, *La société et les pauvres*, p. 10を参照。

45 William Booth, *In Darkest England and the Way Out* (London: Salvation Army, 1890), p. 31.

46 Slack, *Poverty and Policy*, pp. 38-40.

47 Gutton, *La société et les pauvres*, p. 10.

48 少なくともこれらが、Horden and Purcell, *The Corrupting Sea* の特にpp. 175-182, 201-208, 230, 266-278, 377-391の延々たる頑強な論拠から、私なら引き出すであろう結論です。

49 Aldo Schiavone, *La storia spezzata. Roma antica e Occidente moderno* (Rome/Bari: Laterza, 1996), p. 75; trans. *The End of the Past: Ancient Rome and the Modern West* (Cambridge, Mass.: Harvard University Press, 2000), p. 69.

50 Bolkestein, *Wohltätigkeit und Armenpflege*, p. 484.

51 Harnack, *Mission und Ausbreitung des Christentums*, 2:5-262, *Mission and Expansion*, 2:2-337が、証拠を集めた単一の集成としては依然として最良のものです。R. Lane-Fox, *Pagans and Christians* (New York: A. Knopf, 1987), pp. 265-335をも参照。R. Stark, *The Rise of Christianity* (Princeton, N.J.: Princeton University Press, 1996) の社会学的アプローチはわずかのも

のしか付け加えていませんが、しかし議論を惹起しました。“Robert Stark’s *The Rise of Christianity*: A Discussion,” *Journal of Early Christian Studies* 6 (1998): 162-267、特に K. Hopkins, “Christian Number and Its Implications,” pp. 185-226 を参照。ホプキンズの論考は清新な新しいアプローチをもたらしています。

52 D. Flusser, “Blessed are the Poor in Spirit . . . ,” *Israel Exploration Journal* 10 (1960): 1-13, そして一般に s.v. ploutos 及び ptôchos, *Theological Dictionary of the New Testament*, ed. G. Kittel (Grand Rapids, Mich.: Eerdmans, 1968), 6:318-332 及び 885-915 を参照。

53 R. Rosenzweig, *Solidarität mit den Leidenden im Judentum*, Studia Judaica 10 (New York: de Gruyter, 1978), p. 79 がよく観察しています。

54 ローマの信徒への手紙一五章二六節とガラテヤの信徒への手紙二章一〇節、及びコリントの信徒への第一の手紙一六章一節と同第二の手紙八章四節、九章一―一二節。L. Keck, “The Poor among the Saints in Jewish Christianity and Qumran,” *Zeitschrift für* [die] *neutestamentliche Wissenschaft* 57 (1966): 54-78 を参照。

55 E. Bruck, “Ethics vs. Law: Saint Paul, the Fathers of the Church and the ‘Cheerful Giver’ in Roman Law,” *Traditio* 2 (1944): 97-121 を参照。

56 特に s.v. ’ebyôn, *Theological Dictionary of the Old Testament*, ed. G. J. Botterweck and H. Ringgren; trans. J. T. Willis (Grand Rapids, Mich.: Eerdmans, 1974), 1:27-41 を参照。本書第二章、一二四―一二七頁を参照。

57 G. Theissen, *Sociology of Early Palestinian Christianity* (Philadelphia: Fortress Press, 1978); しかし今や J. A. Draper, “Weber, Theissen and ‘Wandering Charismatics’ in the *Didache*,” *Journal of Early Christian Studies* 6 (1998): 541-576 を参照。

58 Wayne A. Meeks, *The First Urban Christians* (New Haven, Conn.: Yale University Press, 1983); G. Theissen, *The Social Setting of Pauline Christianity* (Philadelphia: Fortress Press, 1982).

59 今や特に G. Schölligen, *Die Anfänge der Professionalisierung des Klerus und das kirchliche Amt in der Syrischen Didaskalie*, Jahrbuch für Antike und Christentum, Ergänzungsband 26 (Münster: Aschendorff, 1998) を参照。

60 O. Wischmeyer, *Die Kultur des Buchs Jesus Sirach*, Beiheft der Zeitschrift für [die] neutestamentliche Wissenschaft 77 (Berlin: de

Gruyter, 1995), pp. 64-65 及び 259-265 を参照。

61 特に E. P. Sanders, *Judaism. Practice and Belief 63 BCE-66 CE* (London: S.C.M., 1992), p. 383 を参照。小アジアの市民的祭司の役割についての生き生きした言及としては Lane-Fox, *Pagans and Christians*, pp. 46-89 を参照。また、D. Gordon, "The Veil of Power: Emperors, Sacrificers and Benefactors," *Pagan Priests: Religion and Power in the Ancient World*, ed. M. Beard and J. North (Ithaca, N.Y.: Cornell University Press, 1990), pp. 201-255 をも参照。

62 Sanders, *Judaism. Practice and Belief*, p. 405.

63 Eusebius, *Ecclesiastical History* 3.20.1-3; trans. A. C. McGiffert, *Library of the Nicene and Post-Nicene Fathers* (Grand Rapids, Mich.: Eerdmans, 1979), 1:149〔Eusebius, *Historia ecclesiastica* III 20.2-5, E. Schwartz (ed.), *Eusebius Werke II. Die Kirchengeschichte*, 1. Teil (Die griechischen christlichen Schriftsteller der ersten Jahrhunderte, N.F., 6.1), Akademie Verlag, 1999, pp. 232-234 から訳出〕。

64 Hesiod, *Works and Days*, 303 行以下。農民と有閑階級の人の間の身体的条件の違いを生き生きした形で想起させるものとして、イタリア南部の古代末期の荘園地域の墓地の遺体に見いだされた急性の身体的ストレスの痕跡と、荘園の礼拝堂内に葬られた特権的な少数の人々の遺体における、そのような痕跡の欠如とに関する考古医学的報告を参照。G. Volpe, *San Giusto: Le ville, le ecclesiae* (Bari: Ediuglia, 1998), pp. 234-236.

65 Lucian, *The Dream, or Lucian's Career* 9, trans. A. M. Harmon, *Lucian,* Loeb Classical Library (Cambridge, Mass.: Harvard University Press, 1969), 3:223.

66 W. Shakespeare, *Midsummer Night's Dream*, Act 5, scene 1〔松岡和子訳『シェイクスピア全集四　夏の夜の夢・間違いの喜劇』、ちくま文庫、一九九七年、一三六頁から引用〕。

67 Hermas, *The Shepherd* 50, Similitude 2, ed. R. Joly, *Hermas. Le Pasteur*, Sources chrétiennes 53 bis (Paris: Le Cerf, 1968), pp. 214-218. *B. Hullin* 92a, trans. I. Epstein, *The Babylonian Talmud* (London: Soncino, 1935), p. 516（L. Levine, *The Rabbinic Class in Late Antiquity* (Jerusalem: JTSA, 1987), pp. 115-116 に所引）を参照。ラビたちが他者の金銭的支援にどれほど依存していたかは、ラビという立場の社会的構成それ自体がはっきりしないため、よくわかりません。C. Hezser, *The*

Social Structure of the Rabbinic Movement in Roman Palestine, Texte und Studien zum Antiken Judentum 66 (Tübingen: Mohr/Siebeck, 1996), pp. 418-430 及び R. Kamlin, *The Sage in Jewish Society in Late Antiquity* (London and New York: Routledge, 1999), p. 29-35 を参照。

68 異教の宗教的起業者たちの概観としては Schöllgen, *Die Anfänge der Professionalisierung des Klerus*, pp. 21-33 を参照。パウロについては R. E. Hock, *The Social Context of Paul's Ministry: Tentmaking and Apostleship* (Philadelphia: Fortress Press, 1980), pp. 52-65〔R・F・ホック／笠原義久訳『天幕づくりパウロ　その伝道の社会的考察』、日本基督教団出版局、一九九〇年、八九―一〇七頁〕、及び G. Theissen, "Legitimation and Sustenance: An Essay on the Sociology of Early Christian Missions," *The Social Setting of Pauline Christianity*, pp. 27-67 を参照。

69 コリントの信徒への第一の手紙九章一四節。

70 テサロニケの信徒への第二の手紙三章七―一〇節。

71 Lucian, *The Passing of Peregrinus* 11-13, trans. Harmon, *Lucian* 2:12-14.

72 Basil of Caesarea, *Letter* 169, ed. R. J. Deferrari, Loeb Classical Library (Cabridge, Mass.: Harvard University Press, 1962), 2:438-439.

73 詐欺と貪欲のかどで告発された或る祭祀の創始者に関する同情的な研究として、アボーヌーテイコス（現代名イネボル、トルコ）のアレクサンドロスに関して Lane-Fox, *Pagans and Christians*, pp. 241-250 を参照。シリアの女神アタルガティスのアギュルテース、すなわち宗教的物乞いは、二〇回の旅で四〇袋を集め、それでケフル・ハワルに奉納の像を建てました。*Bulletin de correspondance hellénique* 21 (1897): 60-61.

74 Schöllgen, *Die Anfänge der Professionalisierung des Klerus*, pp. 116-134.

75 Cyprian, *Letters* 12.2.2 及び 14.2.1, ed. W. Hartel, *Corpus Scriptorum Ecclesiasticorum Latinorum* 3:2 (Vienna: Gerold, 1871), pp. 503-504 及び 510; trans. Graeme Clarke, *The Letters of St. Cyprian*, Ancient Christian Writers 43 (New York: Newman Press, 1984), pp. 82 及び 88.

76 Cyprian, *Letter* 14.2, p. 511; trans. Clarke, *Letters 1*, pp. 88-89.

77 Cyprian, *Letter* 7.2, p. 485; trans. Clarke, p. 67.

78 Cyprian, *Letter* 41.1.2, p. 587; trans. Clarke, *Letters* 2, p. 59. 同二〇五頁をも参照。

79 Cyprian, *Letter* 2.2.2, pp. 468-469; trans. Clarke, *Letters* 1, pp. 53-54.

80 Cyprian. *Letter* 62.4-5, pp. 700-701; trans. Clarke, *Letters* 3, Ancient Christian Writers 46 (New York: Newman Press, 1986), pp. 277-286.

81 G. Schöllgen, *Ecclesia Sordida? Zur Frage der sozialen Schichtung frühchristlicher Gemeinden am Beispiel Karthagos zur Zeit Tertullians*, Jahrbuch für Antike und Christentum: Ergänzungsband 12 (Münster in Westfalen: Aschendorff, 1984).

82 Clarke, *Letters 1*, p. 163.

83 Eusebius, *Ecclesiastical History* 6.43.11; trans. McGiffert, p. 288〔E. SCHWARTZ (ed.), *Eusebius Werke II. Die Kirchengeschichte*, 2. Teil (Die griechischen christlichen Schriftsteller der ersten Jahrhunderte, N.F., 6.2), Akademie Verlag, 1999, p. 618 から訳出〕。R. Duncan-Jones, *The Economy of the Roman Empire*, pp. 277-283 を参照。

84 Optatus of Milevis, *On the Schism of the Donatists*: Appendix 1, *Gesta apud Zenophilum*, ed. J. Ziwsa, *Corpus Scriptorum Ecclesiasticorum Latinorum* 26 (Vienna: Tempski, 1882), pp. 185-186; H. von Soden, *Urkunden zur Entstehungsgeschichte des Donatismus* (Berlin: de Gruyter, 1950 [sic]), pp. 40-41 にも所収。Trans. M. Edwards, *Optatus: Against the Donatists* (Liverpool: Liverpool University Press, 1997), p. 154.

85 Eusebius, *Ecclesiastical History* 6.43.18, trans. McGiffert, p. 289 が示しているのは、このような分割をすることができるのは司教の務めの一部だった、ということです。今や Schöllgen, *Die Anfänge der Professionalisierung des Klerus*, pp. 55-56 及び T. Mathews, "An Early Roman Chancel Arrangement and its Liturgical Uses," *Rivista di archeologia cristiana* 38 (1962): 73-95 を参照。

86 Lane-Fox, *Pagans and Christians*, p. 623.

87 Optatus of Milevis, Appendix 1: *Gesta apud Zenophilum*, ed. Ziwsa, p. 187, von Soden, p. 42; trans. Edwards, pp. 166-167. ルキッラが提供した金額は、アフリカの教会でふつう流布していた他の額に比較すると大きなものでした。キルタでは、

将来司祭になる者は自らの叙階のために金貨二〇袋を提供しました。この証拠を今や見事に研究したのが Y. Duval, *Chrétiens d'Afrique à l'aube de la paix constantinienne* (Paris: Institut d'Etudes Augustiniennes, 2000), pp. 169-173 及び 408-420 です。

88 Eusebius, *Ecclesiastical* History 10.6.1; trans. McGiffert, p. 382.

89 Santo Mazzarino, *Aspetti sociali del quarto secolo* (Rome: Bretschneider, 1951), pp. 217-269 は決定的でした。今や J. M. Carrié, "Les distributions alimentaires dans les cites de l'empire romain tardif", *Mélanges d'archéologie et d'histoire de l'Ecole française de Rome: Antiquité* 87 (1975): 995-1101 及び Jean Durliat, *De la ville antique à la ville byzantine. Le problème des subsistances,* Collection de l'école française de Rome 136 (Rome: Palais Farnèse, 1990) を参照。

90 Durliat, *De la ville antique à la ville byzantine*, pp. 37-137 及び S. Barnish, "Pigs, Plebeians and *Potentes,*" *Papers of the British School of* [sic] *Rome* 55 (1987): 157-185; N. Purcell, "The Populace of Rome in Late Antiquity: Problems of Classification and Historical Description," *The Transformations of Vrbs Roma in Late Antiquity*, ed. W. V. Harris, Journal of Roman Archaeology: Supplementary Series 33 (Portsmouth, R.I.: Journal of Roman Archaeology, 1999), pp. 135-161.

91 Durliat, *De la ville antique à la ville byzantine*, pp. 185-278.

92 特に C. Lepelley, *Les cités de l'Afrique romaine au Bas-Empire* (Paris: Etudes augustiniennes, 1979), 1:59-120 及び R. MacMullen, *Corruption and the Decline of Rome* (New Haven, Conn.: Yale University Press, 1988), pp. 29-34 を参照。

93 特に C. Roueché, *Aphrodisias in Late Antiquity*, Journal of Roman Studies Monographs 5 (London: Society for the Promotion of Roman Studies, 1989), pp. xxii-xxiii 及び 68-70、及び L. Robert, "Epigrammes du Bas-Empire," *Hellenica* 4 (1948): 35-114 を参照。

94 L. Robert, *Hellenica* 11-12 (1960): 569-572.

95 A. Ovadiah and S. Mucznik, "The Mosaic Pavement of Kissufim, Israel," *Mosaique. Recueil d'hommages à Henri Stern* (Paris: Editions Recherche sur les civilizations, 1983), pp. 273-280. モザイクは今や *Cradle of Christianity*, eds. Y. Israeli and D. Mevorah (Jerusalem: The Israel Museum, 2000), pp. 86-87 で図版となっています。三五四年のカレンダーにおけるコンスタンテ

イウス二世のコンスルとしての sparsio（散財）の図版を参照。H. Stern, *Le Calendrier de 354*, Institut français d'archéologie de Beyrouth: Bibliothèque archéologique et historique 55 (Paris: P. Geuthner, 1953), pp. 155-157 及び図版 XIV。

96　W. Tabbernee, *Montanist Inscriptions and Testimonies*, Patristic Monographs Series 16 (Macon, Georgia: Mercer University Press, 1997), pp. 414-419。フリュギアに由来。

97　Brown, *Power and Persuasion*, pp. 17-20 及び "The World of Late Antiquity Revisited," *Symbolae Osloenses* 72 (1997): 5-90 の pp. 24-26; 今や特に C. Kelly, "Emperors, Government and Bureaucracy," *Cambridge Ancient History XIII*, ed. A. Cameron and P. Garnsey (Cambridge, U.K.: Cambridge University Press, 1998), pp. 138-183 を参照。

98　これの最良の検討としては T. D. Barnes, *Constantine and Eusebius* (Cambridge, Mass.: Harvard University Press, 1981), p. 50。*Syro-Roman Law Book* 117, *Fontes Iuris Romani Anteiustiniani*, ed. S. Riccobono (Florence: G. Barberà, 1968), 2:1, p. 794 が参照されています。

99　特に *Codex Theodosianus* 16.2.1-16（紀元後三一三年から三六一年まで）を参照。F. Vittinghoff, "Staat, Kirche und Dynastie beim Tod des Konstantins"　及び K. L. Noethlichs, "Kirche, Reich und Gesellschaft in der Jahrhundertmitte," *L'Eglise et l'Empire au IVe siècle*, ed. A. Dihle, Entretiens de la Fondation Hardt 34 (Geneva: Fondation Hardt, 1989), pp. 1-28 及び 251-294 を参照。バーンズ（Barnes）教授から私は、これら法の年代決定及び続き具合は依然不確かで、さらなる検討の価値があると聞いています。

100　A. H. M. Jones, *The Later Roman Empire 284-602* (Oxford: Blackwell, 1964), 2:906-909. エジプトについては Martin, *Athanase d'Alexandrie*, pp. 653-662 及び R. Bagnall, *Egypt in Late Antiquity* (Princeton, N.J.: Princeton University Press, 1993), pp. 283-286 を参照。

101　今や R. Lizzi, "The Bishop, 'Vir Venerabilis': Fiscal Privileges and 'Status' Definition in Late Antiquity", in: M.F. Wiles & E.J. Yarnold (eds.), Studia Patristica, vol. 34: *Thirteenth International Conference on Patristic Studies, Oxford, 16-21 August 1999*, Leuven: Peeters, 2001, pp. 125-144 を参照。

102　特に *Cod. Theod.* 16.2.7 (330); 2.15 (360); 12.1.49 (361); Basil, Ep. 104, ed. Deferrari, 2:196 を参照。

103 例えば、バシレイオスの敵の支持者だったポントス〔地名〕の管区代官デモステネスの「あら探し」と、三七四—三七五年のバシレイオスの聖職者たちの免除特権の取り消しについては、Basil, *Ep.* 237, Deferrari, 4:408 を参照。

104 R. M. Grant, *Early Christianity and Society* (New York: Harper and Row, 1977), pp. 44-65 及び M. Weinfeld, *Social Justice in Ancient Israel and in the Ancient Near East* (Jerusalem: Magnes Press/ Minneapolis: Fortress, 1995), pp. 16-17 及び 79-80。

105 *Cod. Theod.* 16.2.16 (361); trans. C. Pharr, *The Theodosian Code* (Princeton, N.J.: Princeton University Press, 1952), p. 443.

106 *Jerusalem Talmud: Schebith* 4.3; trans. M. Schwab, *Le Talmud de Jérusalem* (Paris: Maisonneuve and Larose, 1972), 2:359.

107 *Cod. Theod.* 16.8.2 及び 4 (330/331) 及び 16.8.13 (397); A. Linder, *The Jews in Roman Imperial Legislation* (Detroit: Wayne State University Press, 1987), pp. 132-138 及び 201-204 にも所収。今や M. Jacobs, *Die Institutionen des jüdischen Patriarchen*, Texte und Studien zum Antiken Judentum 52 (Tübingen: Mohr/Siebeck, 1995), pp. 274-284 を参照。

108 金冠税《アウルム・コローナーリウム》からの免除については Jacobs, *Die Institutionen des jüdischen Patriarchen*, pp. 154-157。

109 *Cod. Theod.* 16.2.6 (326), trans. Pharr, p. 441.

110 *Cod. Theod.* 16.2.6 (326), trans. Pharr, p. 441〔P. Krüger & Th. Mommsen (eds.), *Theodosiani Libri XVI cum constitutionibus Sirmondinis*, vol. 1.2, Hildesheim: Weidmann, 1990 (repr.), p. 837 から訳出〕。R. Delmaire, *Largesses sacrées et res privata*, Collection de l'Ecole française de Rome 121 (Rome: Palais Farnèse, 1989), pp. 362-364 を参照。

111 Eusebius of Caesarea, *Commentary on Isaiah*, ed. J. Ziegler, Die griechischen christlichen Schriftsteller: Eusebius Werke 9 (Berlin: Akademie Verlag, 1975), p. 316; M. J. Hollerich, *Eusebius' Commentary on Isaiah: Christian Exegesis in the Age of Constantine* (Oxford, U.K.: Clarendon Press, 1999), pp. 21-22 を参照。Sozomen, *Ecclesiastical History* 5.5.3, ed. J. Bidez and G. C. Hansen, Die griechischen christlichen Schriftsteller 50 (Berlin: Akademie-Verlag, 1960), p. 199; trans. C. D. Hartranft, *Library of the Nicene and Post-Nicene Fathers* (Grand Rapids, Mich.: Eerdmans, 1979), 2:329.

112 Durliat, *De la ville antique à la ville byzantine*, pp. 354-355, 365-375 及び 552 n. 155.

113 Athanasius, *Apologia contra Arianos* 18.2: T. D. Barnes, *Athanasius and Constantius: Theology and Politics in the Constantinian Empire* (Cambridge, Mass.: Harvard University Press, 1993), pp. 37 及び 178 を参照。

114 E. Kislinger, "Kaiser Julian und die (christlichen) Xenodochien," *Byzantios. Festschrift für Herbert Hunger zum 70. Geburtstag*, ed. W. Hörander et al. (Vienna: E. Beevar, 1984), pp. 171-184; T. Sternberg, *Orientalium More Secutus. Räume und Institutionen der Caritas des 5. bis 7. Jahrhunderts in Gallien*, Jahrbuch für Antike und Christentum, Ergänzungsband 16 (Münster. Aschendorff, 1991), pp. 147-193; K. Mentzou-Meimari, "Eparkhiaka evagé idrymata mekhri tou telous tés eikonomakhias," *Byzantina* 11 (1982): 243-308 は、四世紀から八世紀の間にコンスタンティノープルの外に創設されたクセノドケイオンを五九、病院を四五、プトーケイオン（救貧院）を二二、及びコンスタンティノープルの中に創設されたクセノドケイオンを四〇、列挙しています。J. P. Thomas, *Private Religious Foundations in the Byzantine Empire*, Dumbarton Oaks Studies 24 (Washington, D.C.: Dumbarton Oaks, 1987) をも参照。

115 Y. Magen, *The Monastery of Martyrius at Ma'ale Adummim* (Jerusalem: Israel Antiquities Authority, 1993), pp. 5-60.

116 Epiphanius, *Panarion* 75.1: *Patrologia Graeca* 42:504C; trans. F. Williams, *The Panarion of Epiphanius of Salamis*, Nag Hammadi Studies 36 (Leiden: Brill, 1994), p. 91.

117 Patlagean, *Pauvreté*, pp. 193-195; T. S. Miller, *The Birth of the Hospital in the Byzantine Empire* (Baltimore, Md.: Johns Hopkins University Press, 1985; reprint 1997), pp. 30-136.

118 例えば Linda Martz, *Poverty and Welfare in Habsburg Spain: The Example of Toledo* (Cambridge, U.K.: Cambridge University Press, 1983), pp. 185-187 及び Ömer Barkan, "Edirne cıvarındaki bazı imaret tesislerinin yıllık bilânçoları" (The yearly accounts of some soup-kitchens in Edirne and its neighborhood), *Türk Târih Kurumu: Belgeler* 1 (1964): 236-262 の pp. 242-247。

119 F. van Ommeslaeghe, "Jean Chrysostome et Eudoxie," *Analecta Bollandiana* 97 (1979): 131-159 の p. 151. Patlagean, *Pauvreté*, pp. 110-111 及び M. Avi-Yonah, "The Bath of the Lepers at Scythopolis," *Israel Exploration Journal* 13 (1963): 325-326 をも参照。

120 Sternberg, *Orientalium More Secutus*, pp. 177-180.

121 私が知る最も早い確かな言及箇所は『イースター年代記《クロニコン・パスカーレ》』の中にあります。同書はアレイオス派の資料を利用しており、それゆえコンスタンティウス二世の治下で当然視された、ないしは賞賛されたところのものを反映していると言えます。*Chronicon Paschale* 284-628 AD, trans. M. and M. Whitby (Liverpool: Liverpool University Press, 1989), 26 (350

C.E.) and 35 (360 C.E.). ローマでコンスタンティヌスの治下に造られた聖ペトロ、聖パウロ及び洗礼者ヨハネの教会に対してガッリカヌスというコンスルが与えた施与物の中に、クセノドケイオンに関する言及が全く見られないのは意義深いことです。実際、四世紀後半の伝説には言及が見られるのです。s.v. Gallicanus, *Prosopographie chrétienne du Bas Empire 2: Italie*, part 1, ed. C. Pietri and L. Pietri (Rome: Ecole française de Rome, 1999), pp. 883-884 を参照。

122 Paulinus, *Poem* 21.384-386, ed. W. Hartel, *Corpus Scriptorum Ecclesiasticorum Latinorum* 30:2 (Vienna: Tempsky, 1894), pp. 170-171; trans. P. G. Walsh, *The Poems of St. Paulinus of Nola*, Ancient Christian Writers 40 (New York: Newman Press, 1975), p. 185.

123 Basil, *Ep*. 143, Deferrari, 2:346.

124 *Studia Pontica* 3, ed. J. G. C. Anderson, F. Cumont, and H. Grégoire (Brussels: H. Lamertin, 1910), no. 68a, pp. 88-89.

125 Sternberg, *Orientalium More Secutus*, p. 138 n.223.

126 G. W. Bowersock, "The Rich Harvest of Near Eastern Mosaics," *Journal of Roman Archaeology* 11 (1998): 693-688 の p. 696。*Late Antiquity: A Guide to the Postclassical World*, 図版８で図版が見られます。

127 Sozomen, *Ecclesiastical History* 6.34.9, ed. Bidez and Hansen, p. 291; trans. Hartranft, p. 371.

128 特に J. Gribomont, "Le monachisme au iv siècle en Asie Mineure: de Gangres au Messalianisme," *Studia Patristica 1: Texte und Untersuchungen* 64 (Berlin: Akadmie Verlag, 1957), pp. 400-415; "Un aristocrate révolutionnaire, évêque et moine: Basile de Césarée," *Augustinianum* 17 (1977): 179-191; 及び "Saint Basile et le monachisme enthousiaste," *Irénikon* 53 (1980): 123-144 を参照。

129 熱い議論によって論じられているこの人物については、W. D. Hauschild, s.v. Eustathius von Sebaste, *Theologische Real-Enzyklopädie* 10 (Berlin: de Gruyter, 1982), pp. 547-550 の要約と、P. Rousseau, *Basil of Caesarea* (Berkeley: University of California Press, 1994), pp. 233-245 を参照。

130 非常な不確かさの後に（一番遅い年代では三五五年という可能性もありました）、同教会会議の年代は三四三年だと確認されました。A. Laniado, "Note sur la datation conservée en syriaque du concile de Gangres," *Orientalia Christiana*

Periodica 61 (1995): 195-199.

131 *Council of Gangra, Letter to the bishops of Armenia and Canons* 3, 13 and 17, in J. D. Mansi, *Sacrorum Conciliorum nova et amplissima collection* (Florence, 1762), 2:1095-1106。翻訳は H. R. Percival, *The Seven Ecumenical Councils*, Library of the Nicene and Post-Nicene Fathers 14 (Grand Rapids, Mich.: Eerdmans, 1972), pp. 91-101 及び O. L. Yarborough in *Ascetic Behavior in Greco-Roman Antiquity: A Sourcebook*, ed. V. L. Wimbush (Minneapolis: Fortress, 1990), pp. 448-456.

132 Rousseau, *Basil of Caesarea*, pp. 61-92.

133 こういう「否定的アイデンティキット」の形成と伝承に関する示唆的な例について、K. Fitschen, *Messalianismus und Antimessalianismus. Ein Beispiel ostkirchlicher Kirchengeschichte*, Forschungen zur Kirchen- und Dogmengeschichte 71 (Göttingen: Vandenhoeck & Ruprecht, 1998) を参照。味わいのより乏しい告発については、T. D. Barnes, "The Crimes of Basil of Ancyra," *Journal of Theological Studies*, n.s. 47 (1996): 550-554 を参照。

134 Gribomont, "Saint Basile et le monachisme enthousiaste," pp. 132-133.

135 Epiphanius, *Panarion* 75.1-3: *Patrologia Graeca* 42:504A-506C, trans. Williams, *The Panarion of Epiphanius*, pp. 491-492.

136 これはG・ダグロン（Dagron）の革新的な研究 "Les moines et la ville. Le monachisme à Constantinople jusqu'au concile de Chalcédoine," *Travaux et Mémoires* 4 (1970): 229-276 の pp. 246-253 において示唆されています。

137 Socrates, *Ecclesiastical History* 4.16.7-8, ed. G. C. Hansen, Die griechischen christlichen Schriftsteller n.s. 1 (Berlin: Akademie-Verlag, 1995), p. 295; trans. A. C. Zenos, *Library of the Nicene and Post-Nicene Fathers* (Grand Rapids, Mich.: Eerdmans, 1979), 2:104.

138 Sozomen, *Ecclesiastical History* 4.20.2 及び 27.4.2 [sic], pp. 170 及び 184, trans. Hartranft, pp. 315 及び 322 は、H. C. Brennecke, *Studien zur Geschichte der Homöer*, Beiträge zur historischen Theologie 73 (Tübingen: J. C. B. Mohr, 1988), pp. 61-62 によって、ダグロンと異なる仕方で解釈されています。

139 Sozomen, *Ecclesiastical History* 4.27.4, p. 184; trans. Hartranft, p. 322.

140 W. H. C. Frend, "The Church in the Reign of Constantius II," *L' Eglise et l' Empire au IVe siècle*, p. 111.

141 Gribomont, "Saint Basile et le monachisme enthousiaste," p. 127.

142 Basil, *Homily 8: On Famine and Drought: Patrologia Graeca* 31:309B､今や S. Holman, "The Hungry Body: Famine, Poverty and Basil's Hom. 8," *Journal of Early Christian Studies* 7 (1999): 337-363 で注意深く分析されています。飢饉に関する主な証言は、バシレイオスの友人ナジアンゾスのグレゴリオスがバシレイオスの死後に著した賞賛演説と、バシレイオスの弟ニュッサのグレゴリオスによるバシレイオスの弁護です。Gregory of Nazianze, *Oratio* 43.34-36, ed. J. Bernardi, *Grégoire de Nazianze: Les Discours,* Sources chrétiennes 384 (Paris: Le Cerf, 1992), pp. 200-206, trans. C. G. Browne and J. E. Swallow, *Library of the Nicene and Post-Nicene Fathers* (Grand Rapids, Mich.: Eerdmans, 1974), 7:406-408; Gregory of Nyssa, *Against Eunomius* 1.103: *Patrologia Graeca* 45:281C, ed. W. Jaeger, *Contra Eunomium* (Leiden: Brill, 1960), p. 57. 今や Rousseau, *Basil of Caesarea*, pp. 133-189 を参照。バシレイオスの生涯と活動について私たちが得ている多くの知識の源泉となっているバシレイオスの手紙の年代順は、依然として不確かであるということを、私たちは知るべきでしょう。W. D. Hauschild, *Basilius von Cäsarea, Briefe 1-3*, Bibliothek der griechischen Literatur 32, 3, 37 (Stuttgart: A. Hiersemann, 1973, 1990, 1993) のそれぞれの註釈における、年代順に関する論拠を参照。ハウシルト（Hauschild）が提示する年代のすべてが説得的なわけではありません。私はむしろ R. *Van Dam*, "Governors of Cappadocia during the fourth century," *Medieval Prosopography* 17 (1996): 7-93 の結論に与《くみ》したく思います。

143 Garnsey, *Famine and Food Supply*, pp. 22-23〔ガーンジィ『古代ギリシア・ローマの飢饉と食糧供給』、三九〜四〇頁〕。

144 S. Faroqhi, *Men of Modest Substance: Houseowners and House Property in Seventeenth-Century Ankara and Kayseri* (Cambridge U.K.: Cambridge University Press, 1987), p. 208.

145 B. E. Daley, "Building a New City: The Cappadocian Fathers and the Rhetoric of Philanthropy," *Journal of Early Christian Studies* 7 (1999): 431-461 の p. 459.

146 Basil, *On that Passage of Luke: "I shall pull down my barns ... "* 3: *Patrologia Graeca* 31:265D. L・ロベール（Robert）はこの説教を、エヴェルジェティスムにかかわる碑文上の言い回しに照明を当てるために使っています。*Hellenica* 11-12 (1960): 569-570.

147 Basil, *Homily 7: On the Rich* 4: 289C.

148 Gregory of Nyssa, *Against Eunomius* 1.103: *Patrologia Graeca* 45:281C, ed. Jaeger, p. 57.

149 Basil, *Ep*. 94, Deferrari, 2:148. 年代については Van Dam, "Governors of Cappadocia," pp. 53-54 を参照。

150 Gregory of Nazianze, *Oratio* 43.63, pp. 260-264; trans. Browne and Swallow, p. 416〔J. Bernardi (ed.), *Grégoire de Nazianze. Discours 42-43*, Sources chrétiennes 384 (Paris: Le Cerf, 1992), p. 262 から訳出〕。B. Gain, *L'Eglise de Cappadoce d'après la correspondance de Basile de Césarée*, Orientalia Christiana Analecta 225 (Rome: Institutum Pontificium Studiorum Orientalium, 1985), p. 277 はこれを一九世紀初頭のトリノの大規模な施設「神の摂理の家」に比較しており、初期近代のヨーロッパの大規模なそのような施設と比較することで、バシレイアスの規模を、また後期ローマの他の救貧の規模を、大いに誇張しています。初期近代の施設の場合には、当の町全体の政府と上層階級とがかかわったのです。S. Cavallo, *Charity and Power in Early Modern Italy: Benefactors and their Motives in Turin, 1541-1789* (Cambridge, U.K.: Cambridge University Press, 1995) を参照。

151 Sozomen, *Ecclesiastical History* 4. 25, ed. J. Bidez, Die griechischen christlichen Schriftsteller (Berlin: Akademie Verlag, 1960): 182.

152 Daley, "Building a New City," p. 443.

153 Ephrem de Nisibe, *Memré sur Nicomédie* III, lines 217-218, ed. C. Renoux, *Patrologia Orientalis* 37 (Turnhout: Brepols, 1975), pp. 20-21. Basil, *Homily on Luke, "I shall destroy,"* 276C-277A を参照。

154 N. Lenski, rev. of P. Rousseau, Basil of Caesarea, *Bryn Mawr Classical Review* 7 (1996): 438-444 の pp. 441-442。Jerome, *Chronicle*, ad ann. 370 が参照されています。飢饉がフリュギアからの大量の移民を惹起したことに注意。Socrates, *Ecclesiastical History* 4.16.7-8, p. 245; trans. Zenos, p. 104.

155 ヒッポのアウグスティヌスの後継者エラクリウスは、殉教者ステファノの記念堂を建てました（Augustine, *Sermon* 356.7）。エフェソスでは、バッシアノスが七〇床のプトーケイオンを建てましたが、その労苦に対して彼は、年長にして彼を妬んだ上級聖職者メムノンによって、遠く離れたテオドシオポリス（エルズルム、トルコ東部）に任じられるという形で報いを受けたのでした！　*Council of Chalcedon*, Mansi, *Sacrorum conciliorum … collectio*, 7:277B.

156　「料理人」デモステネスについては、Gregory of Nyssa, *Contra Eunomium* 1.139:293B, ed. Jaeger, p. 69 及び s.v. Demosthenes 1, *Prosopography of the Later Roman Empire 1*, ed. A. H. M. Jones, J. R. Martindale, and J. Morris (Cambridge, U.K.: Cambridge University Press, 1971), p. 249 を参照。

157　Theodoret, *Ecclesiastical History* 4.19.13, ed. L. Parmentier and G. C. Hansen, Die griechischen christlichen Schriftsteller n.s. 5 (Berlin: Akademie-Verlag, 1998), p. 245; trans. B. Jackson, *Library of the Nicene and Post-Nicene Fathers* (Oxford: James Parker, 1892), p. 120. 読者は、年代順に関する私のここでの議論とは無関係に、バシレイオスと皇帝ウァレンスとの関係の全体としての性格（それはこの時期には対立よりも協力によって特徴づけられるものでした）は証明済みであることに注意するべきでしょう。Brennecke, *Geschichte der Homöer*, pp. 212-228 を参照。

158　N. Garsoian, "Nersês le Grand, Basile de Césarée et Eustathe de Sébaste," *Revue des études arméniennes* n.s. 17 (1983): 145-169; 同論文は今では *Armenia between Byzantium and the Sasanians* (London: Variorum, 1985) に所収。

159　P'awstos Buzand, *Buzandaran Patmut'iwnk'* (Histories) 4.4, ed. K. Patkanean (St. Petersburg, 1883; repr. Delmar, N.Y.: Caravan Books, 1984), p. 65; trans. N. Garsoian, *The Epic Histories Attributed to P'awstos Buzand* (Cambridge, Mass.: Harvard University Press, 1989), p. 113.

160　パウストス（P'awstos）の背景については Garsoian, *Epic Histories* を参照。良き王たちとカトリコスたちによって維持され、悪い王たちによって覆される「王国の秩序」というアルメニア的観念については、N. Garsoian, "The Two Voices of Armenian Historiography: The Iranian Index," *Studia Iranica* 25 (1996): 7-43（同論文は今では *Church and Culture in Early Medieval Armenia* (Aldershot: Variorum, 1999) に所収）及び J. Russell, *Zoroastrianism in Armenia* (Cambridge, Mass.: Harvard University Press, 1987), pp. 126-130 を参照。A. and J.-P. Mahé, *Histoire de l'Arménie de Moïse de Khorène* (Paris: Gallimard, 1993), p. 57 をも参照。ネルセスに関するパウストスの話の中に、救貧の極めて特殊な形態、すなわち葬送用のリネンの布の提供、ということの痕跡を見いだすことすら可能かもしれません。*Epic Histories* 4.4, Garsoian, p. 109 を参照。同箇所では、patans（Garsoian, p. 272 n.22 はこれを誤記として片づけ、「覆い」と訳しています）は実

際「（葬送用の）布」を意味したかもしれないのです。死に行く女に対して慈善の行為として修道士によってリネンの布が提供されたことが描かれている『師父たちの金言』アンモナス 8、*Patrologia Graeca* 65:121BC を参照。

161 Movsês Khorenac'i, *Antiquities* 3.27, ed. and trans. Le Vaillant de Florival, *Histoire d'Arménie de Moïse de Khoren* (Venice: Typographie arménienne de Saint-Lazare, 1836), p. 60; trans. R. W. Thomson, *History of the Armenians* (Cambridge, Mass.: Harvard University Press, 1978), p. 282. N. Pigulevskaia, *Goroda Irana v rannem srednovekovi* (Moscow: Nauk, 1956), pp. 268-272; trans. *Les villes de l'Etat iranien aux époques parthe et sasanide* (Paris: Mouton, 1963), pp. 187-189 を参照。

162 P'awstos Buzand, *Histories* 4.4, p. 58; trans. Garsoian, p. 109. N. Garsoian, "Sur le titre de Protecteur des pauvres," *Revue des études arméniennes* n.s. 15 (1981): 21-32 の p. 26 を参照。

163 P'awstos Buzand, *Histories* 4.4, p. 65; trans. Garsoian, p. 113.

164 Movsês Khorenac'i, *Antiquities* 3.20, pp. 42-43; trans. Thomson, p. 274.

165 A. E. Redgate, *The Armenians* (Oxford: Blackwell, 1998), pp. 116-122.

166 この点において Garosian, "Nersês le Grand," pp. 165-166 は Dagron, "Les moines et la ville," pp. 246-253 の示唆に従っています。

167 ネルセスの寄進における王の地所の役割については、特に P'awstos, *Epic Histories* 4.14 及び 5.31, pp. 97 及び 194; trans. Garsoian, pp. 139-140 及び 212-213 を参照。コンスタンティウス二世によってアルシャク（アルサケス）王に恵与された税免除（この特権において、彼自身の地所は教会の地所と同等視されたことになります）については、Cod. Theod. 11.1.1 (360) を参照。

第二章

1 W. E. Crum, *Der Papyruscodex saec. vi-vii der Phillippsbibliothek in Cheltenham*, Schriften der Wissenschaftlichen Gesellschaft in Strassburg 18 (Strassburg: K. J. Trübner, 1915), pp. 9.15 (Coptic) and 61 (trans.)〔ここではP・ブラウンの英訳（Crum が付したドイツ語訳を訳したもの）に拠った。コプト語原文から訳すと「司教は、貧窮する人々に与えることほどには、

幻視に対して益をもたらさない」といった意味になる〕。L. Cracco-Ruggini, "Vescovi e miracoli," *Vescovi e pastori in epoca Teodosiana*, Studia Ephemeridis Augustinianum 58 (Rome: Institutum Pontificium Augustinianum, 1997), pp. 16-35 を参照。

2 Gregory of Tours, *Histories* 8.12, trans. L. Thorpe, *The History of the Franks* (London: Penguin, 1974), p. 443〔B. Krusch & W. Levison (eds.), *Gregorii episcopi Turonensis Libri historiarum X* (Monumenta Germaniae Historica. Scriptorem rerum Merovingicarum, vol. 1 pt. 1), Hannoverae: Hahn, 1951, p. 379 から訳出〕。

3 Ferrandus, *Life of Fulgentius* 12.25: Patrologia Latina 65:130A.

4 G. Himmelfarb, *The Idea of Poverty. England in the Early Industrial Age* (New York: Vintage, 1983), p. 523.

5 Petrus Chrysologus, *Sermon* 14.2.19, ed. A. Olivár, *Corpus Christianorum* 24 (Turnhout: Brepols, 1975), p. 88.

6 C. Pietri, "Les pauvres et la pauvreté dans l'Italie de l'empire chrétien (IVe siècle)," *Miscellanea Historiae Ecclesiasticae* 6, Bibliothèque de la Revue d'Histoire Ecclésiastique 67 (Brussels: Nauwelaerts, 1983), pp. 267-300 の pp. 277-279。今では *Christiana Respublica: Eléments d'une enquête sur le christianisme antique*, Collection de l'école française de Rome 234 (Rome: Palais Farnèse, 1998), 2:835-868 の pp. 845-847。

7 G. Himmelfarb, The Culture of Poverty, *The Victorian City*. ed. H. J. Dyers and M. Wolff (London: Routledge and Kegan Paul, 1973), 2:726.

8 この見方の古典的な（しかし唯一というわけでは決してない）言明は G. E. M. de Ste Croix, *The Class Struggle in the Ancient Greek World* (London: Duckworth, 1981), pp. 453-503; B. Shaw, "Anatomy of the Vampire Bat," *Economy and Society* 13 (1984): 208-249 を参照。

9 M. M. Fox, *The Life and Times of Saint Basil the Great as Revealed in His Works* (Washington, D.C.: Catholic University of America, 1939), p. 31. この見方を支持するための、カッパドキア教父たちの説教の特徴的な使用については、P. Gruszka, "Die Stellungnahme der Kirchenväter Kappadoziens zu der Gier u, Gold, Silber und andere Luxuswaren im täglichen Leben der Oberschichten des 4. Jhts.," *Klio* 63 (1981): 661-668. R. Teja, *Organización económica y social de Capadocia en el siglo iv. según los padres capadocios*, Acta Salmanticensia: Filosofia y letras 78 (Salamanca: Universidad de Salamanca, 1974) はより細やか

な見方をしていますが、キリスト教資料の見方の影響をなお受けています。

10 A. Wallace-Hadrill, "The Social Spread of Roman Luxury: Sampling Pompeii and Herculanum," *Papers of the British School of* [sic] *Rome* 58 (1990): 145-192 の p. 147.

11 A. S. Esmonde-Cleary, *The Ending of Roman Britain* (London: Batsford, 1989), p. 116.

12 P. Garnsey and C. Humfress, *The Evolution of the Late Antique World* (Cambridge: Orchard Academic, 2000), pp. 81-93. 82 頁からの引用。P. Brown, "The Study of Elites in Late Antiquity," *Arethusa* 33 (2000): 321-346 をも参照。

13 特に以下を参照。C. R. Whittaker and P. Garnsey, "Rural Life in the Later Roman Empire," *Cambridge Ancient History 13: The Late Empire* A.D. *337-425*, ed. Averil Cameron and P. Garnsey (Cambridge, U.K.: Cambridge University Press, 1998), pp. 277-311; P.-L. Gatier, "Villages du Proche Orient protobyzantine (4ème-7ème s.). Etude régionale," *The Byzantine and Early Islamic Near East 2: Land Use and Settlement Patterns*, ed. G. R. D. King and Averil Cameron (Princeton, N.J.: Darwin Press, 1994), pp. 17-48; C. Foss, "Syria in Transition, A.D. 550-750: An Archaeological Approach," *Dumbarton Oaks Papers* 51 (1997): 189-269; Y. Hirschfeld, "Farms and Villages in Byzantine Palestine," *Dumbarton Oaks Papers* 51 (1997): 33-71, and "Habitat," *Late Antiquity: A Guide to the Postclassical World*, ed. G. W. Bowersock, P. Brown, and O. Grabar (Cambridge, Mass.: Harvard University at the Belknap Press, 1999), pp. 258-272; R. Bagnall, *Egypt in Late Antiquity* (Princeton, N.J.: Princeton University Press, 1993), pp. 45-147; M. Kaplan, *Les hommes et la terre à Byzance du VIe au XIe siècle* (Paris: Publications de la Sorbonne, 1992), pp. 89-134.

14 A. Mandouze with A. M. de la Bonnardière, *Prosopographie de l'Afrique chrétienne* (Paris: CNRS, 1982) 及び Charles Pietri and Luce Pietri, *Prosopographie de l'Italie chrétienne (313-604)* (Rome: Ecole française de Rome, 1999)。特に以下を参照。C. Pietri, "Aristocratie et société cléricale dans l'Italie chrétienne au temps d'Odoacre et de Théodoric," *Mélanges de l'école française de Rome: Antiquité* 93 (1981): 417-461（今では *Christiana Respublica*, 2:1007-1057 に所収）; C. Sotinel, "Le recrutement des évêques en Italie aux IVe et Ve siècles", and A. Cecconi, "Vescovi e maggiorenti cristiani nell'Italia central fra iv e v secolo," *Vescovi e pastori in epoca Teodosiana*, pp. 193-204 and 205-244; C. Sotinel, "Le personnel épiscopal. Enquête sur la puissance de l'évêque dans la cité," *L'évêque dans la cité du IVe au Ve siècle. Image et autorité*, ed. C. Sotinel and E. Rebillard, Collection de l'école française de Rome 248

(Rome: Ecole française de Rome, 1998), pp. 103-126. 四・五世紀の比較的よく知られている数少ない上層階級の司教（アンブロシウスのような）の活動を私たちが解釈することに関する、この著作の含意については、今や E. Rebillard, "La 'conversion' de l'empire romain selon Peter Brown," *Annales* 54 (1999): 813-823 の pp. 822-823 を参照。

15 *Syro-Roman Law Book* 116, trans. J. Furlani, *Fontes Iuris Romani Antejustiniani*, ed. S. Riccobono (Florence: G. Barberà, 1968), 2:1, p. 794.

16 R. Kaster, *Guardians of Language: The Grammarian and Society in Late Antiquity* (Berkeley: University of California Press, 1988), p. 133. Bagnall, *Egypt in Late Antiquity*, pp. 225-229 を参照。

17 K. Hopkins, "Christian Number and Its Implications," *Journal of Early Christian Studies* 6 (1998): 185-226 の pp. 210-211.

18 主要な都市とその他の町々を比較した場合の、富及び聖職者数の不均一な分布については特に A. H. M. Jones, *The Later Roman Empire* (Oxford: Blackwell, 1964), 2:904-914 を参照。E. Patlagean, *Pauvreté économique et pauvreté sociale à Byzance: 4e-7e siècles* (Paris: Mouton, 1977), pp. 156-235 は依然として基本的文献です。以下をも参照。*Roma: Politica, Economia, Paesaggio Urbano. Società romana e impero tardoantico* 2, ed. A. Giardina (Bari: Laterza, 1986); N. Purcell, "The Populace of Rome in Late Antiquity: Problems of Classification and Historical Description," *The Transformation of Vrbs Roma in Late Antiquity*, ed. W. V. Harris, Journal of Roman Archaeology: Supplementary Series 33 (Portsmouth, R.I.: Journal of Roman Archaeology, 1999), pp. 135-161; F. Marazzi, "Rome in Transition: Economic and Political Changes in the Fourth and Fifth Centuries," *Early Medieval Rome and the Christian West: Essays in Honour of Donald A. Cullough*, ed. J. M. H. Smith (Leiden: Brill, 2000), pp. 21-41.

19 Foss, "Syria in Transition," pp. 258-268; H. Kennedy, "From Polis to Madina: Urban Change in Late Antique and Early Islamic Syria," *Past and Present* 106 (1985): 3-27; M. Whittow, "Ruling the Late Roman and Early Byzantine City: A Continuous History," *Past and Present* 129 (1990): 3-29; *Towns in Transition: Urban Evolution in Late Antiquity and the Early Middle Ages*, ed. N. Christie and S. T. Loseby (Aldershot: Scolar Press, 1996).

20 T. Sternberg, *Orientalium More Secutus. Räume und Institutionen der Caritas des 5. bis 7. Jahrhunderts in Gallien*, Jahrbuch für

Antike und Christentum, Ergänzungsband 16 (Münster: Aschendorff, 1991), pp. 194-286.

21　Sulpicius Severus, *Dialogues* 2.10, trans. F. R. Hoare, *The Western Fathers* (New York: Harper Row, 1965): 115〔C. Halm (ed.), *Sulpicii Severi libri qui supersunt* (Corpus Scriptorum Ecclesiasticorum Latinorum, 1), Vindobonae: Gerold, 1866, p. 192 から訳出〕。

22　Patlagean, *Pauvreté*, pp. 323-340. トゥーレーヌのロシュ近郊で隠遁者をしていたセノクは、自分が受け取った喜捨によって、一生の間に二〇〇人を購い出しました（Gregory of Tours, *Life of the Fathers* 15.1-3, trans. E. James (Liverpool University Press, 1985), p. 104）。ガラテアの隠遁者だったフィロロモスは書道家としての自らの商売で二五〇ソリドゥスを成し、これを喜捨に使いました（Palladius, *Lausiac History* 45.3）。Europius, *de similitudine carnis peccati*, *Patrologia Latina: Supplementum* 1:555 は、ヒスパニア北部の荘園に創設された病院について記しています。その他、飢饉からの救済と、アンネシ（現代名カレキョイ、アマシア／古代名アマセイア、トルコ）の田舎の修道院での子どもたちの受け入れ（Gregory of Nyssa, *Life of Macrina* 12 and 26, ed. P. Maraval, *Sources chrétiennes* 178 (Paris: Le Cerf, 1971), pp. 184 及び 232）。

23　C. Scholten, "Der Chorbischof bei Basilius," *Zeitschrift für Kirchengeschichte* 103 (1992): 149-173 を参照。

24　H. Kennedy, "The Last Century of Byzantine Syria: A Reinterpretation," *Byzantinische Forschungen* 19 (1985): 141-184; C. Pietri, "Chiesa e communità locali nell'Occidente cristiano (iv-vi d.C.): l'esempio di Gallia," *Le Merci, gli Insediamenti. Società romana e impero tardoantico* 3, ed. A. Giardina (Bari: Laterza, 1986), pp. 761-795; 及び F. R. Trombley, "Monastic Foundations in Sixth-Century Anatolia and Their Role in the Social and Economic Life of the Region," *Byzantine Saints and Monasteries*, ed. N. M. Vaporis (Brookline, Mass.: Hellenic College Press, 1985), pp. 45-59。

25　E. Wipszycka, "L'attività caritativa dei vescovi egiziani," *L'évêque dans la cité*, pp. 71-80.

26　P. Horden and N. Purcell, *The Corrupting Sea: A Study of Mediterranean History* (Oxford: Blackwell, 2000), pp. 377-383.

27　S. Keay, "Tarraco in Late Antiquity," *Towns in Transition*, pp. 18-44, at 32.

28　J. Patrich, "The Warehouse Complex and Governor's Palace," *Caesarea Papers* 2, ed. K. G. Holum, A. Raban, and J. Patrich

(Portsmouth, R.I.: Journal of Roman Archaeology, 1999), pp. 71-107.

29 A. Laniado, *Recherches sur les notables municipaux dans l'Empire protobyzantin* (Paris: de Boccard, forthcoming)〔Travaux et Mémoires - Monographies, 13, Paris: Association des amis du Centre d'histoire et civilisation de Byzance, 2002 として刊行された〕。

30 Foss, "Syria in Transition," p. 233.

31 本書五〇—五一頁を参照、及び、コンスタンティノープルにおける、世帯を単位とした、より民主的でない性格の受給権については G. Dagron, *La naissance d'une capitale. Constantinople et ses institutions de 330 à 451* (Paris: Presses Universitaires de France, 1974), pp. 533-541 を参照。今や Garnsey and Humfress, *Evolution of the Late Antique World*, pp. 107-111 を参照。

32 P. Brown, *Power and Persuasion in Late Antiquity: Towards a Christian Empire* (Madison, Wis.: University of Wisconsin Press, 1992), pp. 25-33 及び 51-54。

33 D. Grodzynski, "Pauvres et indigents, vils et plebéians," *Studia et Documenta Historiae et Juris* 53 (1987): 140-218 及び Garnsey and Humfress, *Evolution of the Late Antique World*, pp. 86-93.

34 Basil, *Regula fusius tractata 22: Patrologia Graeca* 31:980C.

35 同職団体《コルポラ》については今や L. Cracco Ruggini, s.v. Guilds, *Late Antiquity*, pp. 479-481 を参照。自由労働については Purcell, "The populace of Rome in Late Antiquity," *Transformations of Vrbs Roma*, pp. 142-146 及び 152-156 を参照。全般的には P. Garnsey and C. R. Whittaker, "Trade, Industry and the Urban Economy," *Cambridge Ancient History* 13, pp. 312-337 を参照。

36 C. Roueché, *Aphrodisias in Late Antiquity*, Journal of Roman Studies Monographs 5 (London: Society for the Promotion of Roman Studies, 1989), pp. 218-226 及び *Performers and Partisans in Aphrodisias*, Journal of Roman Studies Monographs 6 (London: Society for the Promotion of Roman Studies, 1992), pp. 129-140。

37 A. H. M. Jones, "Church Finances in the 5th and 6th Centuries," *Journal of Theological Studies*, n.s. 11 (1960): 84-94; E. Wipszycka, *Les ressources et les activités économiques des églises en Egypte du IVe au VIIIe siècle*, Papyrologica Bruxellensia 10 (Brussels:

Fondation Egyptologique Reine Elisabeth, 1972), pp. 34-56 及び 64-92; C. Pietri, "Evergétisme et richesses ecclésiastiques dans l'Italie du IVe au Ve siècle," *Ktéma* 3 (1978): 317-337（*Christiana Respublica*, 2:813-833 に所収）。

38 C. Thomas, *Christianity in Roman Britain* (Berkeley: University of California Press, 1981), pp. 113-119; J. P. Caillet, *L' évergétisme monumental chrétien en Italie*, Collection de l'école française de Rome 175 (Rome: Palais Farnèse, 1993); また、本書第一章註95を参照。

39 F. Lifshitz, *Donateurs et fondateurs dans les synagogues juives*, Cahiers de la Revue Biblique (Paris: J. Gabalda, 1967); 及び今や L. Roth-Gerson, *The Greek Inscriptions from the Synagogues in Eretz-Israel*（ヘブル語）(Jerusalem: Magnes Press, 1987), 及び J. Naveh, *On Stone and Mosaic: Aramaic and Hebrew Inscriptions in the Time of the Second Temple, Midrash and Talmud*（ヘブル語）(Jerusalem: Magnes Press, 1992).

40 *Life of Saint Melania* 21, ed. D. Gorce, *Vie de sainte Mélanie*, Sources chrétiennes 90 (Paris: Le Cerf, 1962), p. 172; trans. E. Clark, *Life of Saint Melania the Younger* (New York: Edwin Mellen Press, 1984), p. 44.

41 Augustine, *Letter* 126.7. A. Cecconi, "Un evergete mancato: Piniano ad Ippona," *Athenaeum* n.s. 60 (1988): 371-389 を参照。

42 *TB: Baba Bathra* 9a, trans. I. Epstein, *The Babylonian Talmud* (London: Soncino, 1935), 11:42.

43 *Didache* 1, trans. J. B. Lightfoot, *The Apostolic Fathers* (Grand Rapids, Mich.: Baker Book House, 1956), p. 123.

44 Augustine, *Enarratio in Psalm* 102.12.

45 P. Veyne, *Le pain et le cirque* (Paris: Le Seuil, 1976), p. 286; trans. *Bread and Circuses* (London: Allen Lane Penguin, 1990), p. 146〔ヴェーヌ『パンと競技場』、三一六頁〕。

46 Augustine, *Letter* 22*.2, ed. and trans. *Oeuvres de Saint Augustin 46B: Lettres 1*-29**, Bibliothèque augustinienne (Paris: Etudes augustiniennes, 1987), p. 348; trans. R. Eno; *Letters of Saint Augustine VI (1*-29*)*, Fathers of the Church (Washington, D.C.: Catholic University Press, 1989), p. 157. F. Jacques, "Le défenseur de la cité d'après la Lettre 22* de Saint Augustin," *Revue des études augustiniennes* 32 (1986): 56-73 を参照。

47 Basil, *Letter* 110, ed. R. J. Deferrari, *Saint Basil. The Letters*, Loeb Classical Library (Cambridge, Mass.: Harvard University Press,

1962), 2:210-212.

48 L. Cracco Ruggini, "Le associazioni professionali nel mondo romano-bizantino," *Settimane di Studio sull'Alto Medio Evo* 18 (Spoleto: Centro di Studi sull'Alto Medio Evo, 1971), pp. 59-193 の一七一頁。

49 Gregory of Nazianze, *Oration* 43:57, trans. C. G. Browne and J. E. Swallow, *Library of the Nicene and Post-Nicene Fathers* (Grand Rapids, Mich.: Eerdmans, 1974), 7:413〔J. Bernardi (ed.), *Grégoire de Nazianze. Discours 42-43*, Sources chrétiennes 384 (Paris: Le Cerf, 1992), p. 246 から訳出〕。

50 *Pap. London* 1915, ed. H. I. Bell, *Jews and Christians in Egypt* (London: Egypt Exploration Fund, 1924), pp. 72-76.

51 Acts 6:1, 9:39; I Tim. 5:16; James 1:27.

52 J. U. Krause, *Witwen und Waisen im römischen Reich*, vols. 1 and 2 (Heidelberg: F. Steiner, 1994 and 1995) が包括的な研究です。同じ著者の "La prise en charge de veuves par l'Eglise dans l'Antiquité tardive," *La fin de la cité antique et la début de la cité médievale*, ed. C. Lepelley (Bari: Edipuglia, 1996), pp. 115-126 を参照。しかし、G. Schöllgen, *Zeitschrift für antikes Christentum* 1 (1997): 137-140 の批判を参照——教会から支援を受けていた寡婦のすべてがより限定された「寡婦身分」に属していたわけでは必ずしもありませんでした。今や T. A. J. McGinn, "Widows, Orphans and Social History," *Journal of Roman Archaeology* 12 (1999): 617-632 をも参照。

53 J. Henderson, *Piety and Charity in Late Medieval Florence* (Cambridge, U.K.: Cambridge University Press, 1994), p. 266.

54 今や特に G. Schöllgen, *Die Anfänge der Professionalisierung des Klerus und das kirchliche Amt in der Syrischen Didaskalie*, Jahrbuch für Antike und Christentum, Ergänzungsband 26 (Münster: Aschendorff, 1998), pp. 151-171 及び J. Bremmer, "Pauper or Patroness? The Widow in the Early Church," *Between Poverty and the Pyre, Moments in the History of Widowhood*, eds. J. Bremmer and L. van den Bosch (London: Routledge, 1995), pp. 31-57 を参照。

55 Palladius, *Dialogus de vita Johannis Chrysostomi 5: Patrologia Graeca* 47:20. 賄賂としての「寡婦身分」への登録については、Theophilus of Alexandria, *Letter to the Bishops of Palestine, in Jerome, Letter* 92.1: *Patrologia Latina* 22:766 を参照。

56 例えば Basil, Letters 84 and 108, ed. Deferrari, Loeb Classical Library, 2: 104 及び 207。B. Gain, *L'Eglise de Cappadoce d'après*

la correspondance de Basile de Césarée, Orientalia Christiana Analecta 225 (Rome: Institutum Pontificium Studiorum Orientalium, 1985), p. 273 は、バシレイオスの書簡における貧者への言及の欠如を「奇妙だ」としています。実際には、これら書簡を保存しようという選択が示しているのは、「貧者」の中で特権的かつ有力な集団としての寡婦たちのために官吏へと訴えることのモデルを、将来の読者たちが必要としていたということです。

57 Veyne, *Le pain et le cirque*, p. 65; trans. *Bread and Circuses*, p. 32〔ヴェーヌ『パンと競技場』、五四―五五頁に当たるが、P・ブラウンが書いている「貧困に対して敏感になった」(sensitized to poverty) という表現に相当する箇所は縮約英語版にも原著にも見当たらなかった〕。

58 G. Dagron, *Constantinope imaginaire* (Paris: Presses Universitaires de France, 1984), p. 280. 私はこの示唆と次註でのプロコピオスの参照箇所とをA・ラニアード博士の親切に負っています。

59 Procopius, *The Secret History* 29.5〔正しくは 29.25〕, ed. H. B. Dewing, *Procopius*, Loeb Classical Library (Cambridge, Mass.: Harvard University Press, 1954), 6:342.

60 Gregory the Great, *Letter* 1.44, ed. D. Norberg, *Corpus Christianorum* 140 (Turnhout: Brepols, 1972), p. 58. 一般的には R. A. Markus, *Gregory the Great and his World* (Cambridge, U.K.: Cambridge University Press, 1997), pp. 120-121 を参照。

61 Gregory the Great, *Letter* 1.39, p. 44.

62 Gregory the Great, *Letter* 7.23, p. 476.

63 John the Deacon, *Life of Gregory* 2.30: Patrologia Latina 75:98A.

64 John the Deacon, *Life of Gregory* 2.28:97C.

65 例えば *Talmud Yerushalmi* Pe'ah 8 and 9, trans. M. Schwab, *Le Talmud de Jérusalem* (Paris: Maisonneuve, 1972), 1:114-117。キリスト教における類似の逸話としては F. Nau, "Histoires de solitaire d'Egypte〔sic〕, no. 287," *Revue de l'Orient chrétien* 13 (1908): 375 を参照。

66 Pelagius, *Letter* 14: *Patrologia Latina* 69:408A.

67 P. Garnsey, *Ideas of Slavery from Aristotle to Augustine* (Cambridge, U.K.: Cambridge University Press, 1996), pp. 189-235;

Garnsey and Humfress, *Evolution of the Late Antique World*, pp. 204-207.

68 R. MacMullen, "Late Roman Slavery," *Historia* 36 (1987): 359-382（今では *Changes in the Roman Empire. Essays in the Ordinary* (Princeton, N.J.: Princeton University Press, 1990), pp. 236-248 に所収）を参照。R. Samson, "Rural Slavery, Inscriptions, Archaeology and Marx," *Historia* 38 (1989): 99-110 による反論を受けています。

69 P. Bonnassie, *From Slavery to Feudalism in South-west Europe* (Cambridge, U.K.: Cambridge University Press, 1991), pp. 1-103; R. Samson, "Slavery, the Roman Legacy," *Fifth Century Gaul: A Crisis of Identity?* ed. J. Drinkwater and H. Elton (Cambridge, U.K.: Cambridge University Press, 1992), pp. 218-227. 今や H. Greiser, *Sklaverei in spätantiken und frühmittelalterlichen Gallien (5.-7. Jht.)* (Stuttgart: F. Steiner, 1997) を参照。

70 O. Hufton, *The Poor in Eighteenth Century France, 1750-1789* (Oxford, U.K.: Oxford University Press, 1974), pp. 11-12, 107-117 及び 329。

71 W. V. Harris, "Demography, Geography and the Supply of Slaves," *Journal of Roman Studies* 89 (1999): 62-74 の pp. 73-74。

72 Augustine, Sermon Mayence 12/ Sermon Dolbeau 5.12.258, ed. F. Dolbeau, *Revue des études augustiniennes* 39: 82〔正しくは 5.12.268 以下, *Revue des études augustiniennes* 39 (1993), pp. 82-83〕（今では F. Dolbeau, *Vingt-Six Sermons au Peuple d'Afrique* (Paris: Institut d'études augustiniennes, 1996), p. 444）, trans. E. Hill, *Sermons III/11: Newly Discovered Sermons*, The Works of Saint Augustine: A Translation for the 21st Century (Hyde Park, N.Y.: New City Press, 1997), pp. 110-111.

73 H. Langenfeld, *Christianisierungspolitik und Sklavengesetzgebung der römischen Kaiser von Konstantin bis Theodosius II*, Antiquitas 1:26 (Bonn: R. Habelt, 1977).

74 M. Ducloux, *Ad Ecclesiam confugere. Naissance du droit d'asyle dans les églises* (Paris: de Boccard, 1994). 奴隷の修道院入りについては例えば Basil, *Regula fusius tractata* 11: *Patrologia Graeca* 31:948AC を参照。

75 J. R. Russell-Wood, *Fidalgos and Philanthropists. The Santa Casa da Misericórdia of Bahia, 1550-1755* (London: MacMillan, 1968); I. dos Guimarâes Sá, *Quando o rico se faz pobre. Misericórdias, caridade e poder no império português, 1500-1800* (Lisbon: Comissâo nacional para as Comemoraçôes dos Descobrimentos, 1977).

76 C. Roueché, "The Ages of Man," *Ktéma* 18 (1993): 159-169; T. Parker, "Out of Sight, Out of Mind: Elderly Members of the Roman Family," *The Roman Family in Italy: Status, Sentiment, Space*, ed. B. Rawson and P. Weaver (Canberra: Humanities Research center, and Oxford: Clarendon Press, 1997), pp. 123-148.

77 *Pap. London* 1915, ed. Bell, *Jews and Christians*, pp. 73 and 75.

78 *Pap. Oxy.* 1205, *Oxyrhynchus Papyri* 9, ed. A. S. Hunt (London: Egypt Exploration Fund, 1912), pp. 239-242.

79 W. Klingshirn, "Charity and Power: The Ransoming of Captives in Sub-Roman Gaul," *Journal of Roman Studies* 75 (1985): 95-102; E. A. Thompson, *Who was Saint Patrick?* (Woodbridge, Surrey: Boydell Press, 1985), pp. 95-102; T. Sternberg, "Aurum Utile. Zu einem Topos vom Vorrang der Caritas über Kirchenschätze seit Ambrosius," *Jahrbuch für Antike und Christentum* 39 (1996): 128-148.

80 Augustine, Letter 10*.5, pp. 174-176; trans. Eno, pp. 78-79.

81 Augustine, Letter 24*, ed. pp. 382-386; trans. Eno, pp. 172-174. 特に M. Humbert, "Enfants à louer et à vendre" 及び C. Lepelley, "Liberté, colonat et esclavage," *Les Lettres de Saint Augustin découvertes par Johannes Divjak* (Paris: Etudes augustiniennes, 1983), pp. 189-204 及び 329-342 を参照。

82 Gregory the Great, Letter 1.73, p. 81.

83 Augustine, *Sermon Mayence 40/ Sermon Dolbeau 11*, 13.291, ed. F. Dolbeau, *Revue bénédictine* 102 (1992): 78; *Sermons au Peuple d'Afrique*, p. 65, 及び p. 65/58 のコメント ; trans. Hill, p. 85。

84 Augustine, *Sermon* 41.7.

85 Augustine, *Sermon* 25.8.8〔C. Lambot (ed.), *Sancti Aurelii Augustini Sermones de Vetere Testamento* (Corpus Christianorum, Series Latina, 41), Turnholti: Brepols, 1961, p. 339 から訳出〕。

86 T. Shanin, *The Awkward Class* (Oxford, U.K.: Oxford University Press, 1972), pp. 114-115 ――革命以前のロシアの富農《クラーク》について。

87 Augustine, *Sermon* 9.6.8〔このラテン語の典拠は不明。P・ブラウンの引用する英訳から訳出〕。

88 Augustine, *Letter* 26*.1.13, ed. p. 390; trans. Eno, p. 179.

89 Firmicus Maternus, *Mathesis* 6.31.13; trans. J. R. Bram, *Ancient Astrology: Theory and Practice* (Park Ridge, N.J.: Noyes Press, 1975), p. 211〔P. Monat (ed.), *Firmicus Maternus. Mathesis*, vol. 3: *Livres VI-VIII*, Paris: Belles Lettres, 1997, p. 87 から訳出〕。

90 Augustine, *Letter* 20*.2, ed. p. 294; trans. Eno, p. 134.

91 Augustine, *Letter* 20*.6, ed. p. 302; trans. Eno, p. 137.

92 Augustine, *Sermon* 356.10; s.v. Leporius, *Prosopographie de l'Afrique chrétienne*, pp. 634-635 を参照。

93 P. Horden, Introduction, *The Locus of Care: Families, Communities, Institutions and the Provision of Welfare since Antiquity*, ed. P. Horden and R. Smith (London/New York: Routledge, 1998), p. 21.

94 John Chrysostom, *Homilies on Matthew* 66 (67).3: *Patrologia Graeca* 58:630, trans. G. Prevost, *Library of the Nicene and Post-Nicene Fathers* (Grand Rapids, Mich.: Eerdmans, 1978), 10:407（アンティオキアについて）; Leontius, *Life of John the Almsgiver* 2, trans. E. Dawes and N. H. Baynes, *Three Byzantine Saints* (Oxford: Blackwell, 1948), p. 211（アレクサンドリアについて）; Mark the Deacon, *Vie de Porphyre* 94, eds. H. Grégoire and M.-A. Kugener (Paris: Belles Lettres, 1930), p. 73（ガザについて）。これらが私たちが持っている直接の統計のすべてです。貧者リストすなわち matricula については M. Rouche, "La matricule des pauvres," *Etudes sur l'histoire de la pauvreté*. Publications de la Sorbonne. Etudes 8 (Paris: Sorbonne, 1974), pp. 83-109 及びそれへの修正と追加を含む Sternberg, *Orientalium More Secutus*, pp. 105-145, 及び Brown, *Power and Persuasion*, p. 98, n. 144 を参照。優れた概観として今や Garnsey and Humfress, *Evolutions of the Late Antique World*, pp. 119-125 を参照。

95 John Chrysostom, *Homilies on Acts* 45.4: *Patrologia Graeca* 60:319; trans. J. Walker, *Library of the Nicene and Post-Nicene Fathers* (Grand Rapids, Mich.: Eerdmans, 1975), 11:276. O. Plassmann, *Das Almosen bei Johannes Chrysostomus* (Münster in Westfalen: Aschendorff, 1961) を参照。

96 Gregory of Tours, *Life of the Fathers* 8.9, trans. James, p. 74〔B. Krusch (ed.), *Gregorii episcopi Turonensis miracura et opera minora* (Monumenta Germaniae Historica. Scriptorem rerum Merovingicarum, vol. 1 pt. 2), Hannoverae: Hahn, 1885, p. 249 から訳出〕。*Council of Chalcedon: Canon* 11, J. D. Mansi, *Sacrorum Conciliorum Nova et Amplissima Collectio* (Florence, 1762),

7:364AB; J. Flemming, *Akten der Ephesinischen Synode vom Jahre 449*, Abhandlugen der Königlichen Gesellschaft der Wissenschaften zu Göttingen, Philol.-Hist. Klasse 15:1 (1917): 82.17, trans. 83.25 をも参照。

97 W. E. Crum, *Coptic Ostraca from the Collections of the Egypt Exploration Fund, the Cairo Museum and Others* (London: Egypt Exploration Fund, 1902), no. 17, p. 13〔正確な典拠は no. 71: p. 16 (Lithographed Texts), p. 13 (Translations and Commentaries)〕。この陶片《オストラコン》の図版は F. D. Friedman, *Beyond the Pharaohs. Egypt and the Copts in the 2nd to 7th centuries* A.D. (Providence, R.I.: Rhode Island School of Design, 1989), no. 136, p. 223 に見られます。

98 Crum, *Coptic Ostraca*, no. 75, p. 14〔正確な典拠は no. 75: p. 18 (Lithographed Texts), p. 14 (Translations and Commentaries)〕。

99 Crum, *Coptic Ostraca*, no. 67, p. 49〔正確な典拠は no. 67: pp. 15, 87 (Lithographed Texts), p. 49 (Translations and Commentaries)〕。

100 Crum, *Coptic Ostraca*, no. 255, p. 64〔正確な典拠は no. 255: p. 47 (Lithographed Texts), p. 64 (Translations and Commentaries)〕。

101 Crum, *Coptic Ostraca*, no. 52, p. 47〔正確な典拠は no. Ad. 28: p. 93 (Lithographed Texts), p. 79 (Translations and Commentaries)。イザヤ書からの引用は七十人訳と一致〕。

102 Crum, *Coptic Ostraca*, no. 51, p. 35〔正確な典拠は no. 51: p. 13 (Lithographed Texts), p. 35 (Translations and Commentaries)。「影の下に入る」という表現がこの箇所に出てくる、ということ〕。

103 一般的には J. Lamoreaux, "Episcopal Courts in Late Antiquity," *Journal of Early Christian Studies* 3 (1995): 143-167; Garnsey and Humfress, *Evolution of the Late Antique World*, pp. 72-77 を参照。

104 *Constitutio Sirmondiana* 1 (333) 及び *Codex Theodosianus* 1.27.1 及び 2, それぞれ trans. C. Pharr, *The Theodosian Code* (Princeton, N.J.: Princeton University Press, 1952), pp. 477 及び 31-32. Barnes, *Constantine and Eusebius* (Cambridge, Mass.: Harvard University Press, 1981), pp. 51 及び 312 を参照。この微妙な問題について、最良の研究は依然として W. Selb, "Episcopalis audientia von der Zeit Konstantins bis zu Novelle XXXV Valentinians III," *Zeitschrift der Savigny-Stiftung für*

Rechtsgeschichte 84 (1967): 162-217 で、この論文の法解釈は Lamoreaux, "Episcopal Courts" の解釈より優ると判断するべきです。

105 J. M. Carrié, "Les gouverneurs romains à l'époque tardive," 及び C. Roueché, "The functions of the governors in late antiquity: Some observations," in *Les gouverneurs de province dans l'antiquité tardive: Antiquité tardive* 6 (1998): 17-30 及び 31-36 はそれぞれ総督が所掌する法的諸機能の重みを強調しています。今や H. A. Drake, *Constantine and the Bishops* (Baltimore, Md.: Johns Hopkins University Press, 2000), pp. 322-352 を参照。

106 Julian, *Letter* 41, ed. and trans. W. C. Wright, Loeb Classical Library (Cambridge, Mass.: Harvard University Press, 1953), 3:128-134.

107 Augustine, *Enarratio in Ps. 46* 5.

108 Augustine, *Letter* 247.2.

109 Augustine, *Letter* 24*.1, p. 384; trans. Eno, p. 173.

110 Augustine, *De opere monachorum* 29.37〔I. Zycha (ed.), *Sancti Aureli Augustini De fide et symbolo etc* (Corpus Scriptorum Ecclesiasticorum Latinorum, 41), p. 587 により訳出〕、及び Possidius, *Life of Augustine* 19, trans. Hoare, Western Fathers, p. 218。

111 J. C. Picard, "La fonction des salles de réception dans le groupe épiscopale de Genève," *Rivista di archeologia cristiana* 65 (1989): 87-104. この参照箇所はイースト・アングリア大学のバーバラ・ポルチ博士からご教示いただきました。

112 Sulpicius Severus, *Dialogues* 2.1: *Patrologia Latina* 20:201C, trans. Hoare, *Western Fathers*, p. 102.

113 *Life of Epiphanius of Salamis* 55: *Patrologia Graeca* 41:93A; Socrates, *Ecclesiastical History* 7.37.17, ed. G. C. Hansen, Die griechischen christlichen Schriftsteller, n.s. 1 (Berlin: Akadmie-Verlag, 1995), p. 387.

114 Socrates, *Ecclesiastical History* 2.42.5, ed. Hansen, p. 179; T. D. Barnes, "The Crimes of Basil of Ancyra," *Journal of Theological Studies* n.s. 47 (1996): 550-554 の pp. 553-554 を参照。

115 Possidius, *Life of Augustine* 19.4, trans. Hoare, Western Fathers, p. 218.

116 S.v. *'ebyôn, Theologisches Wörterbuch des Alten Testaments*, ed. G. J. Botterweck and H. Ringgren (Stuttgart: W. Kohlhammer 1973), 1:27-43; trans. J. T. Willis, *Theological Dictionary of the Old Testament* (Grand Rapids, Mich.: Eerdmans, 1974), 1:27-41; 及び M. E. Polley, *Amos and the Davidic Empire* (Oxford, U.K.: Oxford University Press, 1989), pp. 112-138; そして今や特に M. Weinfeld, *Social Justice in Ancient Israel and in the Ancient Near East* (Jerusalem: Magnes Press/ Minneapolis: Fortress, 1995)。

117 Weinfeld, *Social Justice in Ancient Israel*, pp. 46 及び 182-188。

118 F. C. Fensham, "Widows, Orphans and the Poor in Ancient Near Eastern Legal and Wisdom Literature," *Journal of Near Eastern Studies* 21 (1962): 129-139.

119 S. N. Kramer, *History Begins at Sumer* (London: Thames and Hudson, 1958), pp. 77-79.

120 *Code of Hammurabi* 24.1-8, Weinfeld, *Social Justice in Ancient Israel*, p. 193 による引用。

121 N. Yoffee, "The Collapse of Ancient Mesopotamian Society and Civilization," *The Collapse of Ancient Societies and Civilizations*, ed. N. Yoffee and G. C. Cowgill (Tucson: Arizona University Press, 1991), p. 44-68 の 52。

122 J. Gray, "Social Aspects of Canaanite Religion," *Vetus Testamentum: Supplement* 15 (1966): 170-192 の 172-173。

123 S.v. *'ebyôn, Theological Dictionary of the Old Testament*, p. 30.

124 Jerome, *Commentary on Isaiah* 2.5: *Patrologia Latina* 24:75C.

125 Brown, Power and Persuasion, pp. 103-113. 今や R. Lizzi, "I vescovi e i *potentes* della terra: Definizione e limite del ruolo episcopale nelle due *partes imperii* tra iv e v secolo d.C.," *L'évêque dans la cité*, pp. 81-104 を参照。

126 N. McLynn, *Ambrose of Milan: Church and Court in a Christian Capital* (Berkeley: University of California Press, 1994), pp. 315-330.

127 P. Delmaire and C. Lepelley, "Du nouveau sur Carthage," *Opus* 2 (1983): 473-487.

128 Augustine, *Letter* 15*.2, ed. pp. 254-266; trans. Eno, p. 115.

129 Augustine, *Letter* 20*.11, ed. p. 310; trans. Eno, p. 139.

130 Augustine, *On Lying* 13.23.

131 Augustine, *Letter* 22*.7, ed. p. 354; trans. *Eno*, p. 158〔なお、この手紙で繰り返し出てくる司教の名はホノラトゥスではなくホノリウスである〕。

132 Synesius, *Letter* 67, trans. A. Fitzgerald, *The Letters of Synesius of Cyrene* (Oxford, U.K.: Oxford University Press, 1926), p. 151〔Ep. 66[67]: A. Garzya (ed.), *Opere di Sinesio di Cirene. Epistole Operette Inni*, Torino: Unione Tipografico-Editrice Torinese, 1989, pp. 182-184 から訳出〕。

133 Crum, *Papyruscodex*, p. 9.8 (Coptic); trans. p. 61.

134 M. Çetin Şahin, *Die Inschriften von Stratronikeia*, Inschriften griechischer Städte aus Kleinasien 22:1 (Bonn: R. Habelt, 1982), no. 1204, pp. 166-167.

135 例えば E. Le Blant, *Inscriptions chrétiennes de la Gaule* (Paris: Imprimerie impériale, 1956), 1:48, no. 402 及び 98, no. 425。

136 Gregory of Tours, *Histories* 5.42, trans. Thorpe, *History of the Franks*, pp. 306-307〔B. Krusch & W. Levison (eds.), *Gregorii episcopi Turonensis Libri historiarum X* (Monumenta Germaniae Historica. Scriptorem rerum Merovingicarum, vol. 1 pt. 1), Hannoverae: Hahn, 1951, p. 249 から訳出〕。

第三章

1 A. von Harnack, *Mission und Ausbreitung des Christentums* (Leipzig: J. C. Hinrichs, 2nd ed. 1906), 1:127-172; trans. J. Moffat, *The Mission and Expansion of Christianity in the First Three Centuries* (London: William and Norgate/New York: Putnam, 1904), 1:181-249.

2 Augustine, *Confessions* 5.13.23.

3 K. Wrightson and D. Levine, *Poverty and Piety in an English Village: Terling 1525-1700* (Oxford: Clarendon Press, 1995, 2nd ed.), pp. 197-211 がよく描いています。P. Slack, *Poverty and Policy in Tudor and Stuart England* (London: Longmans, 1988), pp. 37-90 をも参照。

4 J. Iliffe, *The African Poor: A History* (Cambridge, U.K.: Cambridge University Press, 1987), pp. 9-29.

5 Slack, *Poverty and Policy*, p. 113-161.

6 N. Z. Davis, "Gregory Nazianzen in the Service of Humanist Social Reform," *Renaissance Quarterly* 20 (1967): 455-464（リヨンについて）; ロシアについては P. Pascal, *Avvakum et les débuts du Raskol* (Paris: Mouton, 1963), pp. 23, 39, 47、及び A. N. Robinson, *Bor'ba idei v russkoi literature xvii veka* (Moscow: Nauk, 1974), p. 246-277 を参照。エピファニイ・スラヴィネツキイの Slovo o milosti（慈善についての講話）へと私の注意を向けてくれ、私を助けてくれたオルガ・ストラホフ博士に感謝します。A. S. Eleonksaia, Sotsial'no-utopicheskii tratat xvii veka, *Germenevtika drevnerusskoi literatury* (Moscow: Nauk, 1989), 2:179-191 を参照。

7 G. Dagron, "'Ainsi rien n'échappera à la réglementation.' Etat, église, corporations, confréries: à propos des inhumations à Constantinople (IVe-Xe siècles)," *Hommes et richesses dans l'Empire byzantin* 2, ed. V. Kravari et al. (Paris: P. Lethielleux, 1991), pp. 155-198. 今や E. Rebillard, "Les formes de l'assistance funéraire dans l'Empire romain et leur évolution dans l'antiquité tardive," *Antiquité tardive* 7 (1999): 269-282 を参照。

8 本書第一章五一—五三頁を参照。

9 A. Natali, "Eglise et évergétisme à Antioche à la fin du IVe siècle d'après Jean Chrysostome," *Studia Patristica* 17 (Oxford: Pergamon Press, 1982), pp. 1176-1184; D. Trout, *Paulinus of Nola* (Berkeley: University of California Press, 1999), pp. 133-159.

10 H. Bolkestein, *Wohltätigkeit und Armenpflege im vorchristlichen Altertum* (Utrecht: A. Oosthoek, 1939), pp. 202-212; P. Veyne, *Le pain et le cirque* (Paris: Le Seuil, 1976), pp. 44-67, trans. *Bread and Circuses* (London: Allen Lane Penguin, 1990), pp. 19-34〔ヴェーヌ『パンと競技場』、三八～六七頁〕。

11 Libanius, *Orations* 2.30 and 30.20, ed. A. F. Norman, *Libanius: Select Works*, Loeb Classical Library (Cambridge, Mass.: Harvard University Press, 1977), 2:26 及び 118。G. W. Bowersock, Mechanisms of Subversion in the Roman Provinces," *Opposition et résistance à l'empire d'Auguste à Trajan*, Entretiens de la Fondation Hardt 33 (Vandoeuvres: Fondation Hardt, 1987), pp. 291-320 の 304-310。

12 Jerome, *Tractatus in Psalmos* 133.2, ed. G. Morin, Corpus Christianorum 78 (Turnhout: Brepols, 1958), p. 288.『パウロの黙

示録』のラテン語版は、喜捨を与えた異教徒について語っています。彼らが地獄に於いて「見事な服を着て」いるのが目撃されるのですが、しかし彼らの「目はふさがれていた」、なぜなら彼らは「主なる神を知らなかったからだ」、と。*Visio Pauli* 40, ed. C. Carozzi, *Eschatologie et au-delà: recherches sur l'Apocalypse de Paul* (Aix-en-Provence: Université de Provence, 1994), p. 240.

13 V. Neri, *I marginali nell'Occidente tardoantico* (Bari: Edipuglia, 1998), pp. 127-132; E. Patlagean, *Pauvreté économique et pauvreté sociale à Byzance: 4e-7e siècles* (Paris: Mouton, 1977), p. 386.

14 Felix, *Constitutio de ecclesia Ravennatensi: Patrologia Latina* 65:12C; Patlagean, *Pauvreté économique et pauvreté sociale à Byzance*, p. 398.

15 *Life of Theodore of Sykeon*, 78, trans. E. Dawes and N. H. Baynes, *Three Byzantine Saints* (Oxford: Blackwell, 1948), p. 141.

16 S. Cavallo, *Charity and Power in Early Modern Italy* (Cambridge, U.K.: Cambridge University Press, 1995), p. 257 からこの表現を拝借しました。

17 C. Kelly, "Late Roman Bureaucracy: Going Through the Files," *Literacy and Power in the Ancient World*, ed. A. K. Bowman and G. Woolf (Cambridge, U.K.: Cambridge University Press, 1994), pp. 161-176; "Emperors, Government and Bureaucracy," *Cambridge Ancient History XIII: The Late Empire* A.D. *337-425*, ed. A. Cameron and P. Garnsey (Cambridge, U.K.: Cambridge University Press, 1999), pp. 138-183.

18 P. Brown, "The World of Late Antiquity Revisited," *Symbolae Osloenses* 72 (1997): 5-90 の pp. 24-25; そして今や特に C. Roueché, "The Functions of the Governors in Late Antiquity: Some Remarks," *Antiquité tardive* 6 (1998): 31-36。

19 P. Cairo Isid. 1: R. Bagnall, *Egypt in Late Antiquity* (Princeton, N.J.: Princeton University Press, 1993), pp. 166-167 及び 243 を参照。今や J. M. Carrié, "Dioclétien et la fiscalité," *Antiquité tardive* 2 (1994): 33-64 を参照。

20 K. Hopkins, "Conquest by Book," *Literacy in the Roman World*, ed. J. H. Humphrey, Journal of Roman Archaeology Supplement 3 (Ann Arbor, Mich.: Michigan University Press, 1991), pp. 133-158.

21 Bagnall, *Egypt in Late Antiquity*, p. 166〔A.E.R. Boak & H.C. Youtie (eds.), *The Archive of Aurelius Isidorus*, Ann Arbor:

University of Michigan Press, 1960, p. 264 (no. 66), ll. 18-19 から訳出〕。

22 A. Kovelman, "From Logos to Mythos: Egyptian Petitions of the 5th-7th Centuries," *Bulletin of the American Society of Papyrologists* 28 (1991): 135-152 の p. 147; 今や J. L. Fournet, "Notes critiques sur les pétitions du Bas-Empire," *Journal of Juristic Papyrology* 28 (1998): 7-18 を参照。

23 Nilus of Ancyra, *Letter* 1.102: *Patrologia Graeca* 79:125C〔125D が正〕。

24 R. MacMullen, *Corruption and the Decline of Rome* (New Haven, Conn.: Yale University Press, 1988).

25 今や P. Garnsey and C. R. Whittaker, "Rural Life in the Later Roman Empire," *Cambridge Ancient History XIII*, pp. 277-311 の 281-285 を参照。

26 J. Harries, *Law and Empire in Late Antiquity* (Cambridge, U.K.: Cambridge University Press, 1999), p. 97.

27 Kelly, "Emperors, Government and Bureaucracy," pp. 155-156 及び 181-182 がよく論じています。

28 F. Millar, *The Emperor in the Roman World* (London: Duckworth, 1977), pp. 541-544.

29 D. Feissel and J. Gascou, "Document d'archives romains inédits du Moyen-Euphrate," *Comptes Rendus de l'Académie des Inscriptions et Belles Lettres 1989*, pp. 547-548; F. Millar, *The Roman Near East 31* BC-AD *337* (Cambridge, Mass.: Harvard University Pres, 1993), p. 130.

30 Justinian, *Novellae* 80.1-2 (539), ed. P. Schöll and W. Kroll (Weidmann: Zurich, 1972), pp. 391-392.

31 P. Brown, *Power and Persuasion in Late Antiquity: Towards a Christian Empire* (Madison: University of Wisconsin Press, 1992), pp. 78-79.

32 J. E. Lendon, *Empire of Honour. The Art of Government in the Roman World* (Oxford: Clarendon Press, 1997), p. 7.

33 Brown, *Power and Persuasion*, pp. 35-47.

34 R. Webb, "Imagination and the Arousal of Emotions in Greco-Roman Rhetoric," *The Passions in Roman Thought and Literature*, ed. S. M. Braund, and C. Giles (Cambridge, U.K.: Cambridge University Press, 1997), pp. 112-127.

35 Brown, *Power and Persuasion*, pp. 48-61; R. Kaster, "The Shame of the Romans," *Transactions of the American Philological Society*

127 (1999): 1-19.

36 K. Holum, *King Herod's Dream: Caesarea on the Sea* (New York: W. W. Norton, 1988), p. 170 及び fig. 123; "Inscriptions in the Imperial Revenue Office of Byzantine Caesarea Palaestina," *Journal of Roman Archaeology Supplement* 14 (1995): 333-345。

37 Dorotheus of Gaza, *Instructions* 2.34, ed. L. Regnault and J. de Préville, *Dorothée de Gaza: Oeuvres spirituelles*, Sources chrétiennes 92 (Paris: Le Cerf, 1963), p. 198.

38 John Chrysostom, *Homily 11 on I Thess.* 30: *Patrologia Graeca* 61:466; trans. J. A. Broadus, *Library of the Nicene and Post-Nicene Fathers* (Grand Rapids, Mich.: Eerdmans, 1979), 13:373、及び *Homily 1 on II Tim.*〔4〕: *Patrologia Graeca* 62:606, trans. P. W. Schaff, ibid., p. 476。

39 Cecaumenus Catacolon, *Strategicon* 2, ed. B. Wassiliewsky and V. Jernstedt (Amsterdam: Hakkert, 1965), p. 3.

40 H. I. Marrou, "L'origine orientale des diaconies romaines," *Mélanges d'archéologie et d'histoire* 47 (1940): 95-142 の p. 113; 今では *Patristique et Humanisme* (Paris: Le Seuil, 1976), pp. 81-117（の p. 95）に所収。

41 M. Jeremić and M. Milinković, "Die byzantinische Festung von Bregovina (Südserbien)," *Antiquité tardive* 3 (1995): 209-225 の p. 218。

42 T. Sternberg, "Der vermeintliche Ursprung der westlichen Diakonien," *Jahrbuch für Antike und Christentum* 31 (1988): 173-209 の p. 203。

43 L. S. B. MacCoull, "SPP XV. 250ab: A Monophysite Trishagion for the Nile Flood," *Journal of Theological Studies*, n.s. 40 (1989): 129-135 の p. 130。

44 *Pap. Oxy.* XVIII 2193, *Oxyrhynchus Papyri XVIII*, ed. E. Lobel, C. H. Roberts, E. P. Wagner (London: Egypt Exploration Society, 1941), pp. 153-154。ヨブ記三〇章一九節〔正確にはヨブ記三六章一九節の七十人訳〕、シラ書三三章一七節〔正確にはシラ書三五章一四節〕、詩編一九篇一三節〔正確には詩編九章一三節の七十人訳〕が引用されています〔「暗示されている」と解するほうが妥当だろう。なお、「善人も悪人も、元老院議員も皇帝も貧者も」という表現が出てくるのは P. Oxy XVIII 2194 においてである〕。

45 *Pap. Oxy.* XXVII 2479, *Oxyrhynchus Papyri* 27, ed. E. G. Turner, J. Rea, L. Koenen, J. Fernandez Pomar (London: Egypt Exploration Society, 1962), pp. 177-180 の 178。

46 *Pap. Cairo Masp.* 1. 67020.5-6, ed. J. Maspéro, *Papyrus grecs d'époque byzantine* (Cairo: Institut français d'archéologie orientale, 1911), p. 46.

47 L. Robert, "Epigrammes du Bas-Empire," *Hellenica* 4 (1948): 99-100.

48 R. R. R. Smith, "Late Antique Portraits in a Public Context: Honorific Statuary at Aphrodisias in Caria, A.D. 300-600," *Journal of Roman Studies* 89 (1999): 155-189 の p. 186。

49 Gregory of Tours, *Life of the Fathers* 7.1 及び 3, trans. E. James (Liverpool: Liverpool University Press, 1985), pp. 60 及び 62〔引用部分は B. Krusch (ed.), *Gregorii episcopi Turonensis miracura et opera minora* (Monumenta Germaniae Historica. Scriptorem rerum Merovingicarum, vol. 1 pt. 2), Hannoverae: Hahn, 1885, p. 237 からの訳出〕。

50 R. Rémondon, "L'Eglise dans la société égyptienne à l'époque byzantine," *Chronique d'Egypte* 47 (1972): 254-277.

51 *Pap. Abinn.* 19, *The Abinnaeus Archive*, ed. H. I. Bell et al. (Oxford: Clarendon Press, 1962), p. 65〔正確には pp. 64-65〕。

52 C. Zuckerman, "The Hapless Recruit Psois and the Mighty Anchorite John," *Bulletin of the Society for American Papyrologists* 32 (1995): 183-194.

53 D. Frankfurter, "'Things Unbefitting Christians': Violence and Christianization in Fifth-Century Panopolis," *Journal of Early Christian Studies* 8 (2000): 272-295 の p. 280。S. Emmel, "The Historical Circumstances of Shenute's Sermon *God Is Blessed*," *Themelia. Spätantike und koptologische Studien Peter Grossmann zum 65. Geburtstag*, eds. M. Krause and S. Schaten (Wiesbaden: Reichert, 1998), pp. 81-95 をも参照。

54 Besa, *Life of Shenoute* 76, ed. J. Leipoldt and W. E. Crum, *Corpus Scriptorum Christianorum Orientalium* 41, *Scriptores Coptici* 1 (Leipzig: O. Harrassowitz, 1906), p. 38; trans. N. Bell, Cistercian Studies 73 (Kalamazoo, Mich.: Cistercian Studies, 1983), p. 64.

55 *Council of Serdica* 7, ed. E. J. Jonkers, *Acta et symbola conciliorum quae saeculo quarto habita sunt*, Textus Minores 19 (Leiden: Brill, 1974), p. 65.

56 A. van Lantschoot, "Allocution de Timothée d'Alexandrie prononcée à l'occasion de la dédicace de l'église de Pachôme à Pboou," *Le Muséon* 47 (1934): 13-56 の p. 42。

57 Cyril of Scythopolis, *Life of Sabas* 51, ed. E. Schwartz, *Kyrillos von Scythopolis*, Texte und Untersuchungen 49:2 (Leipzig: J. C. Hinrichs, 1939), p. 142.

58 K. Barth, *Church Dogmatics, Volume IV, part 2: The Doctrine of Reconciliation*, trans. G. W. Bromley (Edinburgh: T. and T. Clark, 1958), p. 167〔カール・バルト／井上良雄訳『和解論　II／2　主としての僕イエス・キリスト　上〈2〉』、新教出版社、一九六六年、二五頁〕。

59 *Midrash Rabbah: Leviticus* 34.9, trans. S. M. Lehrman (New York: Soncino Press, 1983), pp. 435-436〔J. Israelstam & J. J. Slotki (trans.), *Midrash Rabbah*, IV: *Leviticus*, London: Soncino, 1951, pp. 435-436 から訳出〕。

60 *Babylonian Talmud: Baba Bathra* 10a, trans. I. Epstein (London: Soncino, 1935), p. 47.

61 Origen, *Contra Celsum* 1.28, trans. H. E. Chadwick (Cambridge, U.K.: Cambridge University Press, 1965), p. 28.

62 Julian, *Against the Galilaeans* 191D and 206D, ed. W. C. Wright, *The Works of the Emperor Julian*, Loeb Classical Library (London: Heinemann/ New York: Putnam, 1953), 3:376.

63 Theodotus of Ancyra, *On the Nativity.*　エフェソス公会議 Collectio Vaticana 73.8, ed. E. Schwartz, *Acta Conciliorum Oecumenicorum*（以後 *ACO* と略記）1.2 (Berlin: W. de Gruyter, 1927), pp. 85.3-86.7 及び J. D. Mansi, *Sacrorum conciliorum nova et amplissima collectio*（以後 *Collectio* と略記）, 5:196BD において引用されています〔E. Schwartz (ed.), *Concilium universale Ephesenum*, vol. 1: *Acta Graeca*, pt. 2: *Collectio Vaticana* 33-80 (ACO 1.1.2), Berolini et Lipsiae: Walter de Gruyter, 1927, p. 85 l. 33 – p. 86 l. 1 及び p. 86 ll. 6-7 から訳出〕。

64 Augustine, *Sermon Mayence* 61/ Dolbeau 61, 24.495〔正確には 495-499, 500-502〕, ed. F. Dolbeau, *Revue des études augustinienes* 37 (1991): 75（今では F. Dolbeau, *Vingt-Six Sermons au Peuple d'Afrique* (Paris: Institut d'études augustiniennes, 1996), p. 265 に所収）, trans. E. Hill, *The Works of Saint Augustine: A Translation for the 21st Century: Sermon III/11* (Hyde Park, N.Y.: New City Press, 1997), p. 381.

65 R. Brändle, *Matth. 25,31-46 im Werke des Johannes Chrysostomos*, Beiträge zur Geschichte der biblischen Exegese 27 (Tübingen: J. C. B. Mohr, 1979), pp. 311-314.

66 Gregory of Nyssa, *On the Beatitudes: Patrologia Graeca* 44:1201B〔正確には 1201B-C〕。エフェソス公会議 Gesta Ephesina 54.xvi, ed. Schwartz, *ACO* 1.2, p. 44.17 において典拠として引用されています。

67 特に P. Angstenberger, *Der reiche und der arme Christus. Rezeptionsgeschichte von 2 Kor.8,9 zwischen dem zweiten und dem sechsten Jahrhundert*, Hereditas: Studien zur Alten Kirchengeschichte 12 (Bonn: Börengasser, 1997) を参照。

68 *Ptocheia or Odysseus in Disguise (P. Köln inv. VI. 245)*, ed. M. G. Parca, American Studies in Papyrology 31 (Atlanta, Ga.: Scholar's Press, 1991).

69 Inscription of Kefr-Haouar, ed. *Bulletin de correspondance hellénique* 21 (1897): 60-61. 呪詛に対する恐れから喜捨を受け取った祭司たちという同様な現象については、J. D. Y. Peel, "Poverty and Sacrifice in 19th-Century Yorubaland," *Journal of African History* 31 (1990): 465-484 を参照。

70 John Chrysostom, *Homily 11 on I Thess. 5 3: Patrologia Graeca* 62:464.

71 Brändle, *Matth. 25,31-46 im Werk des Johannes Chrysostomos*, pp. 338-341.

72 John Chrysostom, *Hom. 15 in Rom. 6: Patrologia Graeca* 60:547〔正確には col. 547 ll. 31-39 及び col. 547 l. 52 - col. 548 l. 3〕, trans. J. B. Morris and W. H. Simcox, *Library of the Nicene and Post-Nicene Fathers* (Grand Rapids, Mich.: Eerdmans, 1975), 11:458.

73 John Chrysostom, *Baptismal Catecheses* 1.45 及び 4.17, ed. A. Wenger, *Jean Chrysostome: Huit Catéchèses Baptismales*, Sources chrétiennes 50 bis (Paris: Le Cerf, 1970), pp. 131 及び 191.

74 F. van de Paverd, *Zur Geschichte des Messliturgie in Antiochien und Konstantinopel gegen Ende des vierten Jahrhunderts. Analyse der Quellen bei Johannes Chrysostomus*, Orientalia Christiana Analecta 187 (Rome: Institutum Pontificium Studiorum Orientalium, 1970), p. 223.

75 G. G. Blum, *Rabbula von Edessa, Corpus Scriptorum Christianorum Orientalium* 300, Subsidia 34 (Louvain: Corpus Scriptorum

Christianorum Orientalium, 1969), pp. 68-69.

76 *Les Sentences des Pères du Désert. Nouveau recueil* 442, trans. L. Regnault (Sablé-sur-Sarthe: Abbaye de Solesmes, 1970), p. 64.

77 当事者たちを分かつ問題に関する、模範的明晰さを備えた簡潔な概観として、H. E. Chadwick, Preface, *Actes du Concile de Chalcédoine: Sessions III-VI*, ed. A. J. Festugière, Cahiers d'Orientalisme 4 (Geneva: P. Cramer, 1983), pp. 7-16、並びにJ. A. McGuckin, *St. Cyril of Alexandria: The Christological Controversy, Its History, Theology and Texts* (Leiden: Brill, 1994) とJ. M. Hallman, "The Seed of Fire: Divine Suffering in the Christology of Cyril of Alexandria and Nestorius of Constantinople," *Journal of Early Christian Studies* 5 (1997): 369-391を参照。今やN. Russell, *Cyril of Alexandria* (London: Routledge, 2000) を参照。

78 Vegetius, *Epitome of Military Science* 2.5, trans. N. P. Milner (Liverpool: Liverpool University Press, 1993), p. 35. 一般的にはC. Kelly, "Emperors, Government and Bureaucracy," pp. 139-144、及び今や"Empire Building," *Late Antiquity: A Guide to the Postclassical World*, ed. G. W. Bowersock, P. Brown, and O. Grabar (Cambridge, Mass.: Harvard University at the Belknap Press, 1999), pp. 170-195を参照。

79 Ambrose, *Expositio in Psalm* 118 8.19.

80 John Matthews, *The Roman Empire of Ammianus Marcellinus* (London: Duckworth, 1989), pp. 244-249.

81 J. Engemann, "The Christianization of Late Antique Art," *The 17th International Congress of Byzantine Studies: Major Papers* (New Rochelle, N.Y.: A. Caratzas, 1986), pp. 83-105.

82 Theodoret, *Ecclesiastical History* 5.19.2-3, ed. J. Parmentier and G. C. Hansen, Die griechischen christlichen Schriftsteller, n.s. 5 (Berlin: Akademie Verlag, 1998), p. 314; trans. B. Jackson, *Library of Nicene and Post-Nicene Fathers* 3 (Oxford: Parker, 1892), p. 145.

83 Gregory of Nyssa, *Funerary Laudation for Flacilla*, ed. A. Spira, *Gregorii Nysseni Opera 9: Sermones 1* (Leiden: Brill, 1960), pp. 487-488.

84 K. Holum, *Theodosian Empresses. Women and Imperial Dominion in Late Antiquity* (Berkeley: University of California Press, 1982), p. 26.

85 Sozomen, *Ecclesiastical History* 9.1.6-8, ed. J. Bidez and G. C. Hansen, Die griechischen christlichen Schriftsteller 50 (Berlin: Akademie Verlag, 1960), p. 391; trans. C. D. Hartranft, Library of the Nicene and Post-Nicene Fathers 11 [sic] (Grand Rapids, Mich.: Eerdmans, 1979), p. 419.

86 Socrates, *Ecclesiastical History* 7.23.11-12, ed. G. C. Hansen, Die griechischen christlichen Schriftsteller n.s. 1 (Berlin: Akademie Verlag, 1995), p. 372; trans. A. C. Zenos, *Nicene and Post-Nicene Fathers* 11 [sic], p. 166.

87 Socrates, *Ecclesiastical History* 7.22.17, p. 370; trans. Zenos, p. 165.

88 エフェソス公会議の文書に保存されていた、聖域に関する勅令。Collectio Vaticana 137.3〔137.7 が正〕, ed. Schwartz, *ACO* 1.4, p. 64.8; trans. P. R. Coleman Norton, *Roman State and Christian Church* (London: SPCK, 1966), 2:657。この参照箇所、及びテオドシウス二世のこの見方は、Neil McLynn, "Theodosius II: The Emperor Goes to Church"（近刊）という革新的な研究からの教示によっています。

89 John Rufus, *Plerophoriae 99: Patrologia Orientalis* 8:173. この時代、他の支配者について同様な話が流布しました。P'awstos Buzand, *The Epic Histories* 3.10, trans. N. Garsoian (Cambridge, Mass.: Harvard University Press, 1989), p. 79（コンスタンティヌスに帰せられる実践）、*Life of Peter the Iberian*, ed. T. Raabe, *Petrus der Iberer* (Leipzig: J. C. Hinrichs, 1895), p. 17 (Syriac, p. 7)（グルジア〔ママ〕の敬虔な或る女王）、E. Diehl, *Inscriptiones christianae latinae veteres*, no. 46.7 (Zurich: Weidmann, 1970), 1:13（ブルグンド王国の王妃カレテナ）を参照。

90 この問題に関する最良の研究は Roberta Chesnut, "The Two Prosopa in Nestorius' *Bazaar of Heracleides*," *Journal of Theological Studies* n.s. 29 (1978): 392-409、特に pp. 407-409 です。

91 J. McGuckin, "Nestorius and the Political Factions of Fifth-Century Constantinople: Factors in His Personal Downfall," *Bulletin of the John Rylands Library* 78 (1996): 7-21.

92 Nestorius, *The Bazaar of Heracleides*, trans. G. R. Driver and L. Hodgson (Oxford: Clarendon Press, 1925), p. 21.

93 Cyril, *Letter to the Empresses* 8, *Collectio Vaticana* 150.8, ed. Schwartz, *ACO* 1.5, p. 65.5; Mansi, *Collectio* 4:688E.

94 A. Wenger, "Notes inédites sur les empereurs Théodose I, Arcadius, Théodose II et Léon I," *Revue des études byzantines* 10 (1952):

47-59 の pp. 51-54 ——ヨアンネス・クリュソストモスに帰せられた説教です。

95 ネストリオスの思想に関する、ニュアンスのついた説明としては、McGuckin, *St. Cyril of Alexandria*, pp. 126-174 を参照。

96 最良の研究は依然として N. H. Baynes, "Alexandria and Constantinople: A Study in Ecclesiastical Diplomacy," *Journal of Egyptian Archaeology* 12 (1926): 145-156; 今や *Byzantine Studies and Other Essays* (London: London University Athlone Press, 1955), pp. 97-115 の特に 107-113 です。

97 D. S. Wallace-Hadrill, *Christian Antioch* (Cambridge, U.K.: Cambridge University Press, 1982), p. 129.

98 Brown, *Power and Persuasion*, pp. 15-17.

99 特に L. R. Wickham, *Cyril of Alexandria: Select Letters* (Oxford: Clarendon Press, 1983), pp. xix-xliii を参照。キュリロスの宗教思想が最も良くわかるのは細部においてで、例えば聖体拝領に関する彼の特徴的な態度がそのような細部です。これについては H. E. Chadwick, "Eucharist and Christology in the Nestorian Controversy," *Journal of Theological Studies* n.s. 2 (1951): 145-164, 及び E. Gebremedhin, *Life Giving Blessing: An Enquiry into the Eucharistic Thought of Cyril of Alexandria* (Uppsala: Borgström, 1977) を参照。一般的には McGuckin, *St. Cyril of Alexandria*, pp. 175-226 を参照。今や Russell, *Cyril of Alexandria*, pp. 31-56 を参照。

100 Cyril of Alexandria, *Homily 4*（エフェソスでの説教）: *Collectio Vaticana* 8, ed. Schwartz, *ACO* 1.2, p. 103.31; Mansi, *Collectio* 4:1256 AC. 今や S. Wessel, "Nestorius, Mary and Controversy in Cyril of Alexandria *Homily IV*," *Annuarium Historiae Conciliorum* 31 (1999): 1-49 の pp. 44-47（翻訳つき）を参照。

101 Synesius of Cyrene, *de regno* 10 (14), ed. N. Terzaghi, *Synesii Cyrenensis Hymni et Opuscula* (Rome: Regia Officina Tipografica, 1944), pp. 29-30〔入手不可能なため、PG 66, col. 1076D-1077A から訳出〕; trans. A. Fitzgerald, Essays and Hymns of Synesius (Oxford, U.K.: Oxford University Press, 1930), p. 124.

102 Cyril of Alexandria, *Letter 3 to Nestorius 5, Collectio Vaticana* 6.5, ed. Schwartz, *ACO* 1.1, p. 36.19; Mansi, *Collectio* 4:1073DE, trans. H. R. Percival, *The Seven Ecumenical Councils of the Undivided Church*, Library of the Nicene and Post-Nicene Fathers 4

(Grand Rapids, Mich.: Eerdmans, 1972), p. 203; McGuckin, *St. Cyril of Alexandria*, p. 268.

103 Cyril, *Letter 2 to Nestorius, Collectio Vaticana* 4.3, ed. Schwartz, *ACO* 1.1, p. 27.13; Mansi, *Collecio* 4:889A, trans. Wickham, *Cyril of Alexandria: Select Letters*, p. 7; McGuckin, *St. Cyril of Alexandria*, p. 264.

104 Chadwick, "Eucharist and Christology in the Nestorian Controversy," p. 155 n.1.

105 特に H. E. Chadwick, review of L. Abramowski, *Untersuchungen zum Liber Heraclides des Nestorius, Journal of Theological Studies* n.s. 16 (1975): 214-218 の p. 218、及び S. Ashbrook Harvey, "The Sense of a Stylite," *Vigiliae Christianae* 42 (1982): 376-394 の pp. 378-381 を参照。

106 K. R. Bradley, "Sexual Reproduction in Nursing Contracts for Roman Egypt," *Klio* 62 (1980): 321-325 の p. 322 n.5。

107 乳房からの授乳の生理学は Clement of Alexandria, *Paidagogus* 1.6, trans. A. Clark Coxe, *Library of the Ante-Nicene Fathers* 2 (Grand Rapids, Mich.: Eerdmans, 1977), p. 219 において詳細に説明されています。

108 J. Horn, *Untersuchungen zur Frömmigkeit und Literatur des christlichen Ägyptens: Das Martyrium des Viktor, Sohn des Romanos*, Diss. Göttingen, 1988 の pp. 214, 217, 232。*Martyrdom of Saint Febronia* 29, trans. S. P. Brock and S. Ashbrook Harvey, *Holy Women of the Syrian Orient* (Berkeley: University of California Press, 1987), p. 169 をも参照。「あなたは自分の生まれた日のことを覚えていないんですか……どのようにして、乳の流れる乳房から栄養を得たかということを」。

109 シナイのイコンについては K. Weitzmann, *The Monastery of St. Catherine at Mount Sinai: The Icons 1* (Princeton, N.J.: Princeton University Press, 1976), B3 の pp. 18-21 及び図版IVとVを参照。今や R. Cormack, *Painting the Soul* (London: Reaktion, 1997), p. 137 の図版 50をも参照。Cleveland tapestry については D. G. Shepherd, "An Icon of the Virgin: A Sixth-Century Tapestry Panel from Egypt," *Bulletin of the Cleveland Museum of Art* 59 (1969): 90-120 を参照。

110 Chadwick, "Eucharist and Christology in the Nestorian Controversy," pp. 163-164. Pantheon icon については H. Belting, *Bild und Kunst. Eine Geschichte des Bildes vor dem Zeitalter der Kunst* (Munich: C. H. Beck, 1990), p. 141; trans. E. Jephcott, *Likeness and Presence* (Chicago: University of Chicago Press, 1994), p. 124 を参照。

111 一般的には W. H. C. Frend, *The Rise of the Monophysite Movement* (Cambridge, U.K.: Cambridge University Press, 1972), pp.

104-295; 及び今や s.v. Monophysites, *Late Antiquity: A Guide*, pp. 586-588 を参照。

112 A. H. M. Jones, "Were the Ancient Heresies National or Social Movements in Disguise?" *Journal of Theological Studies* n.s. 10 (1959): 280-298; 及び E. Wipszycka, "Le nationalisme a-t-il existé dans l'Egypte byzantine?" Journal of Juristic Papyrology 22 (1992): 83-128（今では *Etudes sur le christianisme dans l'Egypte de l'antiquité tardive*, Studia Ephemeridis Augustinianum 52 (Rome: Institutum Pontificium Augustinianum, 1996), pp. 9-61 に所収）。

113 キリスト教のキリスト論的思索と、媒介・結合・同一性に関する新プラトン主義的議論との間の結びつきについては、Chadwick, "Eucharist and Christology in the Nestorian Controversy," pp. 160-163 及び *Actes du Concile de Chalcédoine* の序文（p. 15）を参照。

114 四四七年〔ママ〕のエフェソス教会会議、ed. J. Flemming, *Die Akten der ephesinischen Synode von 449*, Abhandlungen der Königlichen Gesellschaft der Wissenschaften zu Göttingen: Philol.-histor. Klasse 15.1 (1917): 118.9-10（シリア語）, 119.8-16（翻訳）。

115 M. van Esbroeck, "The Memra on the Parrot by Isaac of Antioch," *Journal of Theological Studies* n.s. 47 (1996): 464-476. 問題の聖歌については s.v. Trisagion, *The Oxford Dictionary of Byzantium*, ed. A. Kazhdan (Oxford, U.K.: Oxford University Press, 1991), 3:2121 を参照。

116 Isaac of Antioch, *On the Incarnation*, lines 272-273〔正確には lines 274-277〕, ed. G. Bickell, *Isaaci Antiocheni opera omnia*〔pars I〕(Giessen: W. Keller, 1873), p. 44; trans. S. Landersdorfer, *Ausgewählte Schriften der syrischen Dichter*, Bibliothek der Kirchenväter (Munich: J. Kosel, 1913), p. 136.

117 Brändle, *Matth. 25,31-46 im Werk des Johannes Chrysostomos*, pp. 331-338.

118 Severus of Antioch, *Homeliae cathedrales* 81: *Patrologia Orientalis* 20:369.

119 Severus of Antioch, *Homeliae cathedrales* 71: *Patrologia Orientalis* 12:67-68.

120 *Discours of Demetrius, Archbishop of Antioch*, ed. E. A. W. Budge, *Coptic Texts in the Dialect of Upper Egypt* (London: British Museum, 1915), p. 693〔E.A.W. Budge, *Miscellaneous Coptic Texts in the Dialect of Upper Egypt*, p. 115 ll. 6-8（コプト語。その

英訳は pp. 693-694）から訳出〕。

121 B. Alster, *Proverbs of Ancient Sumer* (Bethesda, Md.: CDL Press, 1997), 1:362.

122 R. Chesnut, *Three Monophysite Christologies* (Oxford, U.K.: Oxford University Press, 1976), p. 55.

123 Severus of Antioch, *Homeliae cathedrales* 28: *Patrologia Orientalis* 36:585-587〔p. 586 ll. 13-15 から訳出〕。

124 今や D. W. Winkler, *Koptische Kirche und Reichskirche* (Innsbruck: Tyrolia, 1997) を参照。

125 Shenoute, *Letter* 31, ed. J. Leipoldt and W. E. Crum, *Corpus Scriptorum Christianorum Orientalium* 42: *Scriptores coptici* 3〔4が正〕(Leipzig: O. Harrassowitz, 1989), p. 95; trans. H. Wiesmann, *Corpus Scriptorum Christianorum Orientalium* 96: *Scriptores coptici* 8 (Louvain: L. Durbecq, 1953), p. 38.

126 W. E. Crum, *Der Papyruscodex saec. vi-vii der Phillippsbibliothek in Cheltenham*, Schriften der Wissenschaftlichen Gesellschaft in Strassburg 18 (Strassburg: K. J. Trübner, 1915), p. 44.9-22 (Coptic) and 100 (trans.).

ピーター・ブラウンの古代末期理解をめぐって――訳者あとがきに代えて――

戸田　聡

一　「古代末期」という時代区分

本書の著者ピーター・ロバート・ラモント・ブラウン氏（以下敬称略）の著作は、ここで改めて云々する必要のないほどに、知る人ぞ知るものだと言えよう。有名さの所以について一言のみ記せば、西洋古代史の一部を「古代末期」[1]と呼んで扱う研究がここ三〇年以上陸続として発表されてきており、[2]その間、古代末期研究が今以上に活況を呈した時期もあったが、[3]ともあれこの時代区分が注目を集めた端緒を成したのが、ほかならぬ氏の一連の著作なのである。歴史の一時代を区切る呼称が、一人の学者の著作を契機に人口に膾炙《かいしゃ》するようになったケースとしては、例えば、J・ブルクハルトの著作『イタリア・ルネサンスの文化』によって広く知られるに至った「ルネサンス」（この語はブルクハルトより前から使われ出していたが）があり、現代における歴史認識に対する影響力の大きさから言えば、「古代末期」と「ルネサンス」は比較にならないかもしれない（概念の転用可能性といった点から見て、後者の影響力のほうがなお圧倒的に大きいだろう）。

だが、歴史の時代区分の刷新などということは、学問の歴史の中でよくあることではなく、この点を思うだに、西洋古代史、さらに歴史学一般における、P・ブラウンの影響力の巨大さは明白である。なお、言うまでもないが、P・ブラウンが「古代末期」という呼称を前面に打ち出した記念碑的著作『古代末期の世界』[4]の刊行（一九七一年）から四〇年を経た今日では、無論氏の影響力には今なお大きなものがあるとはいえ、個々の研究者が「古代末期」という呼称を使うのに一々、氏の著作に言及するわけで必ずしもないことは当然である。「古代末期」は、西洋古代史の一角を占める時代区分として、提唱者の手を離れて今や完全に定着したと言ってよい。[5]

　但し、古代末期という時代をどう理解するか、とりわけ、当のP・ブラウンがどう理解しているかという点に及ぶと、話はいささか厄介になってくる。この点は特に近年、いわゆる西ローマ帝国の没落というテーマの再評価を主張したB・ワード・パーキンズが、その中でP・ブラウンの古代末期理解を批判したことで、[6]改めて脚光を浴びたと言えるが、発端はもともとP・ブラウン自身の叙述にあったと言ってよい。つまり、古代末期という時代区分を打ち出し、それを変化の、さらには激動の、時代として捉えることを提唱した当人の中には、いわゆる没落史観に対する一定の批判がもとからあったのである。

　しかもこのことは、P・ブラウンの研究経歴を考えるとなおさら奇妙に思えてくる。そもそも氏はアウグスティヌス、つまり古代末期西方（ローマ領アフリカ）のキリスト教著作家、の研究者としてスタートしており、その処女作はアウグスティヌスの伝記だからである。[7]とするなら、ローマ帝国の西方の状況を熟知しているはずのP・ブラウンがなぜ、西方では或る意味で確かに

「没落」と呼んでよい状況が見られたにもかかわらず（この点は後述）、いわゆる没落史観に対して批判的で、むしろ変化・激動の時代として古代末期を理解することを提唱するのか。問題は一層深まるようにも思われる。そして実際、古代末期における変化が氏の著作の中で語られる時、エジプトなど東ローマ帝国の領域から例が採られることが少なくないのである。

話がやや先走ってしまったが、評者（戸田）が本稿で問題にしたいことは、以上から明らかになっただろうと思われる。つまり、古代末期という時代区分を言い出した本人が、当の時代をどう理解してきたのか、そしてその理解を我々はどう評価して受け止めるべきか、こういった点を考えるのが小稿の狙いである。

二　P・ブラウンの古代末期像――特にその変遷――

ところで、実はP・ブラウンの古代末期像は必ずしも不変でなかった、と言ってよい。以下、氏の複数の著作を比較しつつ、この点を見ていくことにする。

まず出発点として、『古代末期の世界』巻頭の次の言葉を引用しておきたい。[8]

「〔古代末期という時期を〕学ぶに当たってつねに意識しておかなければならないのは、例外的に古くかつ確かな根を有する地中海周縁の世界における、変化と連続性の間の緊張関係ということだ。一方で、悪名高いことにこの時期は、古代のいくつかの制度――それが存在しないことが紀元後二五〇年ごろの人には想像不可能であろうような制度――が不可逆的に消滅した時期である。すなわち、四七六年までにはローマ帝国が西ヨーロッパから姿を消し、六五五年までにはペルシア帝国が近東から姿を消した。古代末期世界に関する話を、西から見た場合にはローマ帝国の終わりという、またイランから見た場合にはペルシア（ササン朝）帝国の終わりという、単に『衰亡』の憂鬱な物語として描くことは、あまりにも容易である。他方で、我々は次第に、この時期と結びつけられる驚くべき新たな始まりを意識するようになってきている。すなわち、このようにして我々は、なぜヨーロッパがキリスト教になり、なぜ近東がイスラム教になったかを発見する。また我々は、この時代の新しい抽象的な芸術の『現代的な』特質に対して極めて敏感になってきた」。

地中海世界、さらにそれを取り巻く周辺世界の全体を捉える際の時代区分として「古代末期」が提唱されていることが、この文章からは明らかに見てとれる。[9]

P・ブラウンの古代末期像がより詳細な仕方で提示されているのは、私見によれば、氏の主著の一つである『古代末期の成立』（一九七八年。以下『成立』と略称）[10]においてであり、そして最近ではまさに本書においてである。そこで以下、これら二書を詳細に比較していくことにする。

両書でP・ブラウンが採っている叙述のスタイルは、一方で古典期のローマ帝国社会を描き出し、他方でそれとの対比で古代末期のローマ帝国社会を描く、というものである。叙述の視角は全く同じと言ってよいほどに似通っており、両書の刊行が二〇年以上の時を隔てていることを思うなら、単に叙述のスタイルといった次元を超えて、P・ブラウンの歴史認識のあり方自体が、このような対比的な思考形式をとっていると見てよいだろう。

但し、二つの時期の対比の仕方は、『成立』と本書とではだいぶニュアンスが異なっている。すなわち『成立』では、古典期の社会はあくまで、古代末期社会に対する言わば対照箔としての役割を担わされていたが、これに対して本書では、古典期と古代末期の間での帝国社会の連続性が相当強調されている。この違いは、一つには、本書のテーマである喜捨慣行という事柄自体に由来するのかもしれない。つまり、ギリシア・ローマの古代都市の富裕な市民が自らの都市及びその住民たる市民に対して行なった施与慣行を指す、いわゆるエヴェルジェティスムが、古典期から古代末期に至るまで存続した一方で、聖書的・キリスト教的背景に基づく新たな喜捨実践、及び特にその新たな実践を支える諸理念が古代末期に登場した、というのが本書の主要テーゼであり、本書で連続性の強調が目立つのは、本書の議論が施与・喜捨といった具体的な事柄を扱った結果なのかもしれない。

しかし評者は、『成立』と本書の間に見られる様々な違いは、全体としてはやはり、単にテーマ選びの問題という次元を超えて、古代末期全体をどう捉えるかという点に関するP・ブラウン自身の理解の変容を示していると解釈するほうが妥当だ、と考える。この点をより明確にするために、以下『成立』と本書の内容を各々まとめておきたい。

まず『成立』について。[11] 同書は四つの章から構成されており、まず第一章「聖性に関する論争」では、三世紀にローマ帝国の社会で起こった宗教上の変化がどのようなものだったか、ということが問題として取り上げられる。その変化の原因は「不安」の増大（E・R・ドッズ）のうちにも、また、異邦の観念・祭祀の侵入のうちにも求めることができない。変化の前夜、二世紀末のローマ帝国の社会は、ローマのような数少ない大都会を除けば、顔と顔とを突き合わせた小共同体が基本単位であり、孤独や不安とはおよそ無縁な、むしろ息が詰まるような、緊密さがその特徴だった。可視的な世界と不可視的な世界の両方が当然のごとく存在する中に人々は生き、そしてこの時代を通じて、超自然に対する期待感自体は一定のままだった。変化は、いかなる場所で「神の力」はアクセス可能かという点に関して見られる。すなわち二世紀末には、「神の力」は神殿や神託によって媒介され、そして、特別の人間が地上で超自然を代表するなどという主張は当然に排除されたが、二〇〇年後の紀元四〇〇年には、限られた数の選ばれた人間が「神の力」を媒介しており、そのような「特別の人間の主張」が通用することこそが古代末期に特有の趣を与えている。もちろんその特別の人間たちは、自らの体現する超自然の由来の如何で、世間から聖人とも妖術師ともみなされえたが、ともあれいかにして、かつどんな社会変化を背景として、この発展は起こったのか、それが問題だとP・ブラウンは述べる。

この問いに答えようとするのが第二章「野心の時代」（三世紀を形容したP・ブラウンの表現）である。といっても、三世紀は史料不足の時代なので、側面から照射するべく、それ以前のアントニヌス朝時代が再度詳しく描かれる。この時代は、一言で言えば「均衡の時代」であり、人々を規定していた観念は名誉心であり、そして彼らの行動を規制する同調圧力も機能していた。公共の祭祀等に対して施与を行なった、当時の富裕層の行動様式、すなわちエヴェルジェティスムは、羨みや競争から自分を守るべく「保険をかけること」を意味した。人々のそのような意識を探る素材としてアルテミドロスの『夢判断の書』やアリステイデスの著作が使われている。しかし、既に次の時代が胎動し突き上げつつあった。二世紀の一私人アリステイデスは、強迫的優越感とでも呼べるその突き上げを自分の中に抑圧したが、しかし三世紀には、それは広く社会に発現するほかなかった。三世紀の帝国の軍事化は、競争への衝動が一般に広く解き放たれてしまったことの現れだった。競争への衝動が発現した時代、それが「野心の時代」だというわけである。三世紀のこの変化は、外因でなく内因によるものとされている。なお、この変化をキリスト教の興隆と特別な関係を有するものと描くのを、P・ブラウンは意図的に避けているようである。

「神の友の出現」と題された第三章では、史料で「神の人」「聖人」などと表現され、P・ブラウン自身は「神の友」と呼ぶ一群の人々の出現が描かれている。すなわち、「神の友」の出現というテーマは異教史料にもキリスト教史料にもよく記録されている（ここでも話はキリスト教に限られていない）。「神の友」の出現は、地中海都市の住民には別の形の力が入手可能であることを意味した。その力の発現の焦点として、三世紀のキリスト教司教と四世紀のキリスト教聖人が重要となる。目に見えない同伴者というテーマは、古代末期の宗教性において心に訴えるところの最も強い要素であり、見えない同伴者の存在は、それを得た偉大な人間にだけ、聖性へのアクセスを恒常的・確実なものにする。その結果、憑依や殉教のように、精神や肉体を損なうような非連続性の中で霊力を求めたり、見せびらかしたりする必要は少なくなった。三世紀のキリスト教司教キュプリアヌスが教会に対して書いていることから見てとれるのは、高度に階層化された共同体、すなわち威信と威厳、そしてとりわけ栄光が、ある種の人々を彼らの仲間よりはるかに高いところに引き上げる、そのような共同体の出現である。

最終章となる第四章「天の国から地上の国へ」では、P・ブラウンの言う「聖人」（≒修道者）たちが描かれる。共同生活の緊張と摩擦とに悩まされていたエジプトの農民にとって、俗世からの離脱を体現した禁欲の聖人は、持続的に人の心に訴える力を持った存在だった。四世紀初頭までには、エジプトの村落社会に於いて、超自然がどこで入手可能かに関する「沈黙の宗教戦争」が展開されつつあった。異教徒にとっては、神々は手の届く範囲にいたが、これに対して修道士たちは、隠遁を敢行して超自然力を拒否することでさらに大きな力を獲得した。そして、師父マカリオスを形容して『師父たちの金言』で使われている「地上の神」という言葉が、P・ブラウンの言う「古代末期の革命」を要約している。すなわち今や、天と地は一人の人物において結合され、天上の力は地上で人間が他の人間を支配するために用いられることとなったのだ、と。超自然力はいつでも人間に利用可能だという伝統的立場の最後の一つを維持していた異教徒たちは、このような展開を深い宗教的怒りを以て眺めていたが、しかし異教徒への最後の打撃はエジプトの修道士の隠遁から来たのだ、と。『成立』最終章の議論をP・ブラウンはこのようにまとめている。

次に、本書の内容については、ほかでもない本書の読者に改めて説明をする必要はないのかもしれない。しかし、まずあとがきから読むという読書スタイルを採る読者も少なくないことを思えば、ここで本書の内容をも短く要約しておくことは無意味でないだろう。

まず第一章。キリスト教以前の公的施与（エヴェルジェティスム）は、都市を舞台とし市民を対象とするものだったのであり（P・ヴェーヌ）、これに対してキリスト教的慈善では貧者に焦点が当てられた。これは「一個の新たな出発」（一〇ページ）である。但し、そのような見方を伝えるキリスト教的著作の記述は、事実の単なる反映ではなく、また、現実の変化がそのような見方を生じさせたわけでもない。起こったのは見方自体の変化である。こう述べた上で、次にP・ブラウンは、人々からの援助を必要としていたのは貧者だけでなく、司教を始めとする聖職者もそうだったのであり、かくて二種類の「貧者」が「喜んで与える人」の援助を必要としていた、と述べる。[12] そして教会は、改宗したローマ皇帝コンスタンティヌスにおいて桁外れの「喜んで与える人」を獲得したが、それに伴って教会に様々な特権が付与され、かつ、社会の上層の人々が次第に教会に帰依するにつれて、キリスト教的施与にも変化が生じ、「貧者への配慮」は特権への見返りという意味合いを帯びるようになった。このようにP・ブラウンは論じている。

次に第二章。貧者が問題になる場合、背景に想定されがちなのは二極分化した社会であり、キリスト教的著作の記述もそのような印象を助長するが、しかし現実には、後期ローマ社会は多様な差異化を遂げていた社会だった。実際、キリスト教の教会を支えていたのは「真ん中へん」の人々であり、そして教会が行なった「貧者への配慮」は実際には、無一文の人々だけを対象とするどころか、相当に幅のある解釈に基づいて行なわれていた。（またP・ブラウンは、司教による「貧者への配慮」は奴隷を対象としなかった、と指摘してもいる。）司教による配慮のもう一つの形を成す司教裁判《エピスコパーリス・アウディエンティア》に関する記述がひとしきり続いた後、そのような裁判が拠って立つ根拠としての正義との関連で、近東・旧約聖書における「貧者」イメージが引き合いに出される。すなわち貧者とは、「大いなる者に対して要求する権利を持つ人」だったのだ。そして紀元後五・六世紀になると、そのような貧者イメージ、或いは「貧困」の言語が、教会の外へと浸み出していった――このように述べて、P・ブラウンは第二章を締めくくっている。

そして最終の第三章。キリスト教的喜捨の拡大に伴って、新たな「主人イメージ」、すなわち「権力と富の点で」貧者との「圧倒的な非対称性」を特徴とする「主人イメージ」が登場した。古典期の帝国の「仲むつまじい」モデルは社会のより「垂直的な」イメージによって、とって代わられたのだ。[13]しかし後期ローマ帝国は、一方で官僚制度の発達の結果、他方で言わば「アドヴォカシー革命」の結果、臣民と国家の距離がかつてないほど近くなった国家でもあった。ところで、古代末期のキリスト者が関心を寄せたのは史的イエスではなく、むしろキリストの受肉、及びそこに込められた神の謙譲ということであり、それは、頂点に在る者が底辺に在る者に耳を傾けることを意味した。テオドシウス二世などに見られた皇帝の謙譲は、神の謙譲の地上的模倣と位置づけられる。そしてネストリオスの過ちも、この点に関連づけて理解することができる。すなわち、神と人間との隔絶を強調し、その際宮廷の儀式との類比《アナロジー》を説いたネストリオスの思想は、皇帝という存在に人々が何を求めているか、という点への理解を欠くものだったのだ。ネストリオスに対抗したキュリロスは、教会政治家であるだけでなく優れた神学者でもあり、キリスト論に関する自らの主張のうちに、神と人類の間の連帯性の保証という含意を込めた。このようにＰ・ブラウンは述べ、「連帯の希望」という言葉を語りつつ、本書を締めくくっている。

以上要約した『成立』と本書の内容は、一見、全く異なる問題を扱った、全く異なる次元の叙述と映るかもしれない。しかし、両者が各々古代末期社会全体を対象としていることに着目すると、見かけ上の相違の向こうに、比較すべき点が見えてくるように思われる。

そのような比較の第一点として、『成立』から本書に至る間にＰ・ブラウンの考えは、古代末期の帝国社会が古典期と異なるのは、社会現実の次元においてではなく主に「社会的想像力」の次元においてだ、という方向へと変化してきた、と理解することができる。

この点にかかわるのが、紀元後三世紀という時代の扱い方である。[14] 上述の要約で見たように、『成立』では、古典期と古代末期の間に位置する紀元後三世紀がかなり詳細に扱われていた。この点で、本書の叙述は『成立』と大きく異なっている。具体的に本書中で、三世紀に関する多少とも中身のある記述としては、四九ページで「三世紀の危機」という言葉がさらなる説明なしに使われていること、及び、三世紀に「キリスト教の教会に集う人々の数が突如急増した」（三〇ページ）といったように、紀元後三世紀におけるキリスト教にかかわる変化が述べられていることが、そのすべてのようである。

もちろん本書の場合、四―六世紀を対象とすることが巻頭で明言されており、しかもそれは、喜捨行為へのキリスト教の影響が顕在化するのが四世紀以降であることと関連している。したがって、本書が紀元後三世紀を正面から扱っていないことは本書のテーマ選定にかかわる、と理解することは無論可能である。しかしながら、四世紀以前の時代への言及それ自体は、本書の中ではむしろ頻出していると言ってよい。加えて、紀元後三世紀における変化を論じる場合には、観念上の変化（例えば『成立』第一章で論じられた宗教上の変化）だけでなく、どうしても現実の社会の変化をも問題にせざるをえず、実際『成立』の第二章では「野心の時代」との関連で「帝国の軍事化」が問題にされていた。これらを考え合わせると、本書で三世紀という時代が正面から扱われていないことは、古代末期社会に関するP・ブラウンの理解の変化に対応している、と解してよいのではなかろうか。

社会現実でなく社会的想像力の次元に古典期と古代末期の間の違いを見いだそうとする方向へと、P・ブラウンの古代末期像が変化してきたことと、これまた密接に関連しているのが、フランスのビザンツ史家E・パトラジアンの著作に対するP・ブラウンの評価の変化である。[15] 古代末期に人口学的変化と結びつく形で経済的貧困が見られたと論じるパトラジアンの著作に対して、P・ブラウンは、言葉の上だけから見れば、『成立』で「すばらしい研究」（第一章註6、邦訳一八一ページ）と言い、本書でも「後期帝国の研究者が描いた社会史研究の中でも最も力強い……傑出した著作」（一一二ページ）と言い、讃辞を惜しんでいない。しかし、『成立』では讃辞だけが見られたのに対して、本書でP・ブラウンは、パトラジアンのテーゼに対する自らの見方が変化したことを述べて（一一二―一一四ページ）、はっきり距離をとるようになったことを明示し、さらに行論中で、後期ローマ時代を前代未聞の大量的貧困化を特徴とする時代だと言うのは誇張だ、古代末期には人口学的変化などというものはなかった、などといった否定的な言い方を随所でしている（例えば一七ページ、一三五―一三六ページ）。本書でP・ブラウンが、自らの古代末期像を提示する際にパトラジアンの所説を援用するのを基本的に放棄したことは明白である。[16] ただ、同女史の所説については実証・論証の面での問題が、既に当初から書評において指摘されていた。[17] そもそもパトラジアンの議論の援用自体がやや冒険的だった、と見ることは不可能でない。

P・ブラウンの古代末期像が、社会現実の次元での変化よりも社会的想像力の次元での変化を強調するようになったことの背景事情は、これだけではないだろう。例えば、やや古い研究においては、古代末期における社会の変化として大土地所有の進展ということが語られ、それとの関連でコロナートゥス制が注目されるなどしていたが、[18] 社会変化に関するこのような見方に対して否定的な研究が出されるようになった、という事情もあるのではないかと思われる。評者が多少とも知っているエジプトについて言えば、古代末期に大土地所有が進展したという旧来の見方[19]に対してむしろ否定的な研究が、比較的最近（と言っても、一九八〇年代にだが）提出され、[20] 古代末期という時代とエジプトの社会現実の変化とを結びつける理解は、確かに旗色が悪くなってきているようである。[21] しかし、他の地域についてもエジプトと同じことが言えるかどうかは決して自明でなく、特に、いわゆる蛮族の侵攻が見られた西方領域ではどうだったかと問うことは、なお可能である。

P・ブラウンの古代末期像の中で変化が見られる第二の点は、言わばどういう役者が主役を演じているかということにかかわる。『成立』における主役は、いわゆる「聖人」たちだった。[22] この関連で、一九七一年に発表された氏の論文「古代末期における聖人の登場と機能」[23] に言及しなければなるまい。西洋古代史の論文として最も被引用回数の多いものの一つであろうこの論文の中でP・ブラウンは、それまでの古代史が皇帝など主に権力者ばかりに注目していたのに対して、それと全く異なる一群の「聖人」(≒修道者)に興味深く光を当てた。しかも、もともと修道制文献は読み物として極めて面白いということもあるため、この論文が一つのきっかけとなって、多くの研究者(特に若い研究者)が修道制を研究するようになった。それまでも修道制は、特にその成立・起源といった問題との関連で盛んに研究されてきてはいたが、[24] P・ブラウンの論文以降、異なる視角からの、つまり修道制(「聖人」)の社会的機能といったことに注目する研究が、一気に増大することとなったのである。しかし実際には、P・ブラウンの手並み、特に彼の見事な語り口を、誰もが模倣できるわけではもちろんなく、氏の著作の影響を受けて成立したと思われる修道制研究は、さすがに二〇〇〇年代にもなると数が減ってきたようである。

本書の古代末期像の中で、主役を演じているのは司教である。仔細に見れば、その他の人々(例えば皇帝の代理者たる帝国官吏たち)にもそれなりの役割が与えられていると見ることは可能であり、かの「聖人」たちも、「弱者の保護者として振る舞うよう求められた司教や聖人たち」(一五九ページ)という言い方で、言わばP・ブラウン一座のオールスターキャストの一員として、司教と並び称される場合もある。しかし、キリスト教の教会のリーダーはやはり司教であり、その教会の事業として行なわれたキリスト教的喜捨を語る場合に、他の人々にまして司教がクローズアップされるのは当然である。もちろんここでも、司教への注目は喜捨というテーマが扱われているためだ、との理解は不可能ではないが、しかしP・ブラウンが司教の役割を強調するのは、本書が最初ではなく、本書と大幅に重なるテーマが扱われた著書『古代末期における権力と説得』(一九九二年)で既に司教の役割が強調されていた。氏が描く古代末期像それ自体の中で、次第に司教が中心的位置を占めるようになってきたことは、否めない事実だと思われる。

そして、P・ブラウンの古代末期像の中で変化が見られる第三の点は、キリスト教の位置づけ方である。先述の要約で見たように『成立』ではP・ブラウンは、努めてキリスト教に限定されない形で議論を展開しようとしていたようであり、つまり同書は、(第四章でこそやや異なるが)全般的に見てキリスト教と非キリスト教をことさらに対比しなかった(或いはむしろ、わざと対比しなかった)と言えるかもしれない。これに対して本書では、もちろん喜捨というテーマ自体のしからしむるところだろうが、扱われているのはもっぱらキリスト教史にかかわる事柄であり、それに比して異教の側への論及は大幅に少ない。もちろん、そのような違いは、本書が個別具体的なテーマを扱っていることに由来するのであって、より一般的に古代末期が論じられていたなら、P・ブラウンの見方は『成立』の時の見方と大差ないのではないか、と考えることは不可能でない。しかし、本書冒頭で「後期ローマ社会においていよいよ傑出したリーダーとなっていったキリスト教の司教」(一ページ)という具合に、古代末期社会における無限定の(つまり、キリスト教の内部に限られない)リーダーとしてキリスト教の司教が描かれているところからすると、やはり本書もまた、古代末期全体を念頭に置いた議論であると見るのが妥当だろう。

もとより変更や修正が悪いなどと言うわけでは毛頭ないが、以上の諸点でP・ブラウンは自らの古代末期像を修正してきたと見てよい。氏自身の古代末期像が、一定・一貫したものというよりむしろ多分に試論的なものであることは、以上で示されたと思われる。[25]

三　評価

次に、P・ブラウンの描く古代末期像について、評者なりの評価を述べることにしたい。[26] まず、評者は以前にP・ブラウンの著作を、歴史研究書というよりむしろ「歴史語り」による作品だと評したことがある。[27] もちろんこれは、大家に対する不遜極まる妄言であり、本書の訳者としては本来これを撤回するべきなのだろう。実際、今回の翻訳作業を通じて、P・ブラウンが自らの議論の典拠を一々註で示すことに対して明らかな配慮を払っていることを痛感させられた。[28] 昨今の日本の「学術書」でそのような註のないもの――つまり、厳密な意味で学術書の名に値しないもの――が散見されることを思えば、それとの対比で、P・ブラウンの著述が学問的に良心的なものであることは明白である。

但し、以前「歴史語り」云々と書いた際の根拠、すなわちP・ブラウンの論述が必ずしも論証的に見えないという印象は、本書を通読してもやはり拭えなかった。具体的に言えば、本書の中でP・ブラウン自身が具体的な証拠（特に細部に関する証拠）を基に自説を論じているのは、管見の限りではわずかに第一章のセバステイアのエウスタティオスに関する議論のみであり、しかもそこにおいてP・ブラウンは、とことん突き詰めた議論を展開しているわけではない。そしてそれ以外の部分では、最近の研究動向に乗っかる形で、論証が行なわれているというよりむしろ、彼一流の語りが紡がれている感がある。[29] もちろん、個別テーマの論証を遙かに超えた、歴史の大きな流れに関する論証をP・ブラウンは展開しているのだ、と理解することは不可能でないが、それにしてもやはり、本書に見られるのは論証というよりむしろ「語り」(narrative)なのではないか、との感はなお残る。

そして実際、P・ブラウンの「語り」の技術ないし芸は、実に見事である。エルサレムでの連続講演が本書成立の機縁となったことに由来して、P・ブラウンが(講演招待への返礼の意味を込めてだろうが)ユダヤ教及び旧約聖書に関連する話題を本書のテーマの中に巧みに取り入れていることは、本書の読者が容易に気づくところだが、さらに、旧約聖書的(或いはヘブライズム的)慈善観を非古典古代的なものとして提示し、それが古代末期にキリスト教の教会によって担われたと言うことによって、そのような内容を自らのテーゼの一部にまで組み込んでいるのは、全く見事と言うほかない。[30]

「語り」との関連でさらに言えば、『成立』と比べて本書では東方キリスト教圏(Christian Orient)由来の文献の引用が相当多く、そういった文献もまたP・ブラウンの語りを紡ぐ材料となっている。私事になるが、評者はこれまで学会などいくつかの機会にP・ブラウンの指導下の学生と会って話したことがあり、彼らが異口同音に、氏が東方キリスト教に大変な関心を持っており、東方キリスト教圏の諸言語をよく知っていると語っていたのを覚えている。浅学にして評者は、P・ブラウンによる東方キリスト教関連の論考（狭義での、つまりコプト教会やコプト語、或いはシリア教会やシリア語、等々を扱ったもの）を目にしたことはないが、例えば本書での東方キリスト教圏関連の論述は――率直に言ってつまみ食い的な印象は否めないが――、東方《オリエント》へのP・ブラウンの年来の関心の、はけ口とまで言わないとしても、発露とでも言うべき意味合いを持っているのかもしれない。

次に評価の第二点として、P・ブラウンが古代末期社会を東と西で区別せず、全体として扱ってきたことの根拠を、ここで改めて問い直すことは無意味でないかもしれない。この時代を没落史観によって眺めるか、それとも（標語としての「古代末期」に含意されていたように）変化・激動の時代と見るかという上述の問題も、この点にかかわると言える。

『古代末期の世界』を書いた時にP・ブラウンが、紀元後一五〇年から七五〇年までの時代を古代末期と一括し、その際東方も西方もまとめて扱ってよいと考えた根拠（少なくともそのうちの重要な一つ）は、『マホメットとシャルルマーニュ』[31]の著者H・ピレンヌの有名なテーゼ、すなわち、「第一。ゲルマン民族の侵入は、古代世界の地中海的統一にも、……ローマ文化の本質的諸特徴と言い得るものにも、終止符を打つものではなかった。……存続した文明はことごとく地中海的性格のものであった。……東方世界は文化を育てる栄養源であった。コンスタンティノープルは世界の中心であった。六〇〇年の世界の様相は、四〇〇年の世界の様相と質的に異なるものではなかった。第二。古代の伝統の断絶をもたらしたものは、思いがけないイスラムの急激な進出であった。この進出が、東方世界を最終的に西方世界からきり離し、地中海的統一に終止符をうつ結果となった。……ヨーロッパは封建制と教会の支配の下に新しい様相を呈していく。伝統的な用語法をそのまま用いるならば、中世が始まったのである。転換期はながかった。六五〇年から七五〇年までのまる一世紀にわたったと言ってよいであろう」（邦訳『ヨーロッパ世界の誕生』、四〇八―四〇九ページ）、というテーゼだったと見てよい。このことは、P・ブラウンが『古代末期の世界』の対象とする時代の下限を七五〇年としたことにも窺われる。因みに、P・ブラウンは学者としてのH・ピレンヌを論じた論考を一九七〇年代に発表しており[32]、同論考を、古代末期という時代区分を先取りした先駆者（見方によっては、彼にとっての目標・ライヴァル）としてのピレンヌを扱ったエッセイと解釈することは不可能でない。

ところが、周知のように、ピレンヌ・テーゼに対する評価は修正を余儀なくされた。すなわち、考古学的知見に照らせば、七世紀にイスラム教勢力が地中海世界を席巻する以前から、西方世界の経済は既に収縮傾向にあり、それによって、東と西での地中海世界の一体性は既に損なわれつつあった、というのである[33]。P・ブラウン自身、比較的最近の著書『西方キリスト教世界の出現』第二版（二〇〇三年）の序文でこの点に触れており、ピレンヌ・テーゼに依拠して古代末期を考えることがもはや不可能であることを一九八〇年代に意識するようになった、と述べている[34]。そしてもちろんこの点は、没落史観をめぐる問題にも跳ね返ってこざるをえない。つまり、経済的に見て古代末期に（旧）西ローマ帝国の領域が「没落」しつつあったことは、今や否みようがないのではないか。

こう見てくると、そもそも古代末期という時代区分を打ち出した際にP・ブラウンが有していた没落史観批判と、地中海世界の東と西を古代末期社会という形で氏が一括したことの根拠とが、改めて問い直されるべき状況が、既に一九八〇年代以来存在したことになる。もちろん、単なる時代区分として「古代末期」という言葉を使う者（評者もその一人だった）には、このような問いは何の意味も持たないが、P・ブラウンの古代末期像を問い直すことを目的とする本稿にとっては、見過ごしにできない問いである。では、この問い、すなわち、西ローマ帝国の「没落」に関する研究の現状を踏まえて、現時点で何が、地中海世界の東と西を古代末期社会として一括する根拠たりうるのか、或いは言い換えれば、古代末期世界をそもそもP・ブラウン自身が言い出した意味において語る際に、西ローマ帝国（の領域）の「没落」を正面から語らずに済ませる根拠は何なのか、という問いに、P・ブラウンはどう答えているか、或いはそもそも答えているのか。

　評者が理解しえた限りでは、P・ブラウンはこの問いを微妙にすり抜けているようである。具体的に言えば、『古代末期の世界』に続いて氏が古代末期世界の全体を扱った著作だと言ってよい上述の近著『西方キリスト教世界の出現』では、総ページ数の違い（索引込みで『世界』は二一六ページ、『出現』は六二五ページ）に照応して、「没落」関連の記述も『世界』より遥かに詳しいが[35]、しかし、そのあたりのことが記されている第四章は全体で三〇ページ、その中で、「没落」関連とみなしうる記述があるのは「A World without Empire」「Guest of the State:The Barbarian Settlements」、「Defending the Cities:Bishops and Patron Saints」、という見出しの項ぐらい、計一八ページ弱でしかなく、しかも、「没落」を正面から語るなら必ず触れざるをえない社会経済面に関するまとまった記述は、『出現』には見られない。また、上で触れた同書序文の箇所（一二ページ以下）でP・ブラウンは、ピレンヌ・テーゼに依拠できない現状では、古代末期の西ヨーロッパはローマ帝国という中心を欠いた世界だと理解される、と述べた後ですぐに、その西ヨーロッパ全体を今や結び合わせるものとしてキリスト教の「inter-connectivity」（翻訳困難な用語だが、あえて訳せば「相互結合性」か）を挙げている。とすると、『出現』のP・ブラウンは、古代末期社会を東と西で一括して論じてよいとする根拠を、どちらの地域でもキリスト教が普及したという事実のうちに求めているのだろうか（『世界』のP・ブラウンがそのように考えていなかったことは、本稿第二節冒頭の引用から明白である）。このあたりは不明瞭だが、ともあれP・ブラウンは結局「没落」を語るのを単に避けているのではないか、との感は否定できない。さらに言えば、本書の中でも「『ローマ帝国の衰亡』というありきたりの語りのレトリック」について触れた時には、「古代末期において新しいと言えるものはほとんどありませんでした」という一文で問題を片づけてしまっている（二八ページ）。P・ブラウンはよほどローマ帝国の没落や衰亡といった話が嫌いであるように、評者などには思えてくる。

以上の評価が的を射ているなら、評者はこの点ではP・ブラウンに賛成しかねると言わざるをえない。やはり、文明社会が西ローマ帝国の場合のように見事に没落した例、しかも史料などからそのありようが或る程度わかる例は、ほかにあまりなく、そのような事例から引き出しうるであろう様々な教訓・知見を、没落史観批判の立場を採るがゆえに捨て去ってしまうのは、もったいないと思うからである。

最後に第三の点として、古代末期という時代をどのように捉えるべきかという問題を考えてみたい。これについては、以上見てきた中で、P・ブラウンが、古代末期社会を東と西で一括する根拠を、東でも西でもキリスト教が普及したという事実のうちに求めている可能性があることを指摘したが、ただ、これはあくまで『西方キリスト教世界の出現』というタイトルの著作においてであり、つまり、書名に示されている方向性によってバイアスがかかった結果なのかもしれない。しかし、それを割り引くとしても、上述した『成立』と本書との内容比較が間違っていなければ、P・ブラウンは次第に、古代末期における重要な変化を、キリスト教と関係づけるようになってきたと見ることができる。とすれば、P・ブラウンは、古代末期がそれ以前の時代と異なる独特な時代である所以を、やはりキリスト教の台頭との関連のうちに求めるようになってきた、と言ってよいのではないか。

以上の評価が的を射ているなら、この点では評者はP・ブラウンに大いに賛成したい。というのも、評者自身は、古代末期が独特な時代としての古代末期である所以は、やはり何と言ってもコンスタンティヌス「大帝」の改宗に端を発するキリスト教化――ローマ帝国のキリスト教化、そしてそれに引き続くところの、ヨーロッパのキリスト教化――にこそある、と考えるからである。しかも、当の時代が後の時代に対してもたらした深甚な影響（例えば、政治と宗教の関係についての影響や、ヨーロッパの文化に対してキリスト教（化）がもたらした刻印）という点から言えば、歴史上、古代末期という時代はルネサンスの時代よりも遥かに重要だとすら言ってよい。

この関連で、最後に一言蛇足が許されるだろうか。本書の内容ともかかわりの深いフランスの歴史家P・ヴェーヌの近著『「私たちの世界」がキリスト教になった時——コンスタンティヌスという男——』[36]は、その最終章で「ヨーロッパはキリスト教の根をもっているか?」という問いを立てている——というよりむしろ、端的にこの問いを章題としている。そして、このような問いを立てることから容易に予想されるように、その答えは「キリスト教であれなんであれ、ヨーロッパには根などない」(一七九ページ)、つまりヴェーヌによれば、キリスト教はヨーロッパ文化の根源(の一つ)など成してはいないのだそうである。「私たちのキリスト教の遺産全体、……それは遺産、すなわち過去……なのである」(一七四ページ)という言い方からは、それを過去のものとして視界の外へ蹴り出したい著者の気持ちがありありと窺われる。しかし、我々であれヨーロッパ人であれ、何かを自分たちの根、根源だと言う場合、そのように言うことが可能なのは、とりもなおさず、その当のものが当人たちの過去を成していたからにほかならない。しかも、今でこそヨーロッパは大幅に脱キリスト教化を遂げつつあるが、例えば(五〇年と言わないとしても)一〇〇〇年ないし二〇〇〇年遡れば、ヨーロッパに於いてキリスト教がなお極めて強力な社会的勢力だったことは明白である。このような過去を根と呼ばずに、ほかに根があろうはずがない(例えば、キリスト教をさしおいてギリシア・ローマの古典がヨーロッパの根だなどと言うことは、土台無理である)。キリスト教を自分たちヨーロッパ人の過去だと称しつつ、それを根でないと言い張るヴェーヌの議論は、歴史的にも論理的にも完全に破綻していると言わざるをえない。(それともまさか、ヴェーヌは現在存在するものすべてについて、その根を語ることの無意味さを説いているのではあるまい。万一そういうことを言っているのなら、それは、歴史を学ぶことはそもそも無意味だと言っているに等しいのだから。)

歴史家ヴェーヌがなぜここまで言うのか、全く理解に苦しむが、政治と宗教の分離のための闘争を経て憲法で非宗教的《ライック》国家を宣言するに至ったフランス共和国の善良なる市民として、かつ、イスラム教文化圏である中東などからの移民受け入れの結果、宗教的多元性を体制原理とせざるをえなくなっているヨーロッパ共同体における指導的知識人として、ヨーロッパのキリスト教的根などということを語るわけにはいかない、ということなのかもしれない。ヴェーヌのこのような立場は、事あるごとにヨーロッパ文化・文明のキリスト教的背景(或いは根)を強調してきた現ローマ教皇ベネディクト十六世(ヨーゼフ・ラッツィンガー)[37]の立場との間に、見事な対照を成していると言うことができる。

そして、まさにこのような状況があるからこそ、ヨーロッパのキリスト教化は、今改めて学び直す必要がある事柄なのではなかろうか。評者は如上、大家P・ブラウンに対して縷々妄言を連ねたが、とはいえ、例えばそのような学び直しのきっかけとして、本書を読むことの有意義性を否定するものでは決してない。またそもそも、大家としてのP・ブラウンは、黙っていてもいろいろなところから研究の最新情報が集まってくる特権的な立場にあり、そして氏は、その有利な立場を存分に活かして自らの著作活動に役立てている。評者自身、いくら論評やら批判やらをしたところで、そのP・ブラウンの著作から、例えば様々な新たな文献について情報を得ていることを認めざるをえない(ついでに言えば、訳出開始の際に、すべての引用文献に当たって確認するいわゆる閲読の実行を考え、一部試みてみたが、あまりにも多すぎ、かつ多方面にわたるため、途中で断念した）。所詮、大家の手のひらの上で踊っているにすぎないと言うべきなのかもしれない。もはや口をつぐむのが至当だろう。

後記

本訳書の刊行については、まず出版社との交渉に至るまでにご助力くださった足立広明氏及び後藤篤子氏（両氏ともそれぞれにP・ブラウンの著作の訳者であられる）にお礼を申し上げなければならない。言うまでもなく、本訳書が含んでいるであろう様々な誤記、また、特に本稿で訳者が述べた様々な妄言については、両氏は全く無関係である。また、本書の出版を担当された慶應義塾大学出版会編集部の佐藤聖氏と宮田昌子氏にも謝意を申し上げなければならない。特に宮田氏は、校正段階で用字等々の面で訳者が我を張り続けたのに対して辛抱強くつき合ってくださった。記してお礼の言葉としたい。

論考（戸田）註

1　古代末期という時代がいつからいつまでを指すかは、実はあまり明確でない。印象によって述べれば、多くの場合には、七世紀のイスラーム教勢力による地中海周辺地域の席巻（いわゆるアラブの征服）が終期とされているようであり、他方始期については、三世紀末のディオクレティアヌス帝の治世（二八四年に始まる）だったり、コンスタンティヌス「大帝」の治世（三〇六—三三七年）のいずれかの時点だったりすることが多いが、それ以外の時点から古代末期が始められることもままある。ともあれ、本書が対象としている四—六世紀が古代末期に含まれることについては異論はないと思われる。

2　この点は、例えば「〜 in Late Antiquity」と題された著作を http://webcatplus.nii.ac.jp/pro/ のような図書検索サイトで調べてみれば、一目瞭然だろう。フランス語圏でも、antiquité tardive という言い方は或る程度市民権を得ているようである。P・ブラウン以前では、同じ時代は主に「後期ローマ帝国」「末期帝国（Bas-Empire）」などと言い表されていた。ドイツ語圏では、美術史の分野などで「古代末期」（Spätantike）という呼称が従前から使われており、これはP・ブラウンが提唱した「古代末期」とは別の文脈での用法だが、もちろん今日では、P・ブラウンの提唱した語法を意識しつつ Spätantike という単語が使われるケースがないわけではない。

3　当時のそのような雰囲気をよく伝える論考として、足立広明「聖人と古代末期の社会変動——P・ブラウンの業績を中心に——」『西洋史学』一四九（一九八八）、四六—六〇頁を挙げておきたい。

4　P. Brown, *The World of Late Antiquity AD 150-750*, London: Norton, 1971. 邦訳としては、宮島直機訳『古代末期の世界 ローマ帝国はなぜキリスト教化したか?』改訂版、刀水書房、二〇〇六年（初版は二〇〇二年）があるが、率直に言って、同書は翻訳というにはあまりに意訳・自由訳にすぎ、原著者の言わんとしたことを同書から正確に読み取ることは、残念ながら期待できないと言わざるをえない。

5 「古代末期」という時代区分に関しては、後藤篤子「『古代末期』研究とピーター・ブラウン」、P・ブラウン／後藤篤子訳『古代から中世へ』山川出版社、二〇〇六年、〇〇五―〇二四頁にも議論が見られる。

6 B. Ward-Perkins, *The Fall of Rome and the End of Civilization*, New York: Oxford University Press, 2005. 特に三―五頁、及び第八章（一六九―一八三頁）を参照。

7 P. Brown, *Augustine of Hippo. A Biography*, London: Faber, 1967. 同書の増補版（二〇〇〇年刊）からの邦訳が出村和彦訳『アウグスティヌス伝』教文館、二〇〇五年（全二巻）である。なお、同書はP・ブラウンの学位論文の出版ではなく、漏れ聞くところでは氏は、学位論文を提出して博士号を得るという、研究者が通常たどる経歴とは異なる道を歩んできたようである。とはいえもちろん、氏の著作活動は、学者業を始めるための運転免許としての博士号の有無などといった次元を遙かに超えたところで行なわれてきたと言ってよい。

8 Brown, *The World of Late Antiquity*, p. 7. 拙訳による。

9 なお、上述した没落史観批判について言えば、この引用で見られるように、P・ブラウンは四七六年のいわゆる西ローマ帝国の「滅亡」という事態をもちろん否定などはしていない。だが、西ローマ帝国の「没落」（帝国の政治的滅亡だけでなく、社会経済的次元での衰退をも含む）について言えば、『古代末期の世界』でその時代をカバーしているのは第九章「西方の復活、三五〇―四五〇年」と第一〇章「生き残りの代価――西方社会、四五〇―六〇〇年」であり、特に第一〇章は、その時代の何人かの有名人（シドニウス・アポリナリス、カッシオドルス、ボエティウス、そして皇帝ユスティニアヌス）のスケッチを並べた程度の内容であり、「没落」の描写とはおよそ言い難いものとなっている。この点についてはさらに後述を参照。

10 邦訳は足立広明訳『古代末期の形成』慶應義塾大学出版会、二〇〇六年。評者（戸田）による同訳書の書評は『キリスト教史学』六一（二〇〇七）、二二六―二三三頁。原題 The Making of Late Antiquity の「making」はこの場合「成立」と訳すほうが良いと思われるので（「形成」はむしろ formation の訳語にふさわしい）、以下同書を『成立』と称することとした。

11　以下、『成立』の内容の紹介は基本的に、邦訳『古代末期の形成』に対する上掲拙評（註10）における要約の繰り返しとなっていることを予めことわっておきたい。

12　人々からの援助を必要としていたという意味で、（P・ブラウンがここでしているように）貧者と司教らを同列に並べることは確かに可能であり、そしてこれを言い換えてP・ブラウンは二種類の「貧者」という言い方をしている。しかし史料において、司教など聖職者を（経済的貧者と同列に位置づけられる存在という意味での）「貧者」と称している箇所が存在するかどうかは極めて疑わしく、この点でP・ブラウンは史料に基づかない立言（或いは言い換えれば、歴史像の歪曲）を行なっている疑いがある。

13　古典期の社会を（比較的に見て）より水平的な構成の社会とし、古代末期の社会をより垂直的な構成の社会とする理解は、『成立』にも本書にも共通するP・ブラウンの基本的な視点であるように評者には思われる。

14　紀元後三世紀のローマ世界をどう見るかについては今日なお見解の相違が存在するようであり、それは例えば『西洋史研究』三九（二〇一〇）の特集「三世紀の「危機」再考」（一七八―二七二頁）からも窺われる。

15　問題となるパトラジアンの著作の書誌情報については本書第一章註20を参照。同書におけるパトラジアンの所説を紹介したものとしては、大月康弘「初期ビザンツ帝国の社会構造と慈善事業：E・パトラジアンの問題提起とその射程」『一橋論叢』一〇二・六（一九八九）、九二二―九四二頁。

16　但し、パトラジアンの著作を全く利用しなくなったわけでもないことは、本書の註（例えば第二章註18や22など）を見ればこれまた明らかだろう。

17　大月、前掲論文（註15）、九四〇頁で引用されているA・ギユーの書評（*Byzantinische Zeitschrift* 74 (1981), pp. 81-84）。

18　コロナートゥス制に関する往時の研究としては、例えば渡辺金一「ビザンツ帝国における大土地所有の問題――テオドシウス法典の分析を中心として」、同『ビザンツ社会経済史研究』岩波書店、一九六八年、一六四～一九二頁を参照。

19　その代表例としては、E.R. Hardy, *The Large Estates of Byzantine Egypt*, New York: Columbia University Press, 1931; H.I.

Bell, "The Byzantine Servile State in Egypt", *Journal of Egyptian Archaeology* 4 (1917), pp. 86-106; Id., *Egypt from Alexander the Great to the Arab Conquest. A Study in the Diffusion and Decay of Hellenism*, Westport: Greenwood Press, 1978 (repr. of Oxford, 1948) が挙げられる。なお、渡辺、上掲書（前註）、第三部第七論文「パトロキニウム・ヴィコールム考」の二二九～二四六頁には、A・C・ジョンソンとH・I・ベルの「論争」（同書二二四頁の表現。「見解の対立」と言うほうが実態に即している）への言及が見られるが、実はまさにこの見解対立が、次註本文に述べる研究状況の変化と関連しており、その結果今日では、むしろジョンソンの見解（例えば A. C. Johnson & L. C. West, *Byzantine Egypt: Economic Studies*, Princeton: Princeton University Press, 1949 に見られるような）のほうが有力になっていると理解することができる。

20 J. Gascou, "Les grands domaines, la cité et l'Etat en Egypte byzantine (Recherches d'histoire agraire, fiscale et administrative)", *Travaux et Mémoires* 9 (1985), pp. 1-90。研究状況のこのような変化は J. E. Keenan, "Papyrology and Byzantine Historiography", *Bulletin of the American Society of Papyrologists* 30 (1993), pp. 137-144 が論じている。

21 但し、コロナートゥス制に関するM・ロストフツェフの研究（M. Rostowzew, *Studien zur Geschichte des römischen Kolonates*, 1910）の再評価を主張する議論（I. Fikhman, "Retour à Rostovtzeff (à l'occasion d'une traduction italienne de son Kolonat)", *Chronique d'Egypte* 71 (1996), pp. 169-175）が一九九〇年代にも見られたことは、指摘しておかねばなるまい。

22 なお、本稿で言う「聖人」とは、holy man の訳語である。次註で引用する論文のタイトルにP・ブラウンが saint でなく holy man という表現を使ったのは、それが（saint と異なり）列聖のプロセスと無縁な概念であること、そもそも古代末期には聖性に関する公的認証が未だなかったことなどとの関連で、正しい選択だった、との指摘がある（Av. Cameron, "On defining the holy man", in: J. Howard-Johnston & P. A. Hayward (eds.), *The Cult of Saints in Late Antiquity and the Middle Ages. Essays on the Contribution of Peter Brown*, New York: Oxford University Press, 1999, p. 27）。

23 P. Brown, "The Rise and Function of the Holy Man in Late Antiquity". 最初 *Journal of Roman Studies* 61 (1971), pp. 80-101 として発表され、後に文献補遺を伴って著書 *Society and the Holy in Late Antiquity*, Berkeley: University of California Press, 1982, pp. 103-152 に再録されている。

24　そのような研究を行なってきた学者として、例えばフランスの碩学A・ギヨモン（一九一五〜二〇〇〇年。その主な著作はA. Guillaumont, *Aux origines du monachisme chrétien. Pour une phénoménologie du monachisme*, Bégrolles en Mauges: Abbaye de Bellefontaine, 1979）が挙げられる。

25　なお、『成立』の邦訳（上掲註10）の巻頭には、P・ブラウン自身が、『成立』刊行前後から邦訳刊行までの三〇年余りの自らの研究経歴と、その中での変化とを回顧的に記した「日本語版への序文」が掲載されている（同書一―二五頁）。関心のある読者には、本稿の記述との比較の意味でも一読をお勧めしておきたい。

26　ここで、管見の限りで目にしえた、他の研究者たちによるP・ブラウンの業績の評価に触れておきたい。まず、実は北欧の学術雑誌Symbolae Osloensesが、『古代末期の世界』刊行二五周年を記念して同書を振り返るという企画を、既に一〇年以上前に実施しており（"SO Debate: The World of Late Antiquity Revisited", *Symbolae Osloenses* 72 (1997), pp. 5-90）、P・ブラウン自身による、同書執筆を中心とした研究経歴の詳細な回顧（pp. 5-30）に加えて、G・W・バワーソック、A・キャメロン、E・A・クラーク、A・ディーレ、G・ファウデン、P・ヘザー、P・ルソー、A・ルーセルなど、古代末期研究にかかわる欧米の錚々たる研究者たちによるコメント（pp. 31-69）、そしてそれに対するP・ブラウンの応答（pp. 70-80）が収められている。この企画が、P・ブラウンのその時までの業績の評価として、最も詳細かつまとまったものだと見てよいだろう。しかし、同誌でコメントを行なった研究者たちはそれぞれP・ブラウンと何らか個人的関係を有した人々だと言ってほぼ間違いなく（A・ディーレだけは、P・ブラウンと特段親しくなかったかもしれないが）、それら研究者たちと当の著者自身とが（実際にであれ誌上においてであれ）一堂に会して行なうこのような書評会は、当然ながら、著者への一定程度（以上）の賞賛を運命づけられたものだと言ってよい。P・ブラウンについても古代末期についても、評者は知るところがこれら研究者たちより遙かに少ないことを自認するが、なお、彼らのコメントと異なる視角から論評を行なうことは不可能でないと考える。次に、上記註21で引用したHoward-Johnston & Hayward (eds.), *The Cult of Saints in Late Antiquity and the Middle Ages*も、P・ブラウンの貢献を論じた書物と題されており、特にA・キャメロンの論考は、P・ブラウンとの個人的面識も踏まえて書かれた詳細な論評だと言いうる。しかし、書名から窺われるように、いわゆる「聖人」

が同書のキー概念となっているため、P・ブラウンの古代末期理解を考える本稿の視角からすると、同書の論評はP・ブラウンの業績の一部に偏しているように見受けられる。次に、最近刊行されたPh. Rousseau & M. Papoutsakis (eds.), *Transformations of Late Antiquity. Essays for Peter Brown*, Farnham: Ashgate, 2009は、二〇一〇年一二月に八六歳で亡くなったR・A・マーカスによるP・ブラウンの業績の論評を含んでおり（"Between Marrou and Brown: Transformations of Late Antique Christianity", pp. 1-13）、同論考でマーカスは、古代キリスト教に関する自らの研究に引きつける形でP・ブラウンの業績を理解・評価しようとしている。その他、P・ブラウンへの献呈論文集A. Smith (ed.), *The Philosopher and Society in Late Antiquity: Essays in Honor of Peter Brown*, Swansea: Classical Press of Wales, 2005もある（評者未見）。

なお、本稿は、本書自体に対する書評などを行なう或いは扱うことを主眼とするものではないが、その種の論評を一つだけ挙げると、P・アレンを始めとするオーストラリア・カトリック大学の研究者らによる研究プロジェクトの成果であるP. Allen et al., *Preaching Poverty in Late Antiquity*, Leipzig: Evangelische Verlagsanstalt, 2009の第一章（Introduction (pp. 15-33), by P. Allen & S. Sitzler）では、古代末期における貧困を扱った最近の研究が網羅的に概観されており、中でも特に本書原著が取り上げられ、立ち入った批判的論評を受けている。

27 『成立』に対する拙評（上記註10）、『キリスト教史学』六一（二〇〇七）、二三一頁。

28 但し、史料箇所の提示には誤記が散見された。本書註への戸田の註記（〔 〕によって示した）を参照。

29 様々な最近の研究を註に配しつつ議論を進めるブラウンの叙述は、例えば、あくまで一次資料の引用にこだわった A. H. M. Jones, *The Later Roman Empire*（無論ジョーンズが同時代の新しい研究動向を知らなかったわけではない）の叙述と対照的だと言えよう。

30 但し、P・ブラウン自身が第一章（一一頁）で述べているように、古典古代と（旧約聖書を含む）近東世界とを対比的に捉えるこの図式は、実は既にH・ボルケスタインの著作（本書第一章註18）に見られた。

31 邦訳はアンリ・ピレンヌ／増田四郎監修、中村宏・佐々木克巳訳『ヨーロッパ世界の誕生』創文社、一九六〇年。

32 P. Brown, "Mohammed and Charlemagne by Henri Pirenne", *Daedalus* 103 (1974), pp. 25-33. 文献補遺を伴ってId., *Society and the Holy in Late Antiquity*, Berkeley: University of California Press, 1982, pp. 63-79に再録されている。

33 R. Hodges & D. Whitehouse, *Mohammed, Charlemagne & The Origins of Europe. Archaeology and the Pirenne thesis*, London: Duckworth, 1983、特にその結論部に当たる終章 "Four Hypotheses" (pp. 169-176)。

34 P. Brown, *The Rise of Western Christendom. Triumph and Diversity, A.D. 200-1000*, 2. ed., Oxford: Blackwell, 2003, pp. 12-13. なお、この著作は、『古代末期の世界』に続いてP・ブラウンが古代末期世界の全体を扱った著作だ、と解することができ、したがって両書は様々な点で比較が可能である。しかしもちろん、『古代末期の世界』はシリーズ Library of World Civilization の、『西方キリスト教世界の出現』はシリーズ The Making of Europe の、それぞれ一巻を成すといった具合に異なるシリーズに属していることに由来して、両書の間には微妙なずれもある。例えば、扱われている年代が、『世界』は一五〇―七五〇年なのに対して、『出現』は二〇〇―一〇〇〇年である。また、『世界』はあくまで東と西の両方を扱う建前であるのに対して、『出現』は基本的に西欧を扱う建前になっている。但し実際には、主に西欧を扱っているはずの『出現』の中では、ビザンツや東方キリスト教など東方に関する事柄に、相当の——異様に多くの、と言ってよい——紙幅が割かれている。

35 『古代末期の世界』におけるP・ブラウンによる「没落」関連の記述については、上註9を参照。

36 西永良成・渡名喜庸哲訳、岩波書店、二〇一〇年。原著は二〇〇七年刊。

37 例えば、J・ラッツィンガー名での講演「ヨーロッパ文化とその危機」（Europas Kultur und ihre Krise. Die Zeit 誌二〇〇〇年一二月七日号所収。同誌のウェブサイト http://www.zeit.de/2000/50/Europas_Kultur_und_ihre_Krise で二〇一二年一月二一日閲覧）や、イスラムとの関連で物議を醸すこととなった二〇〇六年九月一二日の講演「信仰、理性、そして大学。思い出と省察」（Glaube, Vernunft und Universität. Erinnerungen und Reflexionen）、そして二〇一一年九月二二日にドイツ連邦議会の前で行なわれた講演（原文のドイツ語の表題は単に「教皇ベネディクト十六世のスピーチ　Ansprache von Papst Benedikt XVI」だが、その英訳には「耳を傾ける心——法律の土台に関する省察　The Listening Heart. Reflections on the Foundations of Law」という題が付されている）が挙げられる。後二者はヴァティカンのウェブサイトから閲覧可能（http://www.vatican.va/holy_father/benedict_xvi/homilies/2011/index_ge.htm. 二〇一二年一月二一日閲覧）。

慶應義塾大学出版会

古代末期の形成

ピーター・ブラウン著／足立広明訳

碩学ピーター・ブラウン教授によるハーヴァード大学での講演記録。従来、文明の崩壊過程、知的貧困化の時代と捉えられてきた古代末期（2～4世紀）に対する歴史観を決定的に変えたロングセラー、待望の邦訳。

四六判／上製／256頁
ISBN978-4-7664-1321-2
C1022
本体3,200円

◆目次◆

日本語版への序文
謝辞
第一章　聖性に関する議論
第二章　野心の時代
第三章　〈神の友〉の成長
第四章　天の国から地上の国へ
――アントニオスとパコミオス
原註
訳註
訳者あとがき
主要固有名索引

表示価格は刊行時の本体価格（税別）です。

貧者を愛する者
――古代末期におけるキリスト教的慈善の誕生

2012年4月16日　初版第1刷発行

著　者――――ピーター・ブラウン
訳　者――――戸田　聡
発行者――――坂上　弘
発行所――――慶應義塾大学出版会株式会社
〒108-8346　東京都港区三田2-19-30
TEL〔編集部〕03-3451-0931
〔営業部〕03-3451-3584〈ご注文〉
〔　〃　〕03-3451-6926
FAX〔営業部〕03-3451-3122
振替00190-8-155497
http://www.keio-up.co.jp/
装　丁――――中垣信夫＋大串幸子［中垣デザイン事務所］
組　版――――株式会社キャップス
印刷・製本――中央精版印刷株式会社
カバー印刷――株式会社太平印刷社

Printed in Japan ISBN978-4-7664-1932-0

著者

ピーター・ブラウン（Peter Brown）

1935年アイルランド、ダブリン生まれ。オクスフォード大学ニュー・カレッジ卒。同大学フェロー、ロンドン大学、カリフォルニア大学バークレー校教授を経て、1986年、プリンストン大学歴史学科のロリンズ記念教授職に着任。1996年以降はロンドン大学ロイヤル・ホロウェイ・カレッジの名誉フェローとなる。主な著作に『アウグスティヌス伝』（邦訳、教文館、2004年）、『古代末期の形成』（邦訳、慶應義塾大学出版会、2006年）、『古代から中世へ』（邦訳、山川出版社、2006年）、など。

訳者

戸田　聡（とだ　さとし）

文学博士（オランダ・ライデン大学）。
専攻：古代キリスト教史、東方キリスト教文学。
主な著訳書：『キリスト教修道制の成立』（創文社、2008年）、A・H・M・ジョーンズ著『ヨーロッパの改宗――コンスタンティヌス《大帝》の生涯――』（教文館、2008年）など。

索　引

＊「諸所」は欧語の passim と同義。

ア行

アイデンティキット　68, 69, 219
アウグスティヌス(ヒッポの司教，聖人)　115, 117, 124, 136, 221
　——が確立した「デーフェンソル・キーウィターティス」　102
　——とカルタゴの税反乱への恩赦　128
　——と奴隷制　111, 113
　——と貧者　114
　——とホノラトゥス　129-130
　——によって聖職者入りを歓迎された移住者　137
　——による『ディダケー』引用　101
　——の説教と書簡　114
　裁判官としての——　122-123
　使徒たちの貧困に関する——　168-169
　ミラノにおける寄留者としての——　137
　メラニアとピニアヌスに関する——　99-100
　→『修道士の労働について』
アウグストゥス（皇帝）　6, 178
アウレリオス・イシドロス　148
アエリオス　69
「浅い」貧困　26-28, 137
アスクレピオス　62
アステリオス（アマセイアの司教）　21
アタナシオス（アレクサンドリアの司教）　55, 59
アドヴォカシー革命　146, 150-152
アナスタシウス（皇帝）　165
アナスタシウポリス　142
アパメア（現代名アファミア）　94
アフリカ　18, 50, 55, 99, 100, 113, 128, 137, 164, 168
　——における聖職者不足　102
　→カルタゴ，キュレネ，キルタ，タガステ，ヒッポ，フッサラ
アブラハム(ヘルモンティスの司教)　119
アフロディシアス　97
アマセイア（現代名アマシア）　21, 68
アミアン　21
アリステイデス（アエリオス・）　154
アルカディウス（皇帝）　177
アルサキオス　3, 20, 60
アルメニア　68, 75, 77, 78, 79
アレイオス派　55, 70, 217
アレクサンドリア　22, 55, 59, 81, 90, 98, 118, 186, 192, 199
アレクサンドロス（アボーヌーテイコスの）　212
アンキュラ（現代名アンカラ）　2, 20, 123, 149
アンティオキア　26, 46, 75, 90, 114, 128, 152, 156, 181, 184, 234
　——における税反乱の後の恩赦　127
　——における貧者に関するヨアンネス・クリュソストモス　25
　——における貧者リストの寡婦・孤児　118
　——における連帯の単性論派的観念　195-199

——の教会の外の物乞いたち　171
——の聖職者に対する配給　58
アンティオキア学派　181, 189
アントニヌス（フッサラの司教）　116, 117, 128
アンノーナ制度　50
アンブロシウス（ミラノの司教）　129, 137, 178
イエス(ナザレの)，キリスト　諸所
——と富者　31
キリストの貧困　166-173
パウロとの対比での——　34
貧困の生へと弟子たちを招く——　31
物乞いとしてのキリスト　171, 176
「わが神，わが神，なぜわたしをお見捨てになったのですか」　149
→キリスト論論争，受肉
イサアク（アンティオキアの）　197
異人宿泊所（クセドケイオン）　60
『イースター年代記（クロニコン・パスカーレ）』　217
イソテース　32
一神教　157, 176
隠遁者　92, 227
ウァレートゥーディナーリア　62
ウァレンス（皇帝）　75, 76, 222
ウァレンティニアヌス三世（皇帝）　2
ヴェーヌ，P.　12, 14, 15, 204
ウルカギナ（ラガシュの）　125
エウエルゲシア　6
エウエルゲテース　6, 8, 18, 78, 101, 140
——が建てたクセノドケイオン　63
——としての上流階級キリスト教徒　51-53
——としてのローマ皇帝　50-51
——に訴えるカイサリアのバシレイオス　72, 73, 76
エヴェルジェティスム　50, 51, 139
——のキリスト教化　140-142
共同体のローマ的市民モデルにおける——　7-8, 18-19
エウスタティオス（セバスティアの）　67-71, 79
エウセビオス（カイサリアの司教）　37
エジプト　21, 50, 81, 92, 104, 116, 119, 147, 148, 158, 159, 167, 215
——の請願におけるキリスト教的言語　162-164
単性論派としての——　199
→アウレリオス・イシドロス（の文書群），アレクサンドリア，オクシュリンコス
エピダウロス　62
エピファニオス（サラミスの司教）　69
エフェソス公会議　177
エフレム（ニシビスの）　74
エラクリウス（ヒッポの司教）　221
エリアス（カッパドキアの総督）　73
オクシュリンコス　21, 113, 205
重い皮膚病の人々　73, 78

カ行

ガーンジー，P.　85
階級　24, 25, 37, 40, 43, 52, 54, 62, 78, 86-89, 94-96, 98, 102, 108, 115, 122, 125, 137-139, 141-143, 148, 151-154, 167, 170, 188, 201
——のキリスト教的モデル　144, 146, 155, 200
後期ローマ社会の——　27, 83-85
→富者，貧者
カイサリア・マリティマ　93, 155
カイサリア（現代名カイセリ）　43, 51, 65, 66, 71-73, 75, 79, 84, 92, 103, 138

会堂　99
ガザ　118, 155
カスター，R.　87
課税　159
――に関する請願　148, 150
――に対する反乱　127-128
――の緩和を求める司教　103
――の免除を受けるクセノドケイオン（プトーコトロフェイオン）　63, 64
教会の場合の――免除　54-57
→フィラントローピア
カッパドキア　75, 76, 77, 138
――における飢饉　65, 71-73
――における農村司教制度　92
――における貧困と富の対比　84
――のために税の緩和を求めるバシレイオス　103
→カイサリア（現代名カイセリ）
カッパドキア教父　65, 224
ガッリカヌス　218
寡婦　35, 44, 46, 49, 58, 105-108, 118, 120, 125, 126, 132, 162, 164
――身分　106
ガリア　81, 91-92, 109, 131, 203
――におけるバカウダエの反乱　24
――における貧者への配慮　90
カルケドン公会議　177, 193, 195, 197
カルタゴ　45, 46, 49, 90, 101, 104, 114, 128
ガングラ教会会議　67
キスーフィーム　52, 98
キャナダイン，D.　25
救貧院(プトーケイオン)　62, 63, 64, 65, 70, 78, 91, 138, 178
ギュットン，J. P.　28
キュプリアヌス（カルタゴの司教）　45, 46, 104
キュリロス（エルサレムの司教）　74
キュリロス（アレクサンドリアの総主教）　74, 81, 130, 186-190, 192, 193, 195, 200, 248
キュルハンベイレリ　21
キュレネ　187
教会会議
→エフェソス公会議，カルケドン公会議，ガングラ教会会議，セルディカ教会会議
ギリシア教父著作集（パトロロギア・グラエカ）　87
キリスト教，教会　諸所
新たな出発としての，――による慈善　10
あらゆる階級のアウトサイダーのために居場所を見つける――　136-137
救貧のために――に対してかかる平信徒たちの圧力　59-60
教会の富　98-99
キリスト教化されたエヴェルジェティスム　140-142
――共同体の連帯　174-176
――における貧者イメージ　20-25, 82-83
――に対する道徳的チャレンジとしての貧困　29
――に対する税免除　54-56
――にとっての義務としての喜捨　101
――によって人間的にされたローマ皇帝たち　178-181
――によって生活を支えられる聖職者及び司教　35-48
――によって当然視される貧者への配慮　35
――の言語を使った請願　162-165

——の主たる構成要素としての「真ん中へん」の人々　86-105
コンスタンティヌスから教会への施与　48-49
312年におけるローマの人口中の割合としての——　30
聖職者と貧者とに施与する上流階級　51-53
聖パウロからコンスタンティヌスに至る発展　30-35
貧者への配慮を教会に課するコンスタンティヌス　58
「喜んで与える人」に関する——　6, 32
→アレイオス派の異端，イエス（ナザレの），公会議，使徒たち，修道制，聖書，聖職者，聖体拝領，単性論派，ドナトゥス派，パウロ
『キリスト教関係プロソポグラフィー』　87
「請願の言語」　162
『キリスト教の宣教と拡大』（ハルナック）　4
キリスト論論争　177, 178, 192, 193, 195
キルタ（現代名コンスタンティナ）　46, 47
禁欲主義　66
クラーク，G.　46
グランマティクス　87, 88
グリボモン，J.　71
クルト（カナン地方の神の名）　126
グレゴリウス（ラングルの）　160
グレゴリウス（トゥールの）　131, 160
（大）グレゴリウス（ローマ司教）　107, 108, 113, 114
グレゴリオス（ナジアンゾスの）　65, 73, 76, 138, 220
グレゴリオス（ニュッサの）　76, 170, 220
ゲシオス　163, 164
ゲラサ（ヨルダンのジェラシュ）　157
コヴェルマン，A.　148
皇帝（ローマ帝国の）　諸所
エウエルゲテースとしての——　50-51
キリスト論論争と——　177-178, 184-187
——とパイデイア　154
——と結びつけられる貧者への愛　2, 161
——に対する恐れ　155
——によって奨励された請願　150-151
——の高挙　178
——の個人的気前よさ　6
——の代理者　151-152
——を人間的にするキリスト教の儀礼　178-181
→アウグストゥス，アナスタシウス，アルカディウス，アンノーナ制度，ウァレンス，ウァレンティニアヌス三世，コンスタンティウス二世，コンスタンティヌス，テオドシウス一世，テオドシウス二世，ドミティアヌス，マルキアヌス，ユスティニアヌス，ユスティノス二世，ユリアヌス
孤児　35, 44, 58, 64, 105, 106, 118, 125, 138, 164
『古代末期における権力と説得——キリスト教帝国への道行き』（ブラウン）　153
コリントの信徒への第二の手紙　170
コルネリウス（ローマの司教）　46

コルポラ　96
コンスタンティウス二世（皇帝）　55, 63, 71, 79, 217, 223
コンスタンティヌス（皇帝）　29, 43, 47, 53, 55-57, 59, 62, 66, 71, 77, 79, 122, 135, 140, 179, 201
——が与えた税免除　54
——が設けた葬送制度　139
——から教会への寄進　48-49
——の改宗の頃のキリスト教　30
司教裁判を許可する——　121
聖職者のための，——による課税　58
コンスタンティノープル　50, 52, 58, 61, 71, 90, 94, 114, 155, 156, 160, 164, 177, 178, 185, 186, 188, 189
——においてコンスタンティヌスが設けた葬送制度　139
——における救貧　70
——に対する農民の請願者　152
——の総主教としてのネストリオス　181
すべての道は——に通ず　176
テオドシウス二世と——　179-180
→ハギア・ソフィア，馬車競技及び馬車競技場

サ行

最後の審判　172, 200
司教裁判（エピスコパーリス・アウディエンティア）　121-123, 127
叫び（ツェアカ）　96, 103, 120, 126, 128, 145, 146, 157, 169, 171, 195
裁き（ツェダカ）　103, 122, 124, 126, 149
（聖）サバス　21, 165
シェイクスピア，W.　39, 211
シェヌーテ（アトリペの）　163, 164, 199
ジェンダー研究　iii
司教　諸所
教会の富の執事としての——　44
後期ローマ社会における——の台頭　1
皇帝の裁判に対する——　164
——が使った「要求の言語」　146
——が貧者のために支出した年々の金額　142
——とアドヴォカシー革命　151, 152
——に対する賞賛的墓碑銘　131-132
——に対する税免除　54-56
——に対する平信徒たちの圧力　59-60
——に結びつけられるクセノドケイオン　64
——によって発展させられた「貧者への愛」観念　15
——によって保護される寡婦・孤児　105-107
——の社会的背景　86-87, 89
——の主たる義務としての貧者への配慮　81
——の生活に対する支持　35-36
社会が富者と貧者に分かたれていることに関する——　146
弱者の保護者としての——　161
対立——　55
奴隷化の危機にあった人々を解放する——　113
貧者を愛する者としての——　1
貧者を治める者としての——　81, 144
→司教裁判，聖職者，農村司教
慈善　2, 4, 10, 12, 49, 60, 64, 79, 84, 89, 91, 92, 105, 109, 115, 135, 139
キリスト教興隆以前の公的施与　5-9
キリスト教徒・ユダヤ教徒にとっての義務としての——　101

公的奉仕としての――　57
古代末期に増加した事柄としての――　141-142
「喜んで与える人」　6, 32
→エウエルゲテース，エヴェルジェティスム，配給，貧者への配慮
使徒たち　167, 168
シナゴーグ　42, 56, 113, 204
詩編　82, 127, 152, 157, 158, 176
「市民的」モデル　8, 12, 13, 19, 60, 92, 93
市民のアンノーナ（アンノーナ・キーウィカ）　50
シメオン（柱頭行者）　190
社会的セーフティ・ネット　90
社会モデル　10, 15, 125
キリスト教的モデル　84, 144, 146, 155, 161, 200
「市民的」モデル　8, 19, 50, 60, 143, 153, 200
宗教的営為と社会層　36
『修道士の労働について』（アウグスティヌス）　123
修道制　67, 68, 71
受肉　166, 169, 172, 176, 188, 197, 198, 199, 200
授乳　191
シュネシオス（プトレマイスの司教）　187
職人たち　39, 54, 87, 103
処女マリア　183, 189
シルトゥース　52, 98
白の修道院，シェヌーテの　163
人口学的変化　13, 17, 18, 137, 138
初期近代西欧における――　137
人口増加　13
新プラトン主義　194, 250
スキュトポリス（現代名ベート・シェアン）　7, 21
スターン，M.　3
ストラトニケイア　131
スミュルナ　154
請願　103, 113, 126, 148-152, 158, 159, 165, 199
聖書　31, 101, 105, 126, 128, 131, 145, 146, 158, 159, 165
アウグスティヌスの判決文における――　124
→コリントの信徒への第二の手紙，福音書，ヘブル語聖書，マタイによる福音書，ローマの信徒への手紙
聖職者　諸所
アフリカにおける――の不足　102
異教の祭司の後継者としての――　56
社会が富者と貧者に分かたれていることに関する――　146
職人団体と連合する――　103
――入りを歓迎された移住者　137
――とアドヴォカシー革命　152
――と奴隷制　143
――に対する税免除　54-56
――の社会的背景　86-87, 89, 98
――の生活に対する支持　35-40
――の説明責任　57
――のための，コンスタンティヌスによる課税　58
貧困化に対する――の闘い　116
富者よりも貧者に近い――　57
→司教
聖体拝領　119, 174, 175, 180, 182
ゼウス（オリュンポスの）　160
セウェロス（アンティオキアの総主教）　197, 198
セバスティア　69
施物（スポルトゥラ）　47, 182
セルディカ教会会議　164

総督　51, 63, 73, 93, 103, 107, 122, 124, 140, 148, 154, 160, 175, 199

タ行

タイセン，G.　34
タガステ　99, 100, 128
タラゴナ　93
単性論派　158, 193-199
チェスナット，R.　198
チミティーレ　63
チャドウィック，H.　192
ディオスコロス（アフロディトの）　160
『ディダケー』　101
デーフェンソル・キーウィターティス　102
テオトコス→処女マリア
テオドシウス一世（皇帝）　127, 128, 162, 177, 178, 179
テオドシウス二世（皇帝）　177, 179, 180, 182-184, 187, 189, 247
テオドレトス（キュロスの司教）　190
テオフィロス　186
テサロニケ　128, 212
テヌイオーレース　95, 143
テュロス　21
「問いと答え」（コプト語集成）　81, 130, 199
東方帝国　55
　――におけるクセノドケイオン　62
　――における貧困と連帯　135-202
　→アルメニア，アンキュラ，アンティオキア，エジプト，カイサリア・マリティマ，カッパドキア，コンスタンティノープル，スキュトポリス，フリュギア，ポントス
年老いた人々の家　112
都市参事会員　57, 58, 87, 89, 95, 107
都市の危険な暴動　95
ドナティアヌス（スッパの）　116
ドナトゥス派　55, 99
ドミティアヌス　37-39
トムス（教皇レオの）　193
ドムノス（アンティオキアの司教）　196
トリーア　64
奴隷　35, 62, 67, 69, 78, 109, 110-114, 143, 159, 167

ナ行

二極分化の尖鋭化→階級
ニケティウス（リヨンの）　118
（葬送用の）布　222
ネイロス（アンキュラの）　149
ネオクラウディオポリス（現代名ヴェジル・ケプリュ）　63
ネストリオス（コンスタンティノープルの総主教）　165, 188-190, 192, 195, 248
ネルセス（アルメニアのカトリコス）　77-79, 222, 223
年長、年配　112
農村司教（コーレピスコポス）　92
農夫　38, 39

ハ行

パーセル，N.　17
配給　21, 58, 59, 72, 108, 205
配給切符（テッセラ）　9
パイデイア　96, 153, 154
パウストス（ブザンドの）　77, 78, 222
パウリヌス（ノラの）　63
（聖）パウロ　5, 29, 30-32, 34, 35, 37, 41, 42, 155, 170, 212, 218, 239
バカウダエの反乱　24
ハギア・ソフィア　180
馬車競技，馬車競技場（コンスタンティ

ノープル） 178, 180, 182
——の諸々の党派 24
バシレイアス 64, 65, 71, 73, 77, 221
バシレイオス（アンキュラの司教） 124, 138,
バシレイオス（カイサリアの司教） 43, 64, 66–68, 138, 216, 220, 222, 231
エヴェルジェティスムに関する—— 51
カッパドキアの飢饉救済における—— 65, 71–74
税の緩和を求める—— 103
ネルセスと——の比較 79
——によれば、修道者たちは貧者のように振る舞うべきでない 96
——の農村司教制度 92
——のバシレイアス→バシレイアス
→『富者たちに対する講話』
パトラジアン，E. 12–15, 17
ハドリル，A. ウォレス 85
バヌー・ササン 24
パノポリス（アクミム） 163
パモンティオス 104, 105, 112
バルト，K 166
ハルナック，アドルフ・フォン・ 4
蛮族の侵入 110, 113
『パンと競技場』（ヴェーヌ） 12
ハンフレス，C. 85
ハンムラビ 125
ピイウティオス 159
ヒエロニュムス 126, 141
『ビザンツにおける経済的貧困と社会的貧困 四～七世紀』（パトラジアン）
ヒッポ 100, 113, 114, 116, 117, 128, 136, 137, 221
『ヒッポのアウグスティヌス』（ブラウン） iii
ピニアヌス 99, 100
フマニタース（人道性） 2
病院 61, 62, 64, 65, 71, 112, 138, 178, 217, 227
貧困，貧困化 諸所
浅い——，深い—— 26–28
キリスト教に対する道徳的チャレンジとしての—— 29
キリストの—— 166–173
後期ローマ帝国における——の新たな諸形態 13
修道者の—— 66
上流階級の——化した人々 108
東方帝国における——と連帯 135–202
——化に対する恐れ 26–27
——の生へと弟子たちを招くイエス 31
→貧者
貧者 諸所
アウグスティヌスと—— 114
キュリロスのキリスト論における—— 188–189
教会の富を——と分け合う聖職者 44–48
教会の—— 117
司法的カテゴリーとしての—— 126
信者と比較される—— 157
——観念の上向的なずれ 129
——と結びついた聖職者 57–58
——に関するイエス 31
——に関するヘブル語聖書の記述 126–127, 145
——による反乱（「危険な階級」） 24, 95
——のキリスト教的イメージ 20–25, 81–84
——のための正義 126
——へのローマ皇帝の贈り物 9

——を愛する者としての司教　1
——を治める者としての司教　81, 144
——を発明した者としての司教　10
富者と——に分かたれたものとしての社会　146
→テヌイオーレース、貧困、貧者への愛、貧者への配慮、フミリオーレース、物乞い
貧者への愛、貧者を愛する者　8-10, 12, 13, 52, 75, 123, 135, 138
公的徳目としての——　1, 4
古代地中海世界における——と喜捨　141
——観念の発展における司教　15
——と総督　160
——と結びつけられる皇帝　2, 161
——に関する聖書の記述　31-33
——のための、教会に対する平信徒の圧力　59-60
『貧者への愛について』（ナジアンゾスのグレゴリウス）　138
貧者への配慮　諸所
寡婦・孤児のための——　105-107
キリスト教によって当然視される——　35
古代末期社会における——と社会の自己理解　4, 135
コンスタンティヌスによって教会に課される——　58
司教の主たる義務としての——　81
大グレゴリウスによる——　107-108
特権の見返りに行なわれる——　57
ネルセスによる——　77-78
バシレイオスによる——　65, 71-74, 79
——と一神教　157
——と奴隷制　109-114
——とフマニタース　2
——の下方的拡大　143
——のためのエウスタティオスのプログラム　70
——のためのクセノドケイオン（プトーコプロフェイオン）　60-64
——のための資源の獲得　101-102
フラキッラによる——　178-179
真ん中へんの人々のための——　88-90, 144
ユダヤ教における——　2
ファリサイ派　37
フィラントローピア　63
フィルミクス・マテルヌス　116
フィルムス（タガステの司教）　128
フィロティモス　6
フィロパトリス　8
フィロプトーコス　2, 8, 158
ブース，W　25
（聖）フェリクス　63
福音書　31, 42, 172
プサテ、プサリス　119
富者、富める者　諸所
キュリロスのキリスト論における——　188-189
資源の均等化に関するパウロ　32
都市における——　93-94
——と貧者に分かたれたものとしての社会　146
——と交わるイエス　31
——の気前良さを賞賛すること　140
——の富を再分配するエウスタティオス　70
→エウエルゲテース、エヴェルジェティスム
『富者たちに対する講話』（バシレイオス）　74

プソイス　163
フッサラ　116, 117, 128
プトーコトロフェイオン　61, 63, 69
プボウ　165
フミリオーレース　94, 95
フラウィアノス（アンティオキアの司教）　127, 129
フラウィウス・アビンナエウス　162
フラキッラ　178, 179
（小）プリニウス　207
フリュギア　75, 215, 221
プルケリア（テオドシウス二世の姉）　182
ブレゴヴィナ　157
プロコピオス　107, 231
文法教師（グランマティクス）　87
平和の接吻　73, 174
ベート・シェアン→スキュトポリス
ベサ　164
ヘシオドス　38, 160
ペトロス（縮充工）　196
ヘブル語聖書　131
　貧民に関する――　126, 145
　――の言語を使った請願　157
　→詩編
ペラギウス一世（ローマの司教）　108
ヘリエウス　104
ベン・シラの知恵（集会の書）　36
ホーデン，P.　17
ボストラ　122
ポッツオーリ　58
ポテンティオーレース　95
ホノラトゥス(マウレタニアのカエサレアの司教)　129, 130, 237
ホプキンズ，K.　89, 210
ボルケステイン，H.　11, 12, 29
ポントス　61, 63, 68, 216

マ行

マーシャル，J.　54
マアッラト・アン・ヌマーン　64
マアレ・アドゥンミーム　60
埋葬　139
マウリリオ（カオールの事実上の司教）　131
マトリクラ　117
マラトニオス（アレイオス派の司教）　70
マルキアヌス（皇帝）　2
マルクス・アウレリウス（皇帝）　154
（聖）マルティヌス　21, 91
（聖）マルテュリオス　60
真ん中へんの人々　25, 26, 36, 37, 52, 88, 89, 92, 98, 100, 102, 105, 137, 144
ミークス，W.　34
ミーニュ，J. P.　87
ミオス　162
ミドラシュ　166
（小）メラニア　99, 100
モウセス・ホレナツィ　78
モザイク　47, 52, 64, 93, 98, 155, 157, 158
モデストゥス　103
物乞い　3, 27, 107, 116, 118, 119, 125, 132, 155, 156, 164, 172-174, 198
　カネを稼ぐ方法としての――　141
　後記ローマ帝国における――　21, 24
　宗教的――　43
　信者と比較される――　157
　信者の慈善に委ねられる――　118
　――としてのキリスト　171, 176
　――のための許可　118
　――を無視する人々に対するセウェロスの言葉　198-199

ヤ行

野獣ショー　175
ユスティニアヌス（皇帝）　94, 107, 152, 180
ユスティノス二世（皇帝）　160
ユダヤ教　3, 4, 9, 16, 35, 36, 40, 56, 99, 121, 141, 142, 156, 166, 194, 203
　新たな出発としての――の慈善　10
　ユダヤ教徒の義務としての喜捨　101
　――において贖われた奴隷　113
　――における聖職者の生活に対する支持　37, 39
　――における貧者への配慮　2
　→会堂，ファリサイ派，ヘブル語聖書，ミドラシュ，ラビ
『ユダヤ人・ユダヤ教に関するギリシア・ラテン著作家の記述』（スターン）　3
ユリアヌス（皇帝）　2-4, 20, 58, 60, 62, 122, 167
ヨアンネス（アレクサンドリアの司教）　22
ヨアンネス・クリュソストモス　27, 61, 156, 197, 198, 247
　アンティオキアの階級構成に関する――　25
　エヴェルジェティスムに関する――　51
　寡婦を教会で支えることに関する――　106
　キリストの貧困に関する――　172-173
　聖体拝領と――の説教　174
　平均的キリスト教徒の慈善に関する――　118
　――とアウグスティヌスの比較　114-115
　――とキリスト論論争　192
　――によって信者と比較される貧者　157
　――を失脚させたテオフィロス　186
ヨアンネス（リュコポリスの）　162
要求の言語　145, 146, 152, 192, 201

ラ行

ラヴェンナ　128, 142
ラオディケ（アンティオコス三世の妻）　205
ラッブーラ（エデッサの司教）　174, 175
ラテン教父著作集（パトロロギア・ラティーナ）　87
ラビ　39, 56, 108, 203, 211
ラビ・アビン　166
ラビ・エリエゼル　101
ルキアノス　39, 42, 47, 48
ルキッラ　49, 213
レポリウス　117
労苦（ポノス）　38, 39, 41, 42
ローマ国家　53, 147, 149, 150, 152
ローマの信徒への手紙　155
ロベール，L.　51

聖書引用箇所索引

ヨブ　29：12-16　131
30：19　242
詩編　19：13　242
40：2　82
86：1　157
113：7　157
イザヤ　25：3　120
49：23　58
知恵の書　2：23-24　158
シラ　32：17　242
38：24-25　37

マタイ　3：17　184
19：21　31
19：24　31
25：31, 34-36, 40　172
マルコ　9：41-42　162
ルカ　6：20　31
使　20：33-35　41
ローマ　13：3　155
15：26　210
Ⅰコリント　9：14　212
16：1　210
Ⅱコリント　8：4　210
8：9　171
9：1-12　210
9：7　6, 32
8：14-15　33
ガラテヤ　2：10　210
Ⅱテサロニケ　3：7-10　212
テトス　2：13　104
Ⅰヨハネ　3：17　35